石原莞爾の精神病理

満洲合衆国の夢と敗戦後の変節

西村　正

展転社

はじめに

もはやかつての経済大国の面影も薄れ、反日的な隣国にも「もう学ぶべきものはない」と侮られるようになった日本。海洋国家である日本の領空・領海警備にあたる自衛隊の哨戒機や艦船に、戦闘行動と同義の射撃管制レーダーを照射され、冷静に危険を回避したと言いつつ、その実逃げるしかなかった日本。いやがらせの照射とはいえ、隣国は米軍に同じことを試すだろうか。

民主党政権時代にはなんと、海上保安庁の巡視船が不法操業中のチャイナの漁船に体当たりされたが、他の国の巡視船なら、体当たり前に撃沈とは言わずとも警告射撃ぐらいは行うであろう。さらにやっとの思いで捕まえた漁船の乗組員も、政府は彼の国を恐れるあまり、検察に圧力をかけて釈放するような、凡そ主権国家の体をなしていない国に成り下がってしまった。

これが漫画のドラえもんであれば、主人公の「のび太くん」が傍若無人の「ジャイアン」に「人のものは俺のもの、俺のものは俺のもの」とまきあげられて、「しずかちゃん」に愚痴をこぼすだけで済む。が、ことは国同士の、国益がかかったリアルポリテックスである。

さらにアメリカの大統領が変わる度に、日本国民であることが恥ずかしいと思うことが二つある。尖閣諸島問題と北朝鮮による拉致被害者問題だ。

チャイナが歴史を捻じ曲げ、用意周到に強奪にきている尖閣危機に対し、アメリカが「この島は日米安全保障条約第五条に適用されるので一緒に守ってあげますよ」と言及すれば、日本は政府もメディアも国民も胸をなでおろす。そして為政者は恥ずかしげもなく五条適用に謝辞を送るのだ。アメリカ新政権の言葉に一喜一憂する姿はまことに見苦しい。

また新大統領に、拉致被害者の家族は救出の協力を求めて渡米することもあった。記者会見で、年老いた両親が「温かい励ましの言葉を頂いた」と他国の大統領に感謝の言葉を述べるのを見て、胸がいっぱいになった方は多いだろう。しかし本来なら自国民の安全と財産は日本国政府が守らなければならない。日本はなぜこんな情けない国になったのだろうか。なぜ日本は周辺諸国に小突き回されながら、周りの顔色を窺っておどおど暮らす惨めな国に落ちぶれたのか。なぜもみ手で愛想笑いを浮かべ、卑屈にならなければならないのか。

それは戦争に負けたからである。

憲政史研究家倉山満氏はもっとストレートに「それは頭が悪かったからにほかなりません。なぜ、我々の御先祖さま達は頭が悪かったのか。この問いかけから逃げている限りは、我々日本人は永久に敗戦国のままでしょう。自分たちも頭が悪いままなので」（倉山満『学校では教えられない満州事変』ＫＫベストセラーズ）と、鋭く現代の日本人に問いかける。

このような事を書くと、必ず次のような非難がごうごうと湧きあがる。

「お前は極右反動か」、「では戦前の軍国主義がいいというのか」、「日本の侵略を受けたアジアの国の人々をどう考えるのか」などなど、いつもの自虐史観というやつである。自虐史観を論破する優れた著書はいくらでもある。「非難ごうごう」はそのような本にお任せしよう。

戦争に負けたのは、ずばり当時の国のリーダーの頭が悪く、国策を誤り、下手な戦争をしたからだ。もし、当時のリーダーの頭がよく、国策を誤らず、上手な戦争をすれば惨めな敗戦国にならなかった確率は極めて高い。

では当時、そのようなリーダーがいたのか。私はそのリーダーとして躊躇なく石原莞爾をあげたい。

石原は軍人には収まりきらない、特異な世界観、戦略観を持つ軍事思想家であった。関東軍の一参謀の立場で満洲事変を策謀し、満洲にアメリカ合衆国のような、多民族による理想国家「満洲国」を作ろうとした。まことに壮大な夢である。この夢に日本全体を引きずり込んだのだ。そしてこの夢はかなえられる可能性があった。が一転、陸軍の内部抗争に敗れ軍を追われた。石原が夢見た「満洲国」は見果てぬ夢になってしまったが、激動の昭和前半史をたどる場合、最も重要なキーパーソンであった石原を避けて通るわけにはいかない。

高校の歴史の授業では満洲事変から日本のチャイナへの侵略が止まらなくなり、第二次世界大戦をも含んだ十五年戦争に発展し、日本は地獄に陥ったと教えられる。しかし「十五年戦争」とは戦後、リベラルによる造語であることを明記しておく。満洲事変とその後の、泥沼のような消耗戦とは一線を引くべきである。

歴史を学ぶ現代の我々も、当時の日本人も、この一線が理解できなかった。だからこそ、「知らない間に地獄への坂道を一直線につき落とされた」と誰にもぶつけようがない怒りを持つのだ。石原莞爾はこの一線を知っていた。いや知りすぎていたのである。

今でも書店の近代史コーナーでは石原本がズラッと並んでいる。豪胆にして繊細、狷介固陋にして融通無碍、稚気満々にして冷徹無比であり全く掴みどころがない。預言者的な直観力と断定癖。上には厳しく下には優しい。上官には寸鉄人を刺す皮肉、逆説、暴言を吐き激怒させ、貧しい農村から徴兵された兵には、営内生活環境の改善や非合理な制裁の禁止、除隊後の収入増加を工夫するなど、限りない慈愛を降り注ぐ。因習を排撃し合理性をなにより好む。そして日蓮教に帰依し、ハルマゲドン（世界終末戦）に備えよと説く。

このような複雑怪奇な魅力的な人物を多くの作家が取り上げないはずがない。しかしどれも数々の武勇伝やエピソードは山盛りであるが、その深層心理について記したものは少ない。彼は大きく局面が変わった時、今まで信じていたことを瞬時にリセットし、ワープ（異次元への思考移動）できるのである（変節と非難する人もいるが）。ここまでくると精神科の医者のコメントも必要になるだろう。

そこで石原莞爾の複雑怪奇な行動哲学を、精神病理学的分析を加味して書き上げたのが本書である。だから従来の評伝にはないイジワルな見方になってしまったことも否めない。本書は過剰に石原思想を賛美することや、帝国主義者として排撃することを避けたつもりである。それでも「もし石原が戦争を仕切っていたら」と邪念がでるのは、やはり彼の魔力から逃れられないためであろうか。

私は、「石原莞爾さえいれば惨めな日本にならなくて済んだ」との思い入れと共に、敗戦後、手のひらを返したように非武装中立を唱えだした石原莞爾を厳しく弾劾する。

本書は石原への尊敬、憧憬が一挙に覆され怒りに代わるといった矛盾した本でもある。

なお支那という字面に目を剥かれる方がおられるかも知れない。今でいう中国を戦前は支那と言っていたが、もとより差別的な意味はない。なぜなら今の日本の地理教科書にも東シナ海が正式な呼称として使われているではないか。全世界がチャイナ（英語）という呼称を使い、ドイツ語ではヒーナ、フランス語ではシーナとそれぞれの国の発音に合わせて読んでいる。もともと古代帝国の「秦」からきたものらしいが、日本も支那の字を当ててシナとよんでいた。「中国」「中華」という言葉も戦前からあったと思われるが、大昔からの黄河文明や王権の美称であり、なにより統一された近代国家を指す言葉ではない。

ところが昭和五年、時の日本政府が国民政府の要請を受けて、支那を中国と呼ぶよう閣議決定したのである。おそらく諸国の真ん中にあるという華夷秩序（中華が一番偉い）の呼称を日本に求めてきたと思われるが、なにも、もともと華夷秩序に属していない日本が使ういわれはない。よって戦前からの歴史的、地理的概念としては中国より支那の方がしっくりくるのである。

さらにややこしいのは、中華人民共和国も中華民国（台湾）も略せばともに中国である。中華民国を北京政府は否定するが、台湾政府が紙幣発行、軍、領土を持っている以上独立国であり正式略号は中国となる。したがって本書では、昔から大陸を支配した色々な国の総称を、歴史的、地理的にみて支那と称し、現在の大陸の主権国家をチャイナと呼ぶことにしたい。

石原莞爾の精神病理——満洲合衆国の夢と敗戦後の変節◎目次

第四章　帰国そして二・二六事件

第六章　泥沼の対支戦争

第九章　亡国への道・大東亜戦争と石原莞爾

第十章 敗戦後——快男児と変節漢の狭間で

支那事変時代の大陸
華北５省
満州国
日本領
黒龍江
ソヴィエト連邦
嫩江
黒龍江省
松花江
満州国
チチハル
モンゴル人民共和国
ハルビン
吉林
長春
吉林省
察哈爾《チャハル》省
熱河省
遼寧省
遼河
多倫
奉天
徳化
承徳
綏遠省
綏遠
錦州
関東州
(日本租借地)
日本海
寧夏省
黄河
北平
(北京)
大連
天津
旅順
朝鮮
(日本領)
太原
河北省
済南
青島
山西省
山東省
黄海
甘粛省
延安
陝西省
海州
黄河
洛陽
徐州
西安
河南省
安徽省
江蘇省
南京
上海
日本
湖北省

序章　満洲事変勃発

柳条湖の爆音

昭和六（一九三一）年九月十八日午後十時三十分、奉天の北方柳条湖で大爆発音が轟いた。日本の利権である南満洲鉄道の一部が、吹き飛ばされたようだ。付近に駐屯する日本軍の動きは素早かった。この爆破は軍閥張学良の率いる奉天軍の反日行為と断定し、すぐさま報復攻撃に移った。

南満洲鉄道を守る関東軍の司令部は、遼東半島南端（関東州）の旅順にあった。夜十一時四十六分、三宅光治関東軍参謀長は旅順の司令部で緊急報を受け取った。

「十八日夜十時過ぎ、奉天の北大営西側において暴戻なる支那軍隊は、満鉄線を破壊し、守備兵を襲い、我が守備隊と衝突との報告に対し、奉天独立守備歩兵第二大隊は現地に向かって出動中なり」

八月に赴任したばかりの本庄繁軍司令官は直ちに幕僚を招集した。彼は緊張する日支関係は内地で耳に入れていたが、実感としてまだ把握できていない。

つづいて第二報、十九日零時二十八分。

「北大営の敵は、その兵力三、四中隊にして虎石台中隊は十一時過ぎ五、六百の敵と交戦中。北大営の一角を占領。敵は機関銃、歩兵砲を増加しつつあり。中隊は目下苦戦」

居合わせた幕僚たちが蒼白になる中、作戦参謀石原莞爾は自分の表情をどうコントロール

柳条湖の爆破現場
（『歴史群像シリーズ84「満洲帝国」』学研 P68 より）

すべきか、一瞬悩んだ。石原は、にんまりと頬の筋肉が緩みそうになるのをこらえながら人知れずつぶやいた。

……板垣さん、現地は頼みますよ。城外の兵舎はすぐ片が付きます。城内の敵は城壁を吹っ飛ばしてから片づけてください。なに、東京にはバレやしません。それより「兵は神速を貴ぶ」ですぞ。毒を食らわば皿まで、結果良ければすべてよし、なにを怯むことがありましょうや……

煌々と明かりがついた広い会議室、喧噪のなかで一人悠然と椅子にふんぞり返り、込み上げる笑いを噛み殺す男。前額広く切れ長の目はあくまで理知的であるが、顎をやや上げ周りをへいげいする傲慢さと自信みなぎる態度は他の幕僚と際立っている。この男こそ本書の主人公の石原莞爾である。

旅順の司令部が受け取った緊急電の「暴戻なる支那軍隊は、満鉄線を破壊し」とは、真っ赤な嘘で、石原の自作自演劇だった。奉天独立守備隊第三中隊小杉軍曹ら数名は闇に紛れて線路に爆薬を仕掛けていった。夜十時二十分、川島中隊長の命令一下スイッチが押され轟音が響いたが、爆発自体は小さなもので、レールが数十センチ吹き飛んだだけで、後の列車の通行に支障なかった。川島中隊長は直ちに大隊本部と奉天特務機関に、「北大営の張学良軍が満鉄線を破壊し攻撃してきた」と報告した。川島はそのまま自隊を北大営に突撃させようとした瞬間、腹まで響く重砲の発射音が耳をつんざき、閃光が兵営を包んだ。

これこそ石原が導入した意表をつく新兵器であった。四五式二四センチ榴弾砲二門。明治四十五年に制式化された陸軍の攻城砲である。普通攻城砲はコンクリートの要塞など頑強な構造物を破壊するために使い、兵営などの攻撃にはもったいない。破壊効果は絶大で、生き残った敵兵は蜘蛛の巣を散らすように四散し、後には瓦礫の山が残された。城壁や飛行場の破壊もさることながら、なりより敵兵の士気を一挙にくじくことが目的であった。奉天軍と関東軍が全面戦争になった場合、わずか一万五〇〇〇の関東軍が二〇万の敵と戦うことになる。緒戦で蹴散らしておく必要があったのである。

関東軍司令部、奉天へ

非常招集された幕僚のうち、石原作戦参謀がまず口火を切った。

「一刻の猶予はなりません。すぐ反撃の準備を!」

気の毒なのは事後承認のロボット的上役達だ。状況がもう一つ理解できない本庄関東軍司令官と三宅参謀長は逡巡した。そこへ板垣高級参謀から奉天城の独断攻撃命令をすでに発したとの緊急電が入る。またも事後承諾である。石原作戦参謀は

「断固機先を制することが事態悪化を抑制することになります。ご決断を！」

と畳みかけた。ここにいたって軍司令官は重い神輿を挙げた。

「よろしい、行動は本職の責任において行う」

歴史の歯車が大きく回りだした。

十九日早朝三時、旅順駅に臨時列車到着。軍司令官、参謀長と石原らは完全武装の第三〇連隊と乗り込んだ。小山のような機関車が火の粉を含んだ猛煙を闇空にさかんに吐きだしている。プシューと機関車は空気を切り裂く蒸気を噴出させる。汽笛一斉、客車の身震いと同時に、車輪は重い響きのリズムを刻みピッチを上げる。少しずつ駅のホームの灯りが後ろへ流れていく。

「これで良し、万事完了。さてと夜明けまで少し寝るとするか」

石原は安堵し、襟のホックをはずした。他の連中は何やら話し込んでいるが、彼は座席の上で姿勢を崩し睡眠をむさぼった。列車は正午過ぎに奉天駅に到着。東洋拓殖ビルに臨時関東軍司令部を仮設した。すでに六時半には北大営は占領され、遼陽の第二師団第一六連隊は午前八時、兵工廠と飛行場を占領していた。あちこちに砲撃あとが燻っていたがすでに静か

な朝に戻っていた。

翌二十日午後、関東軍司令官は土肥原賢二奉天特務機関長を奉天市長に任命し臨時市政を施行させる。石原莞爾は一体何をやらかそうとしているのか。

何も知らない関東軍司令官は、現地軍閥・張学良軍に日本の国有財産である満鉄線を爆破されたのであるから、当然自衛権を行使しなければならない。ところが自衛権どころか、張学良軍の兵営を吹き飛ばし、さらに重要都市奉天まで占領し、ありったけの兵を動員し、軍司令部を北に移す。いわば喧嘩で怪我をした（本当は自傷）仕返しに、相手に日本刀で斬りかかるようなもので過剰防衛そのものである。いや過剰防衛どころかもっと恐ろしい企みがあったのである。

時計を柳条湖の爆破前にもどしてみよう。

冴えわたる謀略はまず味方を欺くことから

石原と板垣は自分たちで満鉄線を爆破する計画を極秘で練り、口の堅い同志を増やしていた。張学良軍が最初に攻撃してきたことにして、やむなく反撃し、満洲を領有するという計画だ。石原という帝国主義者は満洲を狙っていたのだ。では一体何のために満洲を狙ったのか。

それは、日本を西欧列強に伍する、いやそれを凌駕する帝国主義国家に変身させるためであった。その第一歩として満洲領有が絶対必要なのだ。満洲をベースに日本の国力を進展させ、最終的に西欧列強に負けない大軍事国家を作ることが目標だ。たかだか一中佐の分際で、国家を動かそうとしているのだ。驚嘆すべき気宇壮大さである。

石原はまず既成事実（満洲領有）を作り、大衆の支持のもと、陸軍内の下剋上で日本を変えることを考えていた。そして最終目標は日本を、自分の理想とする国家社会主義的な、強力な軍事国家につくりかえることだ。ただし天皇を世界の中心に戴く国家社会主義であるからナチス党のようなものではない。天皇制を否定せず、国体変更ではなく、まして革命やクーデターではない。大衆の支持は得られるはずだと踏んでいた。

この誇大妄想ともいえる石原理論はいつから形成されたのか。ドイツ留学中に得た知識をもとに、石原が満洲着任後に練り上げたものであるが、あまりにも難解なため次章で詳しく分析する。

実は満洲の軍閥はかねてより日本に対し敵対行動をとっていたので、関東軍が大義名分をつくり何かやらかすのではないか、との危惧を陸軍中央は持っていた。中央では参謀本部の建川美次第一部長、クーデターが三度の飯より好きな橋本欣五郎ロシア班長、陸軍省の永田鉄山軍務課長らが察知していたという。関東軍の方は花谷正奉天特務機関員が中央との連絡係になっていた。

当初は九月二十八日が決行予定日だったが、橋本欣五郎から「計画がばれたらしい。建川が止め役に派遣されるから早くやれ」との緊急電が入ってきた。（早瀬利之『石原莞爾満洲合衆国』光人社）

石原は決行日を十八日に早めるとともに、止め男・建川美次対策を練った。その十八日の夜、建川は奉天に着いた。参謀本部第一部長（作戦部長）とは軍を動かす参謀本部のナンバー3だが、作戦の事実上のトップである。出迎えの板垣、花谷の挨拶もそこそこに高級料亭「菊水」に入り、奇麗どころを呼んで大宴会になった。石原が「建川をとことん酔い潰せ。奴が陸軍大臣の計画中止命令を口にしたら大変だからな」と指示していたのである。

まんまと建川は大酒を飲まされ泥酔してしまった。しばしの後、蒲団のなかで天地が崩れるほどの落雷のような音を聞いたが、また寝込んでしまったという。がこれも怪しい。関東軍のシンパである建川は酔っぱらったフリをしていただけとの説もある。

大活躍した二四センチ砲もそうだ。この二四センチ砲は石原が永田鉄山軍務課長と談判し、七月ごろ日本から秘密裡に旅順に送られてきたものである。石原に押し切られたとも、使用目的は見て見ぬふりをしていたともいわれる。分解されたまま満鉄で少しづつ奉天に送られたが、何しろ重量三三トンにもなる巨大な砲である。独立守備隊駐屯地に運び込まれ大きなトタン葺きの小屋のなかでこっそり組み立てられた。砲自身の設置工事は、まず深さ一メートル、径七メートルの穴を掘り砲床の基礎固めすることから始まった。水泳プールの構築と

称して外部の目を欺いた。（同書）

この砲のおかげで川島中隊はほとんど犠牲なしに突入、占領できたのであった。

永田軍務課長は表向き石原のような急進的な満蒙解決策に賛成していないが、本質的には石原とよく似ている。満蒙は日本の対ソ戦略上最重要な拠点であることは重々承知である。彼も第一次大戦後のドイツに留学し、消耗戦争の悲惨さ、国家の消滅をいやというほど見てきている。これからは戦争の概念を変えねばならぬとの思いは石原と共通であった。

しかし石原のような独断専行型ではない。あくまで漸進的にことを進めようとする官僚タイプだ。結果的に満洲事変を陰ながら応援した人だが、後に陸軍省で執務中、皇道派将校に斬殺される。

止まらない進撃、全満洲を領有したい！

しかし石原にとっての敵は満洲内の各軍閥だけではない。日本国内にも陸軍省、参謀本部と、事なかれ主義の政府がいるのだ。そのためにはまず、スピードである。「一気呵成に作戦を完了させ、既成事実を作ろう」。石原はいち早く配下の部隊を分散し、南満洲鉄道の安全確保に努めた。鉄道をまっ先に守るのは、なにより大事な機動力の確保のためだ。二〇倍もの敵が集団で、面として反撃してくればひとたまりもない。それゆえ鉄道を使って自由に移動し個別撃破すれば勝機が生まれる。石原はナポレオンの得意とする機動力を活かした決戦戦争を実践したのである。

関東軍主力をいったん長春に集結させ、吉林、ハルビンなどの北満への侵攻を次に狙う。しかし関東軍は内地に三個師団増兵を懇願するも拒否されてしまった。そして最大の不安は潜在敵国ソ連の動きだ。しかし石原はひるまない。抜け目のない石原は、ハルピン特務機関長沢田茂中佐に問い合わせ、正確な対ソ情報を手に入れている。

沢田中佐からの回答

「石原君　日露単独開戦ト云フコトハ現下ノ状勢テハ到底起リ得ナイ……露国ハ強国日本ト開戦スル丈ノ力ガナイカラ故……次ノ如キ仮定ヲ設ケテ君ノ課題ニ答ヘルコトニシマセウ一〜三、略、四、開戦ノ時機：集中略ト共ニ直チニ作戦行動ヲ起スニ差支ナキ如ク開戦ス：」

（角田順編『石原莞爾資料　国防論策篇』原書房）

ソ連は第一次五か年計画に着手したばかりで当分の間、対外関係の安定を必要としている。アメリカは、大恐慌と、その収拾に追われている。国民党政府は内戦、特に共産党軍の討伐に追われていて満洲まで手が回らない。石原は国際政治学者丸負けの洞察力で各国の動向を分析していたのである。

関東軍も僥倖に恵まれていた。事変勃発時、張学良は北京にいた。一説にはチフスで入院中だったという。驚くべきことに部下に対して関東軍に無抵抗方針を厳命していた。もし積極的に応戦すれば必ず日本の大規模出兵を招く。そうなれば敗北は必至であるし、後でまた共産党軍や蔣介石軍が侵入してきても大変だからである。このような奉天軍の士気が上がるわけがなく、これまた石原に運が味方していたと言える。

九月二十一日、第二師団は吉林に侵攻。これに呼応して朝鮮軍林銑十郎司令官は軍を独断越境させた。結局二十二日の閣議で朝鮮軍の独断越境が事後承認された。陸軍による下剋上の始まりである。石原による朝鮮軍への根回しはすでに完了していたのである。

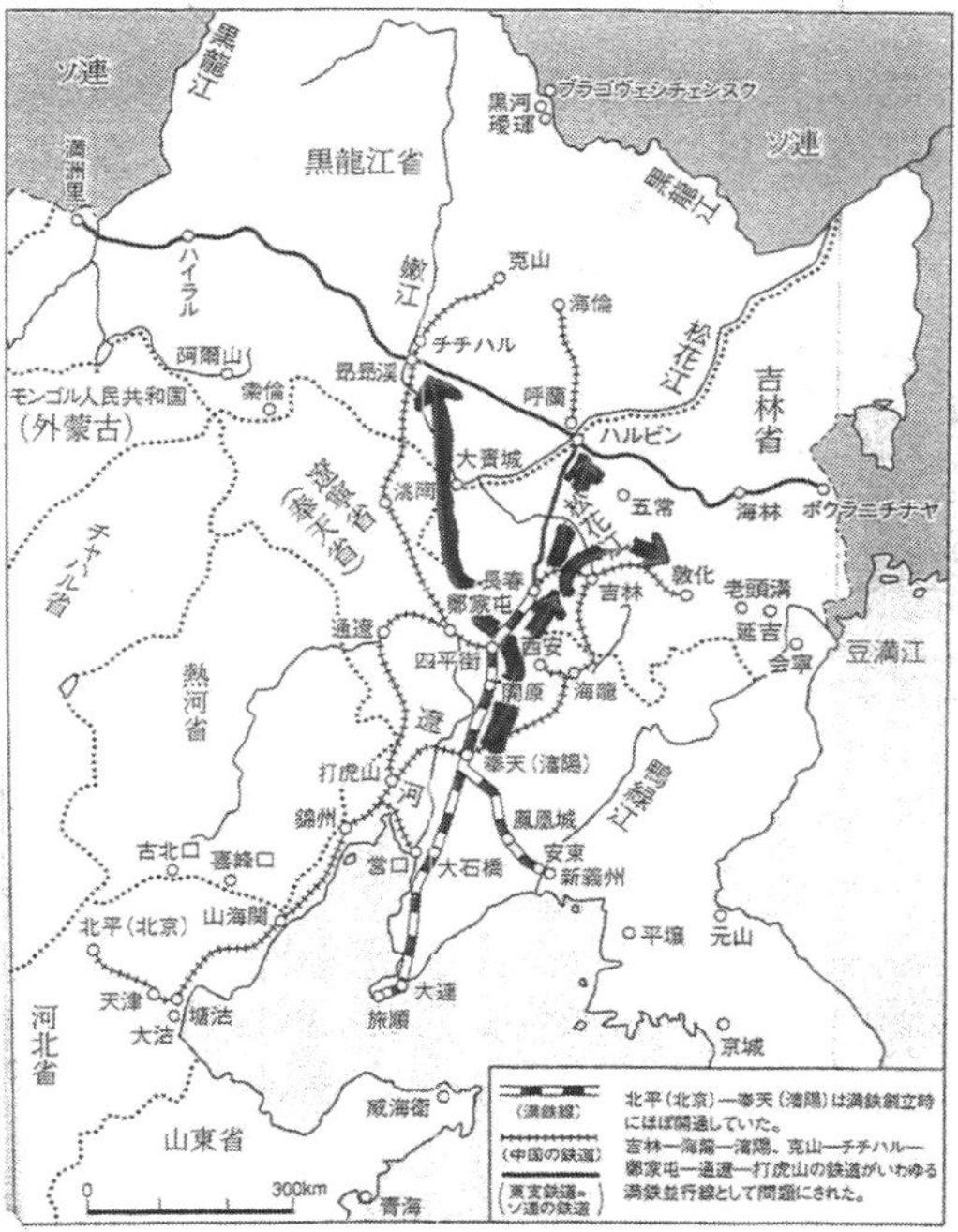

関東軍進軍図
(『満洲帝国』学研 P74 より)

　国民、マスコミは熱狂的に関東軍を支持した。国民は不況にあえぎ将来に夢を持てない状況で、満洲がもし日本のものとなれば、との淡い夢を抱くようになっていた。また満洲の同胞が現地軍閥の無法によって塗炭の苦しみにあわされている中、「外交交渉第一」と、壊れたスピーカーのように繰り返すだけの若槻総理、幣原外相にうんざりしていたのだ。第一、法もルールも何もない匪賊上がりの軍閥に「外交交渉」をどうやってするのだ。蔣介石にしたって満洲の支配者ではない。関内（支那本土）をやっと統一できるかどうかの所だ。日本にとって交渉相手が見当たらないのに、いったいどこの誰と交渉するというのだと。

満洲各地に親日自治政府ができる

九月二十四日、奉天地方自治維持会（遼寧省地方自治会）、二十七日、ハルピン特別区治安維持会など自治組織ができ、吉林の熙洽《きこう》、ハルピンの張景恵《ちょうけいけい》が独立宣言を出すようになった。満人による独立国家のひな型ができつつあった。もちろん親日政権である。

ただ黒竜江省西部のチチハルを根拠地にする馬占山《ばせんざん》は頑強に抵抗し、関東軍のチチハル占領後もさらにゲリラ戦を続行した。しかし大勢は決まった。今のところ西欧列強からの干渉もない、ソ連の不審な動きもない。

「あとは東京の優柔不断な態度が最大の敵だ。満洲領有までもう少しだ」

石原の夢は大きく前進した。しかし中央から石原の独断専行への横やりが入る。石原より三期上の参謀本部作戦課長の今村均が、あわてて火消しに奉天に飛んできた。後の大東亜戦争で今村は、戦犯として禁固十年の刑を受けた。東京の巣鴨刑務所に入る予定であったが、かつての部下が収容されている酷熱のパプアニューギニアのマヌス島刑務所に、自ら希望して移り服役した。温厚で、占領地のジャワでも善政を布き聖将と呼ばれる人であるが、石原はこの人物を激怒させてしまった。

昼の関東軍参謀連中との話合いは時間切れで、夜、料亭で続きが行われた。今村作戦課長と板垣、石原たちの押し問答が続く。頃合いをみていきなり石原が「腰抜けの中央を頼っていては、満洲問題は解決なんかできない」と突っかかってきた。今村は怒りを押し殺して冷静に道理を説いていたが、その時である。

「ああ、眠くなった」と大声を出し、石原はその場でごろっと寝転がった。さすがに温厚な今村も我慢ができず、板垣大佐に怒りを噛み殺しながら挨拶し、その場を立ってしまった。

「せっかくのお招きでしたが、国家の大事なとき、陛下の赤子が刻々戦闘で倒れている時に、このような料亭で、機密の事柄を語り合いますことは、私の良心が許しません。大佐殿に対しては礼儀を欠き、恐れ入りますが、これでおいとま致します」（今村均『今村均回顧録』芙蓉書房）

興奮冷めやらず、宿舎の奉天ヤマトホテルに戻ったが、あわてて片倉参謀がとりなしに追いかけてきたという。

石原莞爾はどのような人物で、なぜ満洲にいたのか

若い人にこの小見出しのような質問をされても、いきなり的確に答える自信がない。高校の日本史教科書でも満洲事変はほんの一ページ弱、しかも当時の満洲における日本と支那の双方の立場を公平に記してあるものは少ない。中には「張学良が国民政府の蔣介石と和解し、満洲の自立開発計画を進め、満鉄や関東州の権益回収を主張するようになった」などと、あたかも現地軍閥が公明正大に国造りを進めているような記載すらある。（佐々木寛司他『高等学校日本史A』清水書院）

石原莞爾に至っては、石原の「い」の字もない。それにしても石原莞爾とは何者なのか。紙幅の関係で石原の紹介は最小限にとどめ、満洲の歴史や地勢を次章に譲ることにする。

石原莞爾は明治二十二（一八八九）年、山形県鶴岡市の貧乏士族の家に生まれる。経済的な面で、学費がかからない軍学校へ進学する。幼年学校（仙台地方、東京中央）、陸軍士官学校、陸軍大学校と、およそ軍人が憧れる超エリートコースを歩んだ。成績は努力せずともトップクラスであったが一般的な出世欲がないため損得計算ができず、学校時代から教官、先輩、上司とのトラブルが絶えなかった。常識では考えられない奇行も数限りなく多かった。しかし並みの軍人と違い知的好奇心が桁外れて強く、独学で歴史、哲学、政治学、経済学、宗教学を研究し、軍事分野以外でも、各界の権威と意見を戦わすことができたのは石原だけであ

り、七巻にも及ぶ自分の全集を発刊できたのは、軍人では石原だけである。

軍人は狭量な専門教育機関しかでていないため、一般的に視野狭小になりがちだが、石原に限っては当てはまらない。これが後に彼が世界的な視野で戦略の上を行く政略を立てられた理由である。石原を一言でさらりと言うと、

「その男、性、狷介（頑固）にして、毒舌の悪癖有り、才気煥発にして智謀湧くがごとし、眼光あくまで鋭く、四方を威圧するも、諧謔（冗談）を弄する余裕あり」

というところか。

とにかく抜群に仕事ができ、智謀策略に富む天才だが扱いにくそうな男だ。ではこの難しい男がなぜ満洲にいるのか、次章で述べるがドイツ留学を終えて日本へ帰って間もなく、動乱の満洲からお声がかかったのである。第一次大戦で敗れたドイツの敗因のみならず、ナポレオンやフリードリッヒ大王の戦争学をとことん探求し、次世代の新しい戦争のパイオニアになりたくて仕方ない男が何か起こしたくてうずうずしている。狼を野に放つようなものである。まさに運命としか言いようがない。

第一章　石原赴任前の血なまぐさい満洲

満洲の地勢

満洲国という言葉は今では死語に近づきつつある。無理もない。消滅してから八十年近くになろうとし、現代のチャイナ政府自身が禁忌としている呼び方だからだ。しかし彼の活躍舞台の地、満洲を知っておかないと石原の全体像は見えてこない。そこで石原が渡満するまでの大陸情勢を時系列で簡単に整理することにする。

満洲は現在のチャイナ東北地方、北から黒龍江省、吉林省、遼寧省にまたがる地域で、清末には東三省と呼ばれていた。北は黒龍江（アムール河）でロシアに接し、東の北朝鮮との国境は、図們江（豆満江）と鴨緑江である。東三省の中央部は広大な満洲平原で、南北に走る大興安嶺山脈を隔ててモンゴル高原へと連なる。モンゴル高原へ入ってしばらくは内モンゴルとよばれ、もっと西の方へ行くと元々のモンゴルである。国境もあいまいなところが一部あった。

満洲平原では灌木が育ち、人々は狩猟や粗放農業で生計を立てていたので純粋の農耕民というより狩猟民族といえる。モンゴル人は、草一面のモンゴル高原で馬や羊やヤギを放牧して暮らしている遊牧民であった。つまり民族的にも、歴史、文化、言語的にもこれらの人々は、黄河、長江（揚子江）あたりで米を作っている漢民族とは全く異なるのである。これだけは強調しておきたい。

東三省は面積一二三万平方キロメートルで、日本の三倍もの広大な大地であった。英語でマンチュリア（Manchuria）と呼ばれ、歴史的にも正式な地域名であるが、現在のチャイナではこの満洲という言葉そのものを嫌い、「偽満州」と呼び、洲をわざと州と書き換える。チャイナは「満洲人は満洲国の国民であった」と絶対認めず満族と呼び、もともとの文化、言語、満洲文字は今ではほとんど失われている。チャイナがまず文化大革命の時に、内モンゴルを弾圧し、次いでチベットに侵攻し、現在、国際社会の非難を浴びながらも、新疆ウイグル地区で強制収容所を作り非道を行っているのとは異なり、もっと前から同化が自然に行われていた。

現在内モンゴル、チベット、新疆はまさに言語、文化、文字、宗教を奪われ、漢化されようとしている。したがって我々は、せめて歴史上ではイデオロギーにとらわれず正しい言葉を使いたい。

大陸における我が国の利権

日露戦争に勝利した日本はロシアから、南樺太の割譲と、遼東半島南端の大連、旅順を中心とする地域の租借権を手に入れる。ここを関東州と名づけた。そしてロシアが敷設、運営していた満洲内の鉄道のうち、南半分（東清鉄道南部支線の長春～旅順間）の利権も手に入れた。

鉄道線路を中心とした幅六二メートルの付属地、駅前広場などと、関東州を統治するため関東総督府がおかれ、鉄道守備隊として一個師団と独立守備隊が駐屯した。このようにして日本は大陸進出の橋頭堡を築いたのである。

清国から見ると、ロシアと日本が勝手に自分の国で戦争を起こし、勝者が敗者の利権を勝ち取ったといっても、もともとは自分（清国）のものではないかという憤りがある。それまでに清が外国と結ばされていた不平等条約に対する怒りも重なって、やがて清朝が倒れてから漢・満民族には排外的な大きなナショナリズムが形成されていく。

立場を変えればよく承知できるが、これを日本だけが悪いことをしたと自虐史観に走るのはレフトの人々に任せよう。歴史は事実を事実として見据えることが大切だからである。

支那大陸は昔の春秋戦国時代と同じ

石原が渡満する十七年前の明治四十四（一九一一）年十月、かねてから腐敗していた清朝打倒を企てていた孫文は、日本留学組の開明的な軍人とともに蹶起した。日本では辛亥革命、支那では「武昌起義」という。清国は日清戦争で敗れ、北清事変（※註1）でも諸外国に賠償させられ、もはや落日の帝国に落ちぶれていたのだ。

高校の教科書では、清朝末期に漢民族の国家を作りたい（滅満興漢）と孫文が立ち上り、対外的にダメな清朝を倒し、近代的な中華民国を建国したということになっている。今でも孫文はチャイナ、台湾両国で「国父」とあがめられているが、ことはそんなに簡単ではない。昔からそうであるが、支那大陸では王朝が変わるたび、大戦乱が起こるのだ。すでに清朝の零落に付け入るように、軍閥と言われる武装勢力が各地に群雄割拠していた。すなわち広い支那大陸を「統治する政府」はなかったのだ。

明治四十五（一九一二）年、孫文に賛同した南部の一四省が独立を宣言し、二六八年ぶりに漢民族の国家、中華民国臨時政府が誕生した。しかしもちろん満洲人の息のかかっている北部の省は納得しない。清朝の故地の東北三省はなおさらである。ここにアメリカ南北戦争と同じような、大規模な内戦が生じるはずだった。

しかし賢明な孫文は、清の最大実力者、北洋軍のトップ袁世凱と話し合い、円満裏に清のラストエンペラー溥儀を退位させ、中華民国に統治権を禅譲させた。こうでもしないと諸外国に付け込まれ、また香港などのように各地を略奪されるからである。

ところが野心家の袁世凱は孫文を追いやり、自ら中華民国大総統となってしまった。

日本、袁世凱の弱腰に付け込む

大正三（一九一四）年、第一次大戦が始まると、日英同盟のよしみで日本はイギリス軍と共に、ドイツが租借している膠州湾《こうしゅうわん》の青島要塞を攻撃、占領してしまった。翌年、袁世凱は日本に撤退を求めたが無視され、逆に「対華二十一カ条の要求」を突き付けられた。大きく五項目に分かれるが、一番重要なことは、関東州の租借権と南満洲鉄道の経営権を九十九年間に延長されたことである。（それまではそれぞれ二十五年と三十六年）

外に弱い袁世凱は日本の要求をのみ、南満洲における鉄道の敷設権、鉱山の採掘権、日本人の農業、商業のための土地の賃貸権を認めた。中華民国政府は日本人の顧問を入れることも認めてしまった。まさに新しい不平等条約である。

清末にイギリスやフランスなどの西欧列強に蚕食され続け、今また新興の帝国主義日本にやられたのである。しかも華夷秩序（※註2）の本家本元からみると、今まで見下していた東夷（東の夷＝蛮族）の国にやられたのである。当時の支那人の日本に対する屈辱感は、英米列強にたいするコンプレックスより数段強いものであることを、我々は認識すべきである。

ところが権力に取りつかれた袁世凱は、このような難局時になんと中華民国皇帝になることを宣言してしまった。しかし内外の大反対を受け、一九一六年失意のうちに病死した。こうなると各地の力の強いものの勝ちである。孫文は力がない。中華民国は軍閥闘争で四分五裂となってしまった。軍閥とは、ならず者の集団、暴力団、マフィアなどを数万倍スケールアップしたものである。彼らは中央政府の威信が落ちるのをよいことに、少しづつ勢力を伸ばしてきていたのである。頭目が私腹を肥やすだけではない。私兵の武装を強化し、紙幣を発行し、民衆から税金をむしり取り、利権をめぐって他の軍閥と戦争を起こすようになっていた。いつの時代も真っ先に泣かされるのは善良な住民である。

いっぽう清朝最後の皇帝溥儀は、袁世凱との約束で、身分、財産を保証され北京の紫禁城に永住権を認められていた。しかし軍閥の一人である馮玉祥《ふうぎょくしょう》から、いとも簡単に約束を反故にされ紫禁城を追い出され天津の日本公使館に保護された。溥儀は後に再度歴史に登場することになる。（第三章）

蔣介石、孫文の跡を継ぎ支那統一に動き出す

孫文は初めて前近代的な支那に、民主主義（三民主義：民族・民権・民生）を導入した指導者として日本でも評価が高い。実際は資金も人材も日本の有志（あくまで民間人）に頼りっぱなしで、埒が明かないと見るやさっさとソ連に乗り換えるなど、ドライな側面も多々あった。

一九一七年のロシア革命で生まれたコミンテルン（国際共産主義）は、淡々と孫文を狙っていた。共産主義の押し売りである。孫文も一刻も早く国民党革命軍を強化し、北方の軍閥を制圧したい。（北伐）両者の利得が一致し、コミンテルンから孫文に資金が流れ、交換条件で孫文は支那で共産党の存在を認めた。これを「連俄（ソ連と提携する）容共（共産党を認める）」というが、そんな甘いものではない。なんと国民党員が共産党員と兼任可能で、国民党の要

蔣介石

職は共産党員で占められるようになったのだ（第一次国共合作）。このあと孫文は北伐を宣言するが、一九二五年三月、「革命未だならず」という有名な言葉を残して病死してしまう。

孫文の後継者は自他共に許す蔣介石である。彼はコミンテルンが支那の風土に合わないとみていた。孫文のような連俄容共の気はない。孫文の遺志を継いで大正十五（一九二六）年、北伐を開始した。

石原渡満まであと二年。

南京事件

国民党革命軍（北伐軍）と名乗っていても軍紀が乱れた凶暴な蔣介石の軍は、昭和二（一九二七）年四月十二日、上海で共産党員を虐殺し、国民党から共産主義者を追放した（上海クーデター）。そして四月十八日、蔣介石は南京で南京政府を樹立する。そこでとんでもないことに北伐軍は各国の公館や商社にまで侵入し略奪、殺人をひきおこした。日本人にも犠牲者が出た。国民党軍と名乗っていても、国際感覚のない匪賊上がりのようなものである。

揚子江上に停泊する英米の軍艦は、居留民保護のため、南京城内の革命軍に砲撃を浴びせた。日本はどう対処したのか。

実はイギリスから共同防衛の依頼があったが、支那にやさしい幣原喜重郎外相が断ってしまったのだ。後に幣原軟弱外交と揶揄される事になる。幣原は外務省の官僚上がりの政治家であった。現在でいえば外務省チャイナスクール出身者や媚中派と言われる政治家であろうか。この南京事件は、現在チャイナが言い続けている「いわゆる南京事件」ではないことを銘記しておく。

結局この時点の支那大陸の勢力は、蔣介石の国民党革命軍（北伐軍）、敗れた共産党系、張作霖を代表とする北洋軍閥系の三つに大きく分かれるようになった。まさに三国志のようである。もっとも共産党勢力は蔣介石に押されまくられ主役の座から転がり落ちた。現在のチャイナが意図的に台湾の国民党を無視するのはバツが悪いからである。

問題は北洋軍閥系である。さまざまな実力者が私兵を引き連れて合従連衡。詳細は省略するが、なかでも張作霖が実力を伸ばしてきていた。

石原渡満まであと一年。またまた大事件が引き起こされる。

張作霖爆殺事件

北伐を開始した蔣介石に立ちはだかったのが、北方の軍閥の雄、張作霖であった。もとも

張作霖

と吉林省で馬賊をやっていたが、アヘンや朝鮮人参の密売で財を成し、めきめきと実力をつけ、馬賊の頭目のなかで一目置かれる存在であった。また日露戦争時日本側のスパイとして活躍したことから日本の後ろ盾も得ていた。のち清朝に帰順し、辛亥革命後は奉天軍閥の首領に成長する。諸軍閥との抗争に勝利し、東三省を手中に収め自らを大元帥と称した。また張作霖は野心家であり、いつか中原に覇を唱える（全支那大陸を制覇する）野望を持っていた。

このころより支那民衆はナショナリズムに目覚めるようになってきた。第一次大戦にどさくさに紛れて連合国側に参戦し、いちおう名目上は戦勝国になった中華民国は、清朝時代からの諸外国との不平等条約の即時廃棄を要求し、青島のドイツ権益を日本が引き継ぐことも反対した。

国際協調主義者、アメリカ大統領ウィルソン（※註3）の、いわゆる「きれいごと宣言」に支那が大いに鼓舞されたこともあるが、反英米感情以上に排日、侮日の行動が実行されるようになってきた。

日本が北伐軍と張作霖軍の直接戦闘から日本居留民を守るため、両軍の間に割って入るような形で二回にわたって山東出兵を行ったのもこのころである。

しかし張作霖も徐々に日本のいうことを聞かなくなる。欧米にすり寄り、南満洲鉄道（満鉄）に対抗する鉄道を敷設するなど反日的な態度をとるようになる。昭和三（一九二八）年六月四日、北伐軍との戦闘に敗れた張作霖は北京を脱出し、本拠地満洲奉天へ向けて列車で移動する。

日本の対応は割れた。

総理田中義一：「張作霖はまだ利用価値がある。東三省に戻して再起させたほうがよかろう」

日露戦争の時ロシアのスパイだった張が捕まり、銃殺される寸前田中が助けてやり逆に日本のスパイとして動いていたこともあった。二人は腐れ縁であった。

関東軍：「軍閥を介した間接統治には限界がある。張の東三省復帰は、将来満洲を本格的な植民地とするには

爆殺現場
満鉄線（上）と京奉線（下）がクロスする鉄橋

障害となる。ここで奴を排除せねばなるまい」

六月四日午前五時頃、張作霖を乗せた特別列車が瀋陽（奉天）駅に近づいてきた。時速は一〇キロに落としている。編成は一九両。特別車は九両目、藍色に塗った清王室専用の貴賓車に張が乗っている。京奉線を走る列車は日本所有の満鉄線の高架をくぐり、九両目が陸橋にさしかかった午前五時二十三分、突然大爆音が轟き、貴賓車が吹き飛び大火炎が巻き上がった。現場は惨憺たる状態になった。線路から少し離れたところに、支那人の遺体が二つ残されていた。事件の犯人はわかっていた。

計画立案は関東軍参謀河本大作大佐で彼の配下数人が実行した。関東軍司令部は国民党の犯行に見せかけて張作霖を爆殺したのである。アヘン中毒患者の現地人を実行グループが殺害し、爆破犯に仕立て上げ線路横に放置したのだ。事件直後から日本憲兵隊や張作霖軍側が調査に入ったが、犯人はわからずじまいだった。しかし日本軍の仕業だとの噂がたちはじめた。奉天省長の臧式毅《ぞうしきき》らはいち早く謀略とみてとり、張作霖の死亡をしばらく伏せた。こうしないと奉天軍が興奮し日本軍を攻撃して、全面衝突になるからである。

結局奉天軍は挑発に乗らず、河本大佐は出兵の口実が得られず満洲占領の計画は挫折した。問題は、高級参謀とはいえ国家を左右する謀略を、一大佐の河本だけで立案、実行できるものかということだ。

時の関東軍司令官村岡長太郎中将は、国民党軍の北伐による満洲の混乱を防ぐためには、奉天軍の武装解除と張作霖の下野が必要だと考えていた。政府に出兵を要請したが、当時の田中義一首相は断固として認めなかった。そのため司令官自身、張作霖の暗殺を決意したという。（儀我壮一郎『張作霖爆殺事件の真相』専修大学社会科学年報第四二号）

軍司令官自ら暗殺を企てたとは恐れ入る。つまり石原が来る前から、軍閥を大掃除し満洲の植民地化が計画されていたのだ。外地で国防の第一線に立つ関東軍は、他の軍より政治意識が高く一種独特の矜持を持っていた。

関東軍の「軍政実施要項」に次の一文がある。

「我が利権を獲得すべき好機あらばこれを逸することなく、また軍事上の目的を達成するに有益なるものはこれを断行するを要す」（樋口隆晴『『関東軍』歴史群像シリーズ84満洲帝國』学習研究社）

関東軍は成立時からきわめて政治的な軍なのである。石原来満まであと四か月。

張作霖の息子、張学良の復讐

父親の爆殺を知った張学良は怒り心頭、何としてでも憎くき日本に復讐しなければと奮い立った。しかし悲しいかな、まだ父ほどの実力がない。そこで父の宿敵蔣介石と手を結ぶこ

張学良

とにした。張学良は傘下の奉天軍を伴って蒋介石の北伐軍と和議を結び、東北辺防総司令官に任命された。こうして満洲はたった一日で名目上国民政府の統治下に入った。

父の死後、二十七歳で満洲の実権を握った張学良は、激しい反日運動を展開する。前の中華民国袁世凱政府と日本とで、一九一五年五月に結んだ「二十一カ条要求」の第二号「南満洲および東部内蒙古に関する件」の即時撤廃を要求しだした。日本人は袁世凱政府に満洲での経済活動を認められていた。ところが張学良は日本人に対する土地貸与を、売国罪として処罰する法律を作り態度を一変させたのである。「懲弁国賊条例」というおどろおどろしい名の法律である。翌年には「土地盗売厳禁条例」「商租禁止令」など、それまでの土地、家屋の貸借権まで取り上げ回収を図るようになった。完全な事後法、遡及法（さかのぼって追及する法律）である。およそ近代国家の法律ではありえない。

日本人個人に対してだけでなく、日系の工場を閉鎖し設備の略奪、森林伐採権、鉱山採掘権を否認した。満鉄に対しては沿線に並行して二本の平行線を敷設し、採算を度外視した安い運賃で列車を走らせ、満鉄の経営を脅かした。そして旅順、大連の租借権は、本来一九二三年に期限が切れているはずだとして、「旅大回収運動」が活動化された。「前の政権

（袁世凱）が結んだ約束事など守らなくてもよい」という法治ならぬ人治主義では、権力者の胸先三寸で国家関係が破綻する（今でも人治主義の隣国があるが）。前の政権も今の政権も同じ中華民国政府ではないか。このように論理もへったくれもないのが支那なのだ。このＤＮＡが今のチャイナに引き継がれていることは、香港、南シナ海、尖閣諸島でのかの国の行動を見ても明白だ。

日露戦争終結の一九〇五年以来すでに四半世紀の間、日本が現地で築き上げてきた資産に対する補償の話し合いもないまま、奉天軍およびその便衣兵（平服の民兵）を使っていやがらせを仕掛けて来ていたのである（もっとも奉天軍自身規律があいまいな軍閥であるが）。

このように日本の満蒙権益はますます追い詰められてきた。外国との約束は反故にするのが当たり前とのスタンスの現地政権とは「もはや話し合う余地なし」との機運が関東軍内で醸成されていった。

石原莞爾着任す

昭和三（一九二八）年十月二十日、石原莞爾歩兵中佐は作戦主任参謀として関東軍司令部に着任。河本大佐が呼びよせたのである。（横山臣平『秘録石原莞爾』芙蓉書房）

私は「狼を野に放つ」と前述したが、横山の本には「石原中佐の如き不世出の人物をして、

石原莞爾

関東軍参謀として満蒙問題に当るチャンスを与えたことは、わが国にとっては、天与の幸運」、「石原にとっては『蛟龍雲雨を得る』の言葉の通り、昇天の機を獲得することができた」と述べられていて、一部軍人からは石原の人事異動は非常に注目されていた。

　張作霖爆殺事件は東京にも満洲某重大事件として伝わり、天皇の知るところとなった。天皇の御下問に対し田中義一首相は河本大佐らの犯行と認め、当事者を軍法会議にかけると約束したが、周囲からの反対でうやむやになってしまった。結局河本を予備役、村岡関東軍司令官の辞任などの行政処分で済ませざるを得なかったため、昭和天皇の怒りを買い、内閣総辞職につながる。

　河本大作は昭和四年四月に予備役編入とともに内地に帰還するので、石原とは十分に話を交わす時間があったはずである。河本は張作霖爆殺を成功させたものの、肝腎の奉天軍は挑発にのらず、他の跋扈する軍閥も消滅できなかった無念さを漏らしたかもしれない。聞く方の石原も何か触発されたはずである。

　いっぽう中央では田中内閣総辞職、浜口雄幸内閣を経て民政党の若槻礼次郎内閣が成立したが、外務大臣はあの「軟弱外交」の幣原喜重郎であった。あくまで外交交渉により国民党現地政権の張学良に排日政策を改めさせる望みを持っていたが、この軟弱男はまったく現場を見ていない。事後法、遡及法を乱発し迫ってくる相手にどう対処するのか。現地および国内で彼に期待する人はいなかった。

現場を見ずにきれいごとで質問をはぐらかし、国民の受け（今でいう内閣支持率）だけを気にし、頭が悪いので目標設定できず、その場当たり的な目標もブレるので説明責任が取れない。こんな政治家は昔も今もいる。国民のフラストレーションはまさに沸騰点に達しそうだ。もちろん在満洲の日本人も黙っていない。満洲青年同盟を中心に、軍閥の暴虐に自衛組織を作り始めた。中には関東軍に向かって「腰の刀は竹光か」と、何もしてくれない日本の軍隊にいら立ちを隠さない者も出てきた。このような時期に石原莞爾がやってきたのである。

幣原喜重郎外相

若槻礼次郎首相

軟弱コンビの内閣

中村大尉殺害事件と万宝山事件で関東軍の堪忍袋の緒が切れた

参謀本部は対ソ戦に備え、興安嶺方面の兵要地誌（※註4）調査のため、中村震太郎大尉を満洲に派遣した。中村大尉は井杉曹長を伴い農業技師に変装し、現地を調査中行方不明になった。ハルビン特務機関は、奉天軍の一部隊の関玉衡団長代理らが虐殺したことをつかんだ。

奉天総領事は、支那側に責任の所在をはっきりさせるよう求めたが埒が明かない。関東軍参謀たちは怒り狂った。なかでも片倉参謀は中村の陸士、陸大の同期であり仇をとらねば収まらない。

昭和六年八月十日、石原は満鉄に三宅光治参謀長名で、関参軍第二五六号書簡を出す。装甲列車および要員の派遣依頼の内容で、現地で実力調査をする予定であった。装甲列車を出すとは、いざとなれば調査地で列車砲が火を噴くということだ。が、中央より反対され中止。二日後、石原は陸軍省永田鉄山軍事課長に長文の手紙を出す。（要約）

「外務当局ノ厳重抗議ニヨリ迅速ニ事ヲ解決スルカ如キ全ク一ノ空想ニ過キス若モ此ノ如キコト可能ナラハ数百ノ未決事件総領事ノ机上ニ山積スル訳ナク従テ今日喧シキ「満蒙問題」ナルモノハ存在セサリシコト明ナリ」（角田順編『石原莞爾資料集 国防論策篇』原書房）

とことん外務省を皮肉っている。この時も外務大臣はあの「軟弱」幣原喜重郎。もし今なら国会で「誠に遺憾でございます」と遺憾砲を連発し、「粛々と調査をし」、「奉天軍側と平和裏に話し合い」、「鋭意解決に邁進いたします」とでも言う政治家だ。

しかし幣原を見切っている石原は、

中村大尉と井杉延太郎予備曹長

「如何ニ無謀ナル関東軍司令部ト雖《いえども》独乙ノ山東ニ於ケル如ク中村事件ヲ以テ直接ニ満蒙占領ノ口実トナサントスルモノニアラス　其辺ハ御安心ヲ乞フ」

（角田順編『石原莞爾資料集 国防論策篇』原書房）

と幣原をおちょくる。ドイツが山東省でドイツ人宣教師が殺害されたことを口実に青島を無理やり租借地にしてしまうようなことはしませんよ、と軽く流す。

石原は「俺たちは山東省どころかもっと広い満洲を狙っているのに、気が付かないとはバカな奴らだ」とでも思っていたのだろう。

もうひとつ日本の対支感情に火をつけた「万宝山事件」を簡単に説明しておく。万宝山事件とは長春の西北約三〇キロ付近にある万宝山の開墾地で起こった事件である。入植してきた朝鮮人農民と地元の支那農民との間で起こった利水権をめぐる対立がエスカレートし、日韓併合で日本人になっていた朝鮮人農民のバックには日本の領事館警察が、支那農民には吉林省政府の保安隊がつき銃撃戦となった。国民党政府は日本が朝鮮人をそそのかして満洲農民の土地を荒らしているとのキャンペーンをはり、満洲の反日感情はますます増大した。

そもそも満洲とは誰の土地なのか。もともと女真族（満洲族）のものには違いないが、彼らは征服王朝として万里の長城を越え南下し、漢族を支配して清帝国を作ったのである。満洲族はいざという時、すぐ父祖の地に帰れるように満洲を封禁の地として冷凍保存し、漢族の流入を認めなかったため過疎地になっていた。しかし現実は辛亥革命以降、戦乱を避けるため流民がどんどん長城を越えてやってきた。この当時人口は三〇〇〇万人近くになっており漢人の人口は満洲族よりはるかに多くなっていた。

では誰が統治するのか。女真族の清国はつぶれた。漢族が多数派とはいえ国民党南京政府は満洲の実権を握っていない。また、蔣介石と手を結んだとはいえ、奉天軍閥の張学良は馬賊あがりの張作霖の息子だ。アヘン常習の専制君主であり、民衆に重税を課し、紙幣を乱発して国の経済を混乱させている。権力基盤の軍隊は完全に私兵化し、軍規がないに等しいので、自国民に対する略奪、暴行、殺人、誘拐など日常茶飯事である。石原はこのような腐った政権しか持てない支那人にうんざりしていた。

「彼らに国家を作る資格なし。俺たちが国を作った方が、よっぽど民衆は喜んでくれるだろう」

いっぽう日本に対しては、

「中村大尉事件と万宝山事件を大義名分に、一気に満洲をやってしまったら良かったのだ。中央が石橋をたたいても渡らないなら、俺たちでやるしかない」

石原が満洲を目にして悟った信念であった。

註

1　北清事変

一八九九年、武装勢力義和団が北京の外国公使館を攻撃し、各国連合軍と戦争になった事件。

2　華夷秩序

中華の国（支那）が一番偉く、周辺になるほど卑しい民（夷）が住むという考え。

3　ウィルソン大統領

第二八代米大統領・ウッドロー・ウィルソン。

一九一九年、第一次大戦のパリ講和会議で、日本の人種差別撤廃法案を巧妙に否決した。その他、「民族自決」、支那の「門戸開放」、「機会均等」など言葉上美しい提言をしただけであった。

4　兵要地誌

作戦・軍事用の見地から、必要な地形、地勢、気象、人文、産業、資源などを調査しまとめた軍事書類。

第二章　ヨーロッパ戦史を学び満洲に応用する

愛新覚羅《あいしんかくら》溥儀《ふぎ》を使い傀儡国家を樹立

満洲事変の戦闘に戻る。満洲北方の軍閥馬占山《ばせんざん》を蹴散らした後、関東軍は南に転じ錦州に閉じこもる張学良を攻撃、戦闘に関しては、軍閥上がりの張学良軍は数こそ多いが統制がとれておらず、少数精鋭の日本軍の敵ではなかった。日本軍はとうとう昭和六（一九三一）年十二月二十八日、錦州城に無血入城した。すでに蔣介石は国際連盟に日本の侵略行為を訴えている。関東軍首脳は焦った。

「このままでは日本は全世界から非難を浴びる。なんとか現地の満洲人が蜂起し、日本の助力で自発的に独立国を作ったことにしなければ」

そこで辛亥革命で廃帝にされ、天津でくすぶっていた清朝最後の皇帝、愛新覚羅溥儀を担ぎ出し、日本の傀儡国家をつくることを画策した。

まだ戦闘が完全に終結していないのに、早くも昭和七年三月九日、溥儀を新国家の執政に祭り上げるのである。この新国家の成り立ちは次章で述べることにして、ここでは今や人生で一番おもしろい時期にさしかかった天才石原の頭脳にスポットライトを当ててみたい。

さあ、フリードリッヒ大王理論を実験するぞ！

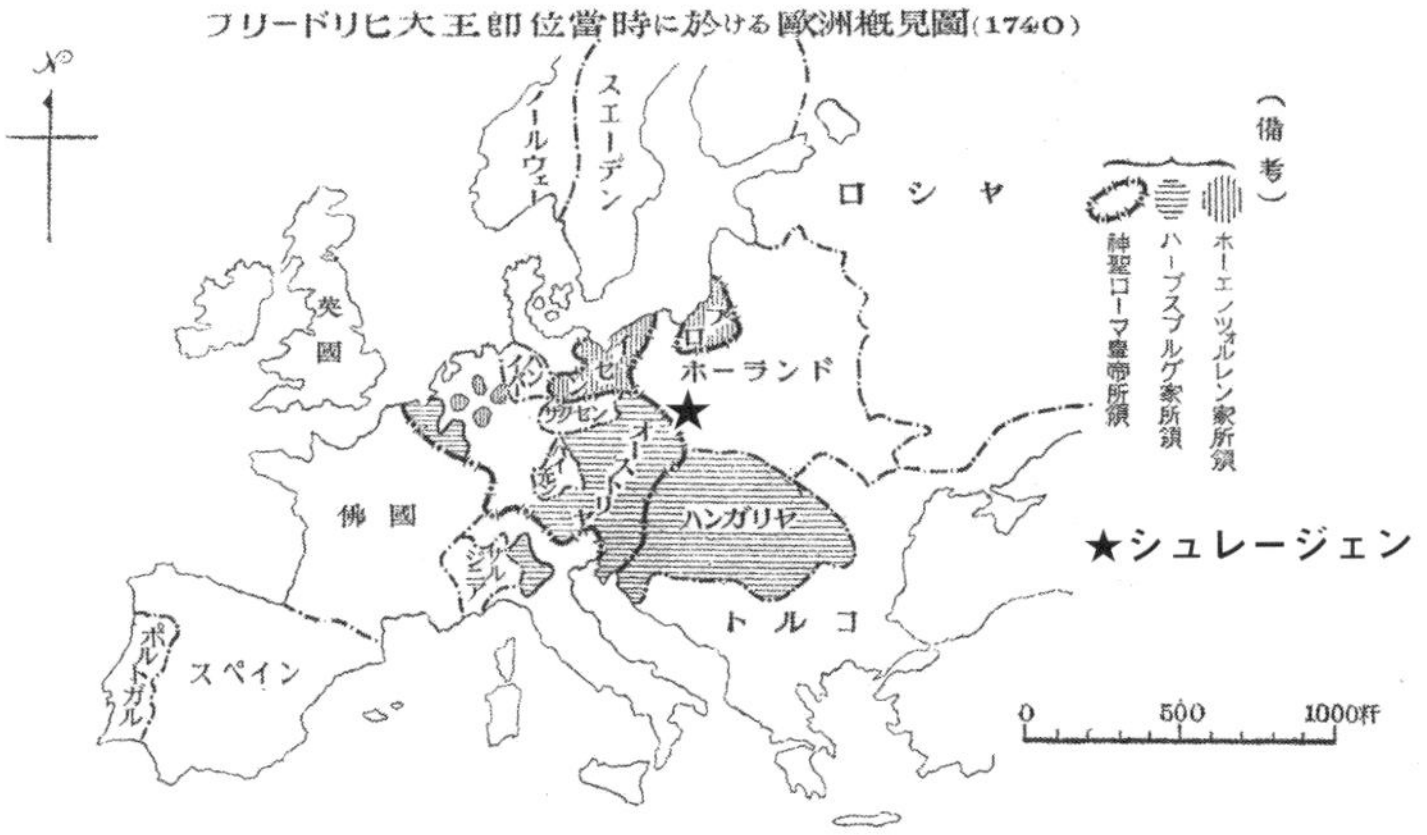

欧州概見図
（『石原莞爾全集第五巻』より）

おそらくこの時期が石原莞爾の人生で最も精神が高揚、躍動した時に違いない。なぜなら彼がナポレオン以上に尊崇してやまないプロイセン王国のフリードリッヒ大王の理論を実践できる千載一遇のチャンスが巡ってきたからだ。彼がドイツ留学の時から研究してきたかつてのプロイセンと現在の日本がそっくりなのだ。石原がどれほどフリードリッヒ大王に傾倒していたか、以下少しずつ述べていこう。

その昔、プロイセンは北ドイツの貧しい小さな田舎王国に過ぎなかったが、オーストリア領であったシュレージエン地方を領有してからにわかに国運が開けてきたのである。

ことはオーストリアのハプスブルグ家の継承問題にさかのぼる。フリードリッヒ大王は、ハプスブルグ家を女帝のマリア・テレジアが

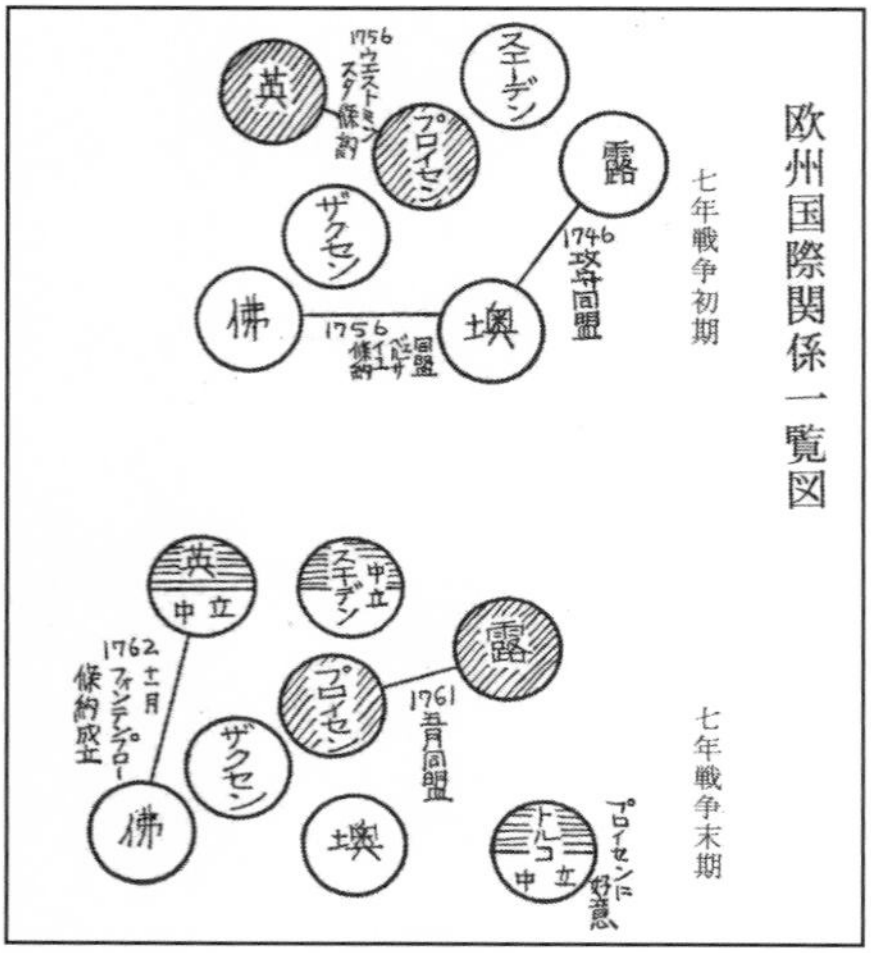

国際関係
（『石原莞爾全集第五巻』より）

継承することを認めてやる代わりに、シュレージェンを割譲せよと迫った。シュレージェンは現在のポーランドの南西部で、住民はもともとスラブ系であったがゲルマン系も混在していた。この地はかつてオーストリアも含むドイツ複数諸侯で統治しており、プロイセンの領土もあるので相続権もあるとの論理である。住民もほとんどがプロテスタントで、カトリックのオーストリアに迫害され、救いを求めているとの大義名分も付け加えた。要はマリア・テレジアの継承を認めてやる代わりに、土地をよこせという交換条件である。

それにしても誠に無茶苦茶な論理である。

大王はこの申し入れの書状を一応ウィーンに送りアリバイ作りをするや、宣戦布告もなしにいきなりシュレージェンに侵攻し、たちまち占領してしまった。怒り狂った女帝はシュレージェン奪回戦争をこの後二回仕掛けるがいずれも失敗。最後の戦争を七年戦争という。

この地方は昔から鉱工業の一大中心地であった。石炭が有名で、銅、亜鉛、鉛、硫黄、岩塩なども豊富であった。この地下資源を手に入れることによりプロイセンの産業は伸び、やがてヨーロッパの強国へと成長するのである。

とはいえ二国間だけでの戦争ではない。隙あらば介入し弱い方から獲物をせしめようと、フランス、ロシア、スエーデン、スペイン、ザクセンなどの列強が合従連衡し、耽々とこの戦争を見つめていた。ここに一七五四年以来の英仏間植民地戦争が加わり、戦場はヨーロッパだけでなく、南北アメリカ、カリブ海、インド、アフリカ、フィリピンまで広がった。七年戦争は史上初めての「世界大戦」と言われる。

プロイセンの味方はイギリスだけである。大王自身も何回も戦闘に敗れているが、単に決戦（殲滅戦争）だけではなく、政治、外交、経済、国民の気力、継戦意志も含んだ消耗戦争だとの大王の認識が、この長い期間をなんとか乗り切らせた。

ついにフリードリッヒ大王は、シュレージェンという宝物を守り抜き、やがてプロイセンはヨーロッパの覇者になる。

貧しいプロイセンはわが日本である。資源豊かなシュレージェンはここ満洲である。多民族からなるシュレージェン人は、第一次大戦後ドイツから分離されようとするとき、敗戦国ドイツへの帰属を希望した。これが留学中の石原にとって意外であった。やはり民族より治世の優劣が問題であると彼は実感した。

関東軍へ赴任後、満洲の実情がわかるにつれ、ドイツでの研究が無駄ではなかったと確信するようになった。

「よし、俺もフリードリッヒ大王を見習って、満洲を日本のものとし、民衆が安心して暮らしていける国にしてやろう」

石原は学者のように知的好奇心旺盛だ。心の高鳴りを押し殺し、ひそかに満洲新国家の研究準備にとりかかった。あたかも満洲が実験室のように思えてきた。

ドイツ留学組は数多けれど、石原のように西洋史を研究した軍人は皆無

明治の初めより陸軍の先生はドイツだった。ドイツ参謀本部のメッケル少佐のおかげで教え子たちが日露戦争に勝利した、とは司馬遼太郎の持論で小説「坂の上の雲」で有名になった説だ。陸大を優等で卒業したエリートは留学に出されるが、圧倒的にドイツ希望者が多い。第一次大戦後のドイツ留学組は敗戦の惨状をまざまざと見て、わが身に振り返る者もいただろうが、石原ほど西洋の歴史を洞察した人間はいない。

彼は古本屋、骨董店巡りを日課とし膨大な文献、古書を収集している。なかでもナポレオンとフリードリッヒ大王への関心は強く、彼の著作集を見ても圧倒的に多く論述を遺している。のちに退役前の京都師団長だった昭和十四年、参謀本部の宮崎機関（日満財政経済研究会）に命じ、自分の蔵書の中から、フリードリッヒ大王著「わが時代の歴史」と「七年戦争史」

のドイツ語原著を翻訳させ、監修している。編集者に次のように語っている。

「フリードリッヒ大王は今から二百年前に、当時人口僅か三百万内外のプロイセンをもってヨーロッパの大部を敵として、困難きわまる持久戦争によって、遂にその戦争目的を達成した。大王は真に東西古今を通じて比類稀なる持久戦争の達人である。この点について我等は無上の教訓を与へられている」

「……大王を知らないでドイツ精神を知ることはできない。フリードリッヒ大王は戦術においてはナポレオン以上の達人であったと思う。日本人は今後ますますフリードリッヒ大王の研究が必要である」（『石原莞爾全集五巻』石原莞爾全集刊行会）

まさにべた褒めである。

ここでちょっと脱線し、石原が憧れる大王の素顔を見てみたい。

大英君フリードリッヒ大王

十三世紀頃、今のポーランドの地にヴァチカンの命を受けてドイツ騎士団が入植した。一五一〇年、アルブレヒト・ホーエンツォレルンという若者が選挙で騎士団総長に選ばれたが、騎士団領は国ではない。しかも一代限りなので馬鹿馬鹿しくなり、プロテスタントのルター派に改宗した。彼はドイツ騎士団を解散して、プロイセン公国を作った。ヴァチカンか

1756年6月、オーストリア軍に破れた直後の大王
しばしば戦闘には破れているが最終的に政略で勝利した
（『石原莞爾全集第五巻』より）

ら見ると裏切り行為であるが、どうすることもできない。のちホーエンツォレルン家はスペイン継承戦争に介入し、ドイツ各国の連合体である神聖ローマ帝国から褒美として公国から王国への格上げしてもらうことに成功した（格式は帝国・王国・公国・辺境伯国の順）。ホーエンツォレルン家は誰もが知っているオーストリアのハプスブルグ家と変わらぬ古さを持っているが、田舎の文化程度が低い弱小国の君主というイメージはずっとついて回っていた。

王国の初代フリードリッヒ一世から、第一次大戦で廃位したヴィルヘルム二世まで九代続くが、大王と呼ばれるのは三代フリードリッヒ二世である。一八世紀のヨーロッパは絶対君主が啓蒙思想に身をまとう時代で、中世的な強権一本鎗を否定し、合理的科学的認識のもとに国民を導き、国の近代化を促進することが国王の理想となったという。（中野京子『プロイセン王家12の物語』光文社）

英明な大王はこの代表と言ってよい。しかし幼少のころは文弱であった。学問、芸術にのめり込み、特にフルートに熱中したので、病的に厳格な父王から「笛吹フリッツ」と蔑まれていた。あまりにも厳格なスパルタ式特訓に音をあげ、十八歳の時に家庭教師のカッテ少尉とイギリスへ脱走を図った。

亡命は失敗に終わりフリッツはキュストリン要塞に幽閉され、少尉はなんとフリッツの目前で斬首された。本当の理由は、家庭教師の少尉と同性愛の関係だったからという。

幽閉中、フリッツは少尉の遺言書を読んで人が変わった。それには、一刻も早く父王と和解し、立派な君主になってほしいと、切々と諭す言葉で満ちていた。これ以来フリッツは父王に絶対服従を誓って許され、キュストリンで御料地の管理局の一官吏として、極めて質素で質実な生活を送り、将来国王になるための自己修養に努めた。(『石原莞爾全集六巻』石原莞爾全集刊行会)

一七四〇年、二十八歳で戴冠（在位一七四〇～一七八六）。父王は兵隊王というあだ名がつくほど専制的、独裁的な君主であったが、「笛吹フリッツ」ことフリードリッヒ二世は、王位に就くや、自分の辛かったことが二度とあってはならぬ、と決心し拷問と検閲の廃止、オペラ座建設、アカデミーの復興、貧民対策など、次々啓蒙主義的改革を断行した。

周辺諸国はフリードリッヒ二世を、さすが文人国王と称賛したが（本音では文弱であると侮っていたが）、そんな甘い人物ではなかった。なんと文化と福祉の向上だけでなく、大軍備増強をはじめていた。それが前述のようにシュレージェン戦争のためだと周辺諸国が気づくのは半年後であった。……まさに大砲もバターも、である。

フリードリッヒ二世が周辺諸国から「大王」と称賛されるのは、オーストリア、フランス、ロシアの三大連合国相手に、「勝った」というより「負けなかった」「七年もよく持ちこたえた」からである。プロイセンの兵力は三大国の半分以下なので、持久戦争をいかに乗り切るか、というノウハウは大王を研究すればわかると石原は信じていた。

二・二六事件の年の昭和十一年十一月からはじまる天皇への御進講録に、石原はフリードリッヒ大王を取り上げている。なんとか昭和天皇にも、「満洲事変の後、日本の置かれた状況を、大王を先例として考えて頂きたい」との石原の願望と考えるのは深読みすぎるだろうか。

それでは石原自身の言葉で、フリードリッヒ大王理論をどう満洲に応用するか述べてもらおう。

「満蒙問題私見」は石原の「満洲事変基本設計図」

満洲着任後、戦争哲学者でもある石原は三つの戦争論文を発表している。

1、「満蒙問題私見」（以下「私見」）
2,「満蒙問題解決ノ為ノ戦争計画大綱」（以下「計画大綱」）
3、「戦争史大観」

このうち「私見」こそ、石原がなぜ満洲事変を引き起こしたのかという理論的根拠を最も端的に表している。ただし石原の文体はどれも感情を交えず、事実だけを淡々と直線的に記しているだけで抑揚がない。科学論文のような感じだ。読者は当然わかっているものとして論理を進めるのでついていくのが大変である。いわゆる言語明瞭意味不明瞭という奴だ。したがって簡単に現代語で要約する。

「私見」（昭和六年五月二十二日）（角田順編『石原莞爾資料　国防論策篇』原書房）

一、欧州大戦後、日本を含め五大国になったが、結局西洋の代表の米国と東洋の代表の日本との間の争覇戦になるだろう……世界最終戦の預言
二、東洋の選手権を獲得するため満洲が必要である。満蒙の農産物、鞍山の鉄、撫順の石炭等、我が国の重工業の基礎になる。……フリードリッヒ大王のシュレージェン
三、支那人が近代国家を作れるのか疑問。むしろ日本の治安維持のもとに漢民族を置く方が彼らの幸せになる。……軍閥の傍若無人ぶりを見ている日本人の共通感覚
四、在満三千万民衆の共同の敵、軍閥を倒すのは日本国民の使命
五、よって満蒙を我が領土とすることは正義であり、我が国はこれを決行する実力がある
六、ただし欧米人は嫉妬心が強いので要注意
七、ソ連の侵入に要注意であるが、興安嶺山脈を抑えれば大丈夫。北を抑えて支那本部あ

るいは南洋に勇敢に進出すべし

論文と言っても講演会の原稿のようなものである。石原の講演会は満洲青年同盟など民間人も対象とする総論的なものであるので、軍事機密ではなくオープンである。たかだか一中佐の意見開陳であるので、日本の動向を探るために各国のスパイや特派員が寄ってくるようなものではない。

「満蒙領有論」だけは後に訂正され、七の「北を抑えて支那本部あるいは南洋に勇敢に進出すべし」だけは、さすが石原でも日本の現実を見て削除する。よって三本の論文のうち、石原哲学のエッセンスと言えるものはこの「私見」だけである。

天才についていくのは大変だ

「計画大綱」と「戦争史大観」も簡単に述べておく。

「計画大綱」(昭和六年四月)はあまりにも現実離れしすぎて理解に苦しむ。(角田順編『石原莞爾資料　国防論策篇』原書房)

なにしろ満洲領有後、対米戦のため西太平洋制海権の確保、支那の態度次第では一挙に南京を攻略し中支那以北の要点を占領。この時に英国の諒解を得ること。だめなら断固英国を撃つ。ソ連が北満に侵入する公算は低いが、もしもの時は興安嶺に攻勢終末点(※註1)を置き、撃破する。

「計画大綱」は、まるでヒトラーが当たるを幸い、四方八方に多面作戦を仕掛けるようなものだ。「私見」とほぼ同時期に発表された論文だが、石原があれほど尊崇した大王の消耗戦争への警告と反対のことを言っている。本気で言っているのか。この「計画大綱」はイタズラ好きの石原のジョークか逆説か。「私見」のほうが、よほど理路整然としている。

「戦争史大観」（昭和四年七月四日）も簡単に触れる。

これは近世戦争の性質を大きく消耗戦争と殲滅戦争とに大別し解説したものだ。ナポレオンとモルトケ（普仏戦争のドイツ軍）とシュリーフェン（第一次大戦のドイツ軍）の戦いは、敵と一気に雌雄を決する殲滅戦争で、フリードリッヒ大王と欧州大戦全体は消耗戦争だとはっきり分別している。

石原は日露戦争でもしロシアが粘り、豊かな潜在力をもとに消耗戦争に持ち込んだら日本はどうなっていたか、その答えをドイツ留学でやっと見い出したのだ。いずれにせよ「戦争史大観」も、近代戦争学の総論的論文なので満洲事変の設計図といえるものではない。

満洲事変を起こす二カ月前（昭和四年七月三日）、石原は板垣高級参謀、片倉衷大尉ら幹部将校とともに北満参謀旅行に出発した。満洲占領の予行演習である。広大な満洲の地勢を実際に自分たちで検分するのだ。旅行二日目、長春の「名古屋ホテル」で「戦争史大観」を講演し原稿を配布している。

後日石原は述べている。

「第三日はハルビンに移り研究を続け、夜中に便所に起きたところ北満ホテルの板垣大佐の室に電灯がともっている。入って見ると、板垣大佐は昨日の私の講演の要点の筆記を整理しているのに驚いた。板垣大佐の数字に明るいのは兵要地誌班出身のためとのみ思っていた私は、この勉強があるのに感激した次第であった」（石原莞爾『世界最終戦争』毎日ワンズ）

板垣の、この天才的な後輩に対する畏敬の念がよくわかるエピソードであるが、天才についていこうとする板垣の苦労が察せられるのである。

註

1　攻勢終末点

攻撃によって得られる優勢の頂点。頂点以前に講和などをすべきであって、これを超えるとすみやかに防御へ方式を転換する必要がある。クラウゼヴィッツの「戦争論」で提唱された。

第三章　人造国家の誕生

満洲軍閥を倒した後、この広大な地をどうするか

事変勃発直後に戻る。

九月二十二日の朝、関東軍宿舎になっていた「瀋陽館」で秘密会議が持たれた。三宅光治参謀長、板垣征四郎大佐、石原莞爾中佐、片倉衷大尉らの面々で喧々諤々の大激論となった。満洲軍閥を退治したあとをどうするかだ。東京の陸軍省からは、事変を親日の傀儡政権樹立で押さえてくれと指示がきている。石原は「満蒙を日本のものにしてしまえ」、板垣らは「傀儡国家を作ろう」と意見が割れた。

結論から言うと石原の領有論は否定され傀儡国家樹立となった。傀儡国家樹立にしても意見が割れた。政体をどうするかである。

「傀儡政権の党首にいまさら清朝の廃帝溥儀を持ってきたところで、民衆がついてくるはずがない。共和体制で行きたい。」という意見も出たが、結局、板垣が粘りに粘り、「いや、共和制にする時間がない。手っ取り早く溥儀をトップにして国を作ってしまおう。また邪魔が入ると面倒だ。」という意見が通った。（福井雄三『板垣征四郎と石原莞爾』ＰＨＰ研究所）

石原は悔しくてたまらない。彼はこの会議録を陸軍大臣、参謀総長宛に送るのであるが、末尾に石原は註記として次のような恨みがましい一文を残している（会議録の自分用の控えに註記を書き込んだのであろう）。

「本意見ハ九月十九日ノ満蒙占領意見中央ノ顧ル所トナラス且建川少将スラ全然不同意ニテ到底其行ハレサルヲ知リ万コクノ涙ヲ呑ンテ満蒙独立国案ニ後退シ最後ノ陣地トナシタルモノナルモ好機再ヒ来リテ遂ニ満蒙領土論ノ実現スル日アルヘキヲ期スルモノナリ（石原註記）」（角田順編『石原莞爾資料　国防論策篇』原書房）

註記に「自分の領有論が否定されて涙が出るほど悔しかった」と言っているのである。石原は常々、支那人は国家を作る能力に欠けると断定していた。だからこそ日本が軍閥の非道を消滅させるため、満洲を領有せよとの考えだったのだ。

変転した廃帝溥儀の運命

天津でひっそり暮らしていた溥儀のもとへ一人の密使がやってきた。清朝の遺臣、羅振《らしん》玉《ぎょく》である。吉林省の実力者、熙洽《きこう》の密書を溥儀にうやうやしく手渡した。「復辟（帝位復帰）の機会が到来しました。日本の助けを借りて、清朝の父祖の地でまず国を興し、それから関内（本土）を狙いましょう」というものだった。

溥儀はずんぐりむっくりの、大きな坊主頭の四角い顔をした熙洽をよく覚えていた。愛新覚羅一族の祭礼でよく声を交わしたものだった。熙洽は満洲八旗の旗人（皇帝直系の臣下）であり、しかも旧姓は愛新覚羅、つまり溥儀の一族だ。しかも日本の陸軍士官学校を出てお

溥儀と婉容夫妻
（『満州帝国の光と闇』徳間書店より）

り、日本との繋がりがある。溥儀が疑う理由がない。実は関東軍参謀会議での役割分担通り、奉天特務機関長土肥原賢二大佐は、九月三十日、吉林省の実力者、熙洽と溥儀担ぎ出し工作をしていたのである。

溥儀は天にも昇る気になった。天はまだ自分を見放していないと……。一カ月後、土肥原自身がやってきた。今度は関東軍の黒幕が自ら来たのである。復辟の夢がいよいよ叶うと溥儀の胸はいやがおうにも高まった。十一月二日、慎重な溥儀は土肥原に、新国家の体制について質した。溥儀の自伝「わが半生」にはそのやり取りが記されている。

「私が知りたいのは、その国家が共和制か、それとも帝政か、帝国であるかどうかということです」

「そういう問題は瀋陽（奉天）へ行かれれば、解決しましょう」

「いや、復辟ならば行きますが、そうでないなら私は行きません」

「もちろん帝国です。それは問題ありません」
「帝国ならば行きましょう」
（愛新覚羅溥儀『我が半生』上　筑摩書房）

八日後の十日、天津で暴動が起こった。日本人租界に戒厳令がしかれ、交通は遮断された。土肥原は闇組織に金をつかませ暴動をおこし、日本の天津総領事の目をくらましたのである。関東軍は自国の外交官も騙さなければならないので大変だ。

暗夜どさくさに紛れて溥儀一行は港へ向かい、大連汽船の淡路丸に乗船し遼東半島根部の営口を目指した。支那側の刺客に狙われるなど、さんざんな脱出行であった。この脱出行は軍の一部の人間以外極秘であったので、もちろん婉容《えんよう》皇后にも知らされていなかった。溥儀に遅れること数週間して、婉容皇后も秘密裡に天津を脱出した。手引きをしたのは清朝の王女で、大陸浪人川島浪速の養女になっていた「男装の麗人」こと川島芳子である。彼女は関東軍のために働いた女スパイで「東洋のマタハリ」と呼ばれていた。溥儀夫妻は軟禁先の旅順ヤマトホテルで落ち合った。天津脱出以降、時計の針を進めるよう

女装の川島芳子
清朝粛親王第14王女、溥儀の従妹。ドイツの美人スパイ、マタ・ハリにならって東洋のマタ・ハリあるいは男装の麗人と呼ばれた

に溥儀の運命は急転する。

淋しい満洲国建国式

日本がほぼ満洲を掌握した後の昭和七（一九三二）年三月九日、清朝廃帝・愛新覚羅溥儀の執政就任式が粛々と執り行われたが、溥儀は喜ばしい気持ちになれなかった。いやむしろ日本に騙されたのではないかとの疑念でいっぱいだった。

国旗は新五色旗（地色は満洲を象徴する満地黄、左上四分の一を赤、青、白、黒の四色を以て横に等分したもの。赤以下、情熱、青春、純真、公平を表す）、元号は大同、首都は長春改め新京、国家のスローガンは王道楽土と五族協和（五族とは漢、満、朝、蒙、日の五民族）であった。

しかし溥儀にとって一番大切な国家名は、満洲帝国でなくただの満洲国、国首は皇帝ではなく執政、国体は帝政ではなく民本主義。（民本主義とは主権の存在を明示しない民衆主義の一訳語である）これでは溥儀にとって、復辟ではありえない。大清帝国の復活ではない。「俺は騙された！」との暗い思いが心のなかでムクムクと盛り上がってきた。溥儀の悔しさを裏付けるように、就任式には各国の慶賀使節団の姿はなく、強制動員された市民だけの淋しい建国式であった。

執政就任式（1932.3.9）於長春市政公署大礼場
★溥儀　１本庄軍司令官　２国務院総理 鄭孝胥
３参議府議長 張景恵　４吉林省長 熙洽　５副総理 臧式毅
（『新満州国写真大観』徳間書店より）

石原の最初の変節

溥儀の執政就任式の少し前、昭和七（一九三二）年一月十一日、大阪朝日新聞主催の「日支名士の座談会」が奉天のヤマトホテルで開かれたとき、石原は転向を宣言したのである。

「中国人自身に依る中国の革新政治は可能であると言ふ従来の懐疑からの再出発の気持ちは、更に満洲事変の最中に於ける満洲人の有力者である人々の日本軍に対する積極的な協力と軍閥打倒の激しい気持ち、そしてその気持ちから出た献身的な努力更に政治的な才幹の発揮を眼のあたり見て一層違つて来たのである。……此の使命を正当に理解し此の為に日本軍と真に協力する在満漢民族其の他を見、更にその政治能力を見るに於て、私共は満蒙占領論から独立建国論に転じたのである。」

「瀋陽館」の参謀会議からわずか三カ月半、悔し涙を流したほどの石原が、これほど見事に変節するものだろうか。

「参謀会議で自分の意見が否決された以上、考えを変えた方が得だ」とか「満人や漢人の協力者が少しづつ出てきた以上、彼らの歓心を買うために、ここはひとつ、（傀儡であるにせよ）彼らの為に国を作ってやろうじゃないか」という動機で変節したならば、オポチュニスト、ご都合主義者といえるだろう。しかし石原の変節はそんな薄っぺらなものではない。非常に複雑でわかりずらいので解説が必要だ。

この話の内容は満洲国建国十周年に「満洲建国前夜の心境」として文書化されたが、これをさらに読み解いていくとこのことがよくわかる。

満洲に関しては、占領の大義名分を独立国家成立に変えただけで、満洲をフリードリッヒ大王のシュレージェンと同じように祖国日本のために利用し尽くす方針は変わりない。

支那に関しては、見方をコペルニクス的に変換させている。

つまり一言でいって、蔣介石侮りがたしと刮目したのである。

なにしろ華南から北京（北平）まで、共産党と各地軍閥を打ち破りながら、全土を統一しようとしている。もし大都市などでインテリ層が旗を振っていた五・四運動などと連動すると、どれほど大きなナショナリズムになるか。もし蔣介石が英米と手を組むとなれば、どれほど厄介になるか。石原は近い将来を見越していた。国民党も渋々妥協できるほどの満蒙解決にしないと……。

それには日本の領土としてしまうのは蔣介石に刺激が強すぎる。満族、漢族の国家であればなんとか認めるだろうとの計算があった。さらに国民政府の利用も企む。

「……そして陛下の大御心を衷心より奉戴せんとする気持ちは、支那人の政治能力に対する見直しと共に、必ず此民族と共に相率ゐて共同の敵に対し共同の戦線に立つて戦ひ得るという確信に到達したのである。形式の上で言へば占領論の放棄は消極面への転化の様であるが、実際には却つて反対に大きな前進であり、積極的な面への飛躍的な躍進であったのである。」

「共同の敵に対し共同の戦線に立つて戦ひ得る」とは将来、中華民国をも対米戦争で日本の同盟国にしてしまおうとする壮大な構想である。この頃からなぜか石原は支那にぞっこんほれ込むようになる。理由は分からない。

「私は此の様にして昭和六年の暮れに、それ迄頑強な迄に主張しつづけて居た満蒙占領論から完全に転向したのであつた。」と締めくくる。（角田順編『石原莞爾資料　国防論策篇』原書房）

石原は親支那派に変身してしまった。支那の反撥を食らう満洲領有論を自分で打ち上げ、情況が変われば自ら瞬時に否定し、別の展開にワープする、といういかにも石原らしい言動だ。

策謀が三度の飯より好きな人々

われわれはというよりも、男は闇社会の悪の匂いにほんのちょっぴり惹かれるところがある。

ホームドラマやラブコメディもいいが、一九二〇年代のシカゴでマシンガンを撃ちまくるアル・カポネのギャング映画に見入ったことはないだろうか。スリルとサスペンスとヴァイオレンスに痺れるのだ。若い人でもF・コッポラ監督のアカデミー賞作品、マーロン・ブランド主演の「ゴッドファーザー」ぐらいは知っているかもしれない。

バーボンウィスキーのストレート、葉巻の香り、薄暗い地下室で微笑む謎の女、傍らに積まれた札束と金塊。アヘン中毒者、これらの小道具がいやがおうにも雰囲気を盛り上げる。ナイトクラブではイブニングドレスをまとった女性が長い象牙のホルダーで煙草をくゆらし、男はかぶっていた中折れ帽をうやうやしく取って軽く微笑む。そしてダンスフロアーへ。ジャズバンドをバックにシンガーは感傷的なバラードをささやくように歌っている。と、極め付きは突如として起こる銃声と硝煙だ。紅毛碧眼達が繰り広げるハリウッドの中だけの世界と思いきや、なんと日本人もこのような大活劇を、アメリカのマフィアとほぼ同時代に繰り広げていたのだ。

場所は支那大陸の沿岸の上海、天津などの租界である。チャイナマフィアの闇社会がある大都市だ。関東軍は国防の第一線に立つ外地駐屯軍だが、マフィア顔負けの裏の顔もある。満洲国の国造りには、アヘン密売、金の密輸、塩専売などの裏金作りが必須で、国家戦略を得意とする石原が苦手な分野だ。裏仕事から石原莞爾は外されていた。

関東軍は国際社会の関心を満洲からそらしたい。そこで板垣征四郎は国際都市上海でひと騒動起こそうと考えた。上海公使館付武官・田中隆吉少佐に依頼し工作資金二万円を渡す。田中は自分の愛人といわれる女スパイ、川島芳子を通じて上海マフィアを手なずけ、布教中の日本人僧侶を殺傷させるのである。激高した日本人居留民は支那官憲と衝突し、やがて第一次上海事変に拡大するのであるが、詳細は割愛する。当時の関東軍は目的の為には手段を選ばず、との歪んだ信念に燃えていた。同胞さえ殺すのである。この歪んだ信念は「関東軍の政治性」が病的に増殖した結果であった。

板垣征四郎

では何故軍の中でも関東軍は特に「政治性」が高いのであろうか。

統帥権の乱用と関東軍の政治性

統帥権とは、天皇が直接軍を指揮する権限で、極論すれば内閣の意見は無視してよいというものである。

なぜなら大日本帝国陸海軍は国軍ではなく、天皇の軍隊だからだ。もっとも天皇は軍服を着用しているからといって象徴の意味しかなく、武人でない天皇自身が作戦を練り、軍を指揮できるわけがない。したがって天皇は軍の指揮・運営を軍人に委ね、委ねられた軍人は、自分があたかも天皇の名代となった気分になってしまうのだ。自分に盾突くものは朝敵のように感じてしまう。こんな心理状態では、自分の軍の指揮、運営に政治家からクレームをつけられると、バカの一つ覚えで「統帥権干犯！」と怒鳴ってしまうようになる。

陸軍だけではない。政治への関与が少ないといわれる海軍も、ワシントン軍縮条約で米英に対し主力艦の制限をのんだ政府に対し「統帥権干犯！」と怒鳴ったことがある。この虎の威を借りる統帥権の乱用は、世界に類を見ない日本軍隊の特異性であるが、軍事の枠をはずれ、政治にまで統帥権を広げると、もはや統帥権自身がモンスターとなる。つまり軍が内閣から独立した行政府になるのだ。

関東軍はもともと日露戦争で得た東清鉄道南部支線（後の満鉄）を護る守備隊であった（第一章38頁）。兵力は一万四〇〇人と小さく、最初は関東都督府陸軍部と名づけられた、まことに可愛いものであった。ところがこの可愛い守備隊は時間とともに凶悪化してゆく。

大正八（一九一九）年、関東都督府は関東庁と関東軍に分かれた。当時世界的に軍縮の機運にあり、内外への影響などを配慮し、政軍を分離する趣旨であった。関東軍司令官はこれにより、小さくても天皇直隷の親任官に昇進したのである。ここまではまだ理解できる。では関東軍が同じ外地の朝鮮軍や台湾軍と最も違うところはどこか。

それは満洲事変後なんと軍司令官に特命全権大使と関東庁長官を兼任させたことである。軍の規模が小さく植民地行政をスリム化するためであろうが、軍人と文官の兼任は問題がある。関東軍司令官は、軍事、行政、外交、人事の巨大な権力を一手に握るようになった。つまり天皇にだけ頭が上がらない独裁者の誕生である。

この独裁者が時間と共に牙をむきはじめ、せっかく歩み出した満洲国の手足をもいでゆく。後述する「内面指導」という新しい権力を持つのだ。これは一言でいうと、関東軍は満洲国政府に堂々と内政干渉できるぞ、という不文律である。

石原莞爾君、ご苦労様でした。君のお役目は終わったんだよ

満洲国生みの親、石原は建国半年も経たないのに内面指導の現実を知らないまま、昭和七年八月八日、定期異動で満洲を離れることになる。後ろ髪を引かれる思いの帰国である。大佐に昇進し兵器本廠付きになったが、帰国後も伝え聞く内面指導が気になって仕方がない。本庄司令官も同日軍事参議官として東京へ戻る。昭和天皇は本庄に満洲事変を厳しく問いただされたが、「断じて関東軍の陰謀ではありません」と答え、天皇も安堵された。しらを切ったのではなく本当に知らなかったのだ。本庄は翌年、侍従武官長になる。新司令官は武藤信

義大将。司令部の人事は一新された。板垣は少将に昇進し満洲に残留したが、執政の顧問という政治力の弱いポストに移動した。

石原が自ら智謀の限りを尽くし誕生させ、やっと歩み始めた満洲国。この国を五族協和の夢の国に育て上げたいと決心した矢先、たった一年で内地帰還とは石原にとってこれ以上の無念はなかったであろう。彼にはせっかく誕生させた「わが子満洲国」をもっと育てていきたいとの夢があったはずだ。

……内面指導という傲慢なやり方をやると、たちまち満人、漢人の心が離れていくぞ！なぜ彼らに自主独立の希望を持たせてやらないのか。

関東軍は、なぜ独立国満洲こそ日本の国益に叶うということがわからないのだ！……

東京に帰ってから石原は、寝ても覚めても内面指導によって押し潰されていく満洲国の幻影が、脳裏にこびりついて離れなかった。

われわれも満洲国が石原哲学の壮大な実験場とわかっていても、もし彼がこのまま満洲国の育成を続けることができたら、歴史は全く異なったものになっていただろうと思うのである。

石原は、盟友板垣に書き置きを残している。

「板垣少将へ　七年八月十二日」と題する手記で、満洲国政府内の日本人官僚に対する不安が述べられている。（現代語訳）

（イ）満洲国の財政、満洲国人の生活程度を基礎として正当な俸給を払うべき。

（ロ）日本人が満洲国の官僚を志望するなら満州国人になり切る者に限り、この俸給に満足すること。

（ハ）満洲国政府の中に占めている日本人の位置は適当でない。日本人と満洲人の間に何ら差別ない公正な適材適所主義によるべきである。

（角田順編『石原莞爾資料　国防論策篇』原書房）

また日本政治機関の清算について、満鉄付属地行政権と関東州の（満洲国への）贈与、関東長官の廃止、治外法権の撤廃の必要性を述べている。石原は、自ら誕生させた新国家を見届けられない悔しさよりも、この若々しい国家を蚕食しかねない、内面指導という日本人の傲慢さを早くも警戒していたのである。

実力者・永田鉄山少将に私見を提出する

帰国後石原は、参謀本部第二部長の永田鉄山少将に私見を提出する。

「満蒙［経略］に関する私見　七年八月二十三日
昭和七年八月参謀本部第二部ニ於イテ所見ヲ述ベタルニ永田少将ハ満洲ハ逐次領土トナス方針ナリト称シ予ノ独立論ニ反対ヲ表セリ
予ガ七、四、二二小畑少将ニ示セルモノヲ提示セルニコレハ初メテ知ル意見ナリト少々驚ケル様子ナリキ　依テ稍詳シク私見ヲ纏メタルモノコレナリ」

石原は参謀本部の永田鉄山が、かつての自分と同じく満洲領有者であることを知って驚いた（まことに勝手な驚きだが……）。そして何とか考えを改めてもらいたいと私見を書いたのである。（角田順編『石原莞爾資料　国防論策篇』原書房）

石原の私見には熱い思いがこもる。現代語に要約する。

一、満蒙の利益はロシアの極東攻勢を断念させるほか、富源の開発は我が国の今の行き詰まりを打開してくれる。対米戦争のため［満洲以外に］、山西省の石炭、河北省の鉄、河南山東省以南の綿も必要とする。したがって日支親善のためにも日満協和が必要である。

二、日本が政治的権力で、満洲で漢民族と争うことは日本が支那軍閥と同じことになってしまう。

三、漢民族の欠陥を補うため日本が満蒙で公正な政治を行うのが日漢両民族にとって一番良いのだが、漢民族の自尊心を傷つけると将来（最終戦のための）支那本土の開発に支障がくる。だから（日本だけが）満洲国から美味しい汁を吸いつくさずに、健全に育てよう。

四、もし日本が民衆の支持を得られなかった場合、次のいずれかをとる。

（1）日満協和、日支親善は到底望めない空論であるので（日本が最終戦争に臨むことができないので）潔く満蒙から撤退する。

（2）占領して支那大衆を搾取する欧州風の植民政策を強行する。（この場合永田閣下の領有論に賛成する）

石原はあくまで「最終戦争」での対米戦を考え、そのために満洲国育成と日支友好を考えていたのだが、俊才の誉高い永田でも理解できなかった。しかし日本が民衆の支持を得られなかった場合、牙を剥いて無理やり満蒙を強奪する可能性もあると言っているので、石原は純粋の平和主義者ではない。

日本がとるべき具体案として、

五、日本人は裸一貫で活躍すべきであり、日本の政治的権力をバックにする経済活動はするな。（下心のある政府ひも付きのブラック企業お断り）

六、満洲国の独立性を大きくするため、日本の政治機関は最小限度にするべき。
七、新国家祝福のため関東州を返還しよう。治外法権を撤去しよう。
八、国防のために関東軍司令部は存続させるが、（これを）日本の政治機関唯一のものとしよう。
九、新国家がどのような政治形態になるかまだ決まっていない。しかし議会主義による自由主義政治であり、一つの政治団体（協和会）が民衆の支持を得られるようにし、一党専制の国家が望ましい。

いかにも石原らしい理念である。四、で述べているように状況が変わればすぐ他の局面にワープするのは彼の性癖だとして、すべてに共通して言えることは日本と共存共栄する国家社会主義的な国を作りたいということである。石原の夢とする国のありかたがよくわかる文章である。

しかし人間は強欲だ。満洲という獲物さえ獲ってしまえば後は自由に調理して食べたいのだ。そのために獲物を獲物としてではなく、宝物として扱う石原がうっとうしくなってきた。つまり満洲国を作った後、一年も立たずして石原は使い捨てにされたのである。実際、石原が満洲を去ってから希望に燃えていたはずの新国家は、石原が最も唾棄する方向に転がっていく。

満州事変の完全解決……塘沽《たんくう》停戦協定

石原が離満した翌年の昭和八（一九三三）年五月末、支那側とやっと塘沽停戦協定が結ばれた。進撃の手を緩めない関東軍は北平（北京）より北の熱河省を占領、独断で長城線を突破し、北平を侵す勢いを見せていたのである。支那側はたまらず和平を求めてきた。

内容は支那側が長城以南、以西に撤退、非武装地帯を設けること、日本軍も長城以北へ撤兵し、その治安維持は支那側の警察が担当するというものであった。国家間の条約ではないものの、満洲事変はここに終結した。この塘沽協定こそ日本が最も大切にしなければならない約束事であった。自ら厳密に襟を正し、相手にも順守を厳しく求める。

幸いなことに孫文以来、国民党は長城以北の満洲の地などあまり興味がない。化外の地（文化果てる地）と思っているのだ。日本は満洲を安定させ、支那との静謐が続けば続くほど、恒久的な平和が訪れ、自分の利益になるのである。

蔣介石は不満かもしれない。しかし日本と妥協すれば（満洲をあきらめれば）共産党に全力で決戦を挑み、勝利すれば長城以南の、本来の支那本土の統一ができるのである。悠久な歴史をひもとくと、宋、明以来の漢民族自身の統一国家なのである（意外なことだが、「殷」から始まる統一王朝は、支那自身が馬鹿にする、北狄、南蛮、西戎というおどろおどろしい名のついた蛮族がつくった征服王朝であり漢族がつくったものではない。東夷の朝鮮と日本だけは支那本土に入り征服王朝をつくっていない)。

日本に帰ってきた石原は塘沽停戦協定成立を知って、「どうか、このまま静かであってほしい。揉め事が起こらないで欲しい。そして時間がどんどんたって欲しい」と祈るような思いであっただろう。

第四章　帰国そして二・二六事件

なかなか就職先がない

断腸の思いで帰国した石原は一カ月後外務省事務嘱託を命じられ、ジュネーブで開かれる国際連盟総会臨時会議の帝国全権松岡洋右の随員として昭和七(一九三二)年十月、日本を発った。国際連盟で満洲国成立が論議されるのである。

国民にとっても知名度抜群の満洲事変のヒーローが、外務省嘱託とは違和感を持たれるかもしれない。なぜ陸軍中央に復帰させないのか。石原の同期、横山臣平中将は次のように述べる。

「石原という男は、事に当り俊敏で直情径行、法規、形式、前例などにこだわらず、独断癖が強く、人の意表に出る場合が多いからどうしても下克上的言動を露骨に表すのである」

(横山臣平『秘録石原莞爾』芙蓉書房)

幼年学校からずっと一緒だった人物の石原評は鋭い。横山の本に離満エピソードがある。

「内地帰還の命令を受け石原が日本に向け、新京飛行場を離陸する際、満洲国建設の大恩人が発つというので、飛行場には多くの各界の知名人が見送りに来た。だが石原は見送りの軍人や官吏その他の要人には眼もくれず、見送りの人の一隅に長春花街の芸者連中を見出すとつかつかとその前に近よって彼女たちと握手し

『君たちには、えらくお世話になった……身体を大切にしたまえ!』

というと、あっという間に飛行機に乗り込んでしまった。
板垣がこれを見て
『ヤツはたしかに放れわざの名人だ』
と鼻柱にシワをよせて苦笑していた。」（同書）
石原は弱いもの、下のものに限りなく優しい。しかしその場に居並ぶ高官たちはどう感じただろうか。部下としての石原を使いこなせる上司はざらにいない。この天才をしばらく外務省に出向させて、そのうち扱いを考えよう、となったのだろう。
ジュネーブに着いてからは連盟総会に一度も出席せず、古本屋で戦争文献や好きなナポレオンの絵画などを蒐集し始めた。日本の既定路線が決まっている以上、長々と行われる会議は時間の無駄だと思っていた。天才の結論はいつも早い。総会では、蔣介石の訴えどおり満洲国の正当性は否決された。日本の主張は四二対一（棄権一）で否決され、松岡全権は席を蹴って退席した。この時より日本の国際社会からの孤立が加速する。

改革！改革！改革！　連隊長は本当に楽しい

石原にとって物見遊山のようであったジュネーブにおける国際連盟の総会からの帰国後、昭和八年八月の移動で、彼は仙台の歩兵第四連隊長に就任した。なにを意図した人事かわからない。この連隊は満洲事変では多門師団長のもと活躍した精鋭であり、石原は懐かしさを感じていたはずである。

ここで水を得た魚のように第一線部隊の改革に乗り出した。彼は古いものを守るのが苦手のようで、どうも革命家のほうが向いている。兵の福利厚生と合理的な幹部教育こそが精強な部隊の礎と考えていたのだ。石原がいかに変わっていたか、(合理的であったか)横山の本をもとに列挙する。

兵営改革

一　郡別中隊の編成でいじめをなくす

歩兵連隊は一二中隊よりなる。徴募した兵をバラバラに振り分けるので、力のある者がボスとなりいじめが発生しやすい。これを出身郡別にすると、幼馴染であるので気を使い合って私的制裁などのいじめが激減した。

二　食事の改善

食べ残しが多いのはまずいからだとの仮説をたて(当たり前だが)、料理人の軍属を入れ調理を改善させると残飯が出なくなった。食は力の根源であることを証明したのである。

三　風呂の改善

浴槽に浄化装置を設置し湯量を増加。休日は大隊混浴させ温泉気分を演出。軍紀風紀上問題ありとの意見に対し、「風呂の中でも不動の姿勢は馬鹿げている。リラックスと軍紀風紀とは何ら関係なし」と守旧派を押し切った。

四　員数合わせの厳禁

兵は、銃、剣はもちろん服、靴、靴磨き道具、糸針に至るまで日用品といえど官給品が支給される。紛失すれば官給品なのでただでは済まない。班長、兵器係、被服係などのチェックが厳しい。そこで他人の物を失敬し素知らぬ顔をするものが出てくる。

これこそ精神衛生上害悪を催すと石原は上官に掛け合い、紛失物を申告し、代品を支給することにした。これにより倉庫のかっぱらい防止の当番兵が不要になり、部隊の余分な労力が節約できたのである。

兵の家庭環境に対する配慮

大不況のおり、特に東北の兵の家は困難の極みにあった。石原とて社会改革ができる権力があるわけではない。しかしできないことを工夫するのが石原なのだ。

一　兵の家庭調査

中隊幹部に兵の家庭調査をさせた。ひどい例になると地主から小作地を取り上げられたこともあったそうである。石原とて民事に介入できないが彼のことである。この調査が無言の圧力になるぐらいは計算していたかもしれない。驚いて土地を返した地主もいたそうである。

二　満洲移民の奨励

満洲事変参加の第二師団の除隊兵に移民の優先権を与え、苦境脱出を試みた。

三　農家副業の奨励

連隊の空き地を利用しアンゴラウサギの飼育、果樹の栽培などの技術を見学させ除隊後の家計の一助になるよう図った。

四　除隊みやげの全廃

兵が除隊し帰郷した時、入隊時の餞別の返しをする慣行があったがこれをやめさせ、飼育したアンゴラウサギで代行した。

五　演習時の農作物被害への留意

演習場付近では、極力農作物へ被害を与えないよう注意した。

石原はこのように、どこへ出しても恥ずかしくない福利厚生の改革をあっという間にやってのけた。

ある日第二師団の特命検閲が行われた。検閲官は後の陸軍大臣荒木貞夫大将である。他の連隊では予行に大わらわであったが、石原は「自分の連隊は常在戦場、付け焼刃など馬鹿馬鹿しくてできるか」とばかり無視を決め込んだ。検閲最終日、石原連隊が敵前数百メートルの所まで進出した時、師団参謀が状況を伝えに飛んできた。敵の機関銃射撃が旺盛で突撃困難であるとの想定である。演習では「状況現示」といつて機関銃を旗で示すことになっているらしい。師団参謀のミスで口頭だけで伝えたのだが、石原は「機関銃はないが？」とおちょくった。参謀は焦り「とにかく状況です」と怒鳴ったが、次の大音声を聞いて仰天した。

「よしわかった！連隊は全滅！連隊長も戦死！皆寝ろ！」

石原は大号令をかけるや否や、その場で大地にバッタリと仰向けになり、全連隊を休憩させたのだ。（横山臣平『秘録石原莞爾』芙蓉書房）

横山中将は「彼は少年時代から、よくこんな『ひょうきん』なことをして人を笑わせていた」というが横山が竹馬の友だから言えることである。軽妙で剽軽《ひょうきん》なお調子者は、気心知れた仲間内でこそ屈託のない大笑いを取れるが、真剣勝負の場で、このようなことをやらかす部下を持った上司は地獄であっただろう。逆にこんな上官を持った部下は、張り詰めた過緊張をほぐされ、ニヤリとさせられ、つかの間でも楽しくなったに違いない。

振幅の大きすぎる人間と付き合うのは並大抵のことではない。

参謀本部作戦課長着任当日、相沢事件起こる

仙台の歩兵第四連隊長を二年勤め、昭和十年八月一日、参謀本部作戦課長の要職を拝命。やっと中央の要職に就いたのだ。石原この時四十六歳、彼ほどの才能からして遅咲きの桜といえようが、扱いにくく引き取り手がなかったのかもしれない。

この頃陸軍中央では統制派と皇道派の二つの派閥が鋭く対立していた。違いは何か。これからの軍隊は国家の総動員体制の上に成り立つべきであり、政界、財界の協力体制が必要だというのが統制派。天皇自らに政治を行ってもらって（天皇親政）社会の矛盾点を正し、急速に国家改造を進めるというのが皇道派である。皇道派の方は、より理念的、観念的、政治的である。石原はもちろんどちらにも属していないが、考え方は統制派に近い。統制派の理論的中心は永田鉄山少将であった。彼は参謀本部第二部長から陸軍省軍務局長に移っていた。この永田が石原を仙台から参謀本部へ引っぱった、との説もあるがはっきりしない。

石原が参謀本部に赴任したその日、八月十二日、相沢事件が起こった。永田軍務局長が陸軍省の局長室で執務中、面会を求めてきた福山歩兵第四一連隊の相沢三郎歩兵中佐に斬殺されたのである。真昼の凶行であった。

相沢は仙台生まれで、陸幼では石原の一期下。尊皇絶対主義に凝り固まっており、昭和維新の断行こそが農村の窮乏を救う道だと考える過激派であった。約一カ月前、皇道派の重鎮、

相沢三郎

永田鉄山

真崎甚三郎教育総監が罷免になった。理由は真崎が皇道派の若手将校を扇動していると見なされたからであった。これを皇道派は永田の差し金と受け取った。そして最も過激な直情径行の相沢が決行に及んだのである。建軍以来の未曾有の不祥事に軍のみならず、国民に大きな衝撃が走った。

事件当日、石原に事件の感想を聞くため自宅を訪問した外国公使館員がいた。皆がかたずをのんで石原の口が開くのを待つ。石原は即座に

「齢四十を過ぎて、妻子を顧みず、正気で上官を殺す程の軍人がいる。わが陸軍は未だ健在り」（横山臣平『秘録石原莞爾』芙蓉書房）

と平然と言ってのけたという。相手は「まことに言語道断」とか「狂気の沙汰」という返事を期待したのだろうが、石原一流の逆説表現だ。相手の意表を突く当意即妙な反応である。

相沢は逮捕後、なぜか軍法会議の弁護人を石原に

依頼した。派閥に属さず、馴れ合いを排し、筋を通す石原を尊敬していたのか。石原は驚くべきことに弁護の依頼を引き受けたのである。石原が、天皇の権威にすがるだけの「論理性がない皇道派」を好むわけがない。なぜ彼は皇道派の象徴のような男の弁護を引き受けたのか。それは皇道派の裏にいる黒幕こそ軍部を腐敗させる諸悪の根源と考えていたのではないだろうか。

へそ曲がりの石原は、この際、すべて白日の下にさらし、軍の膿を出す良いチャンスと考えていたのではないか。そうであればまさに陸軍という最強官僚組織の中の革命家である。しかし、相沢公判が近づいたある日、相沢の代理人と称する人物が弁護人の依頼をキャンセルしてきたので結局この話はなくなった。真崎の関係者が相沢の代理人になりすまし、石原の弁護をつぶしたという。

横山の著書から引用する。

「石原さん、聞いてください。私が事件を起す前までは、私に向って何かと軍の不統一を憂い、国事を憂い、真実らしいことをいっていた偉い人達がいましたが、私が事件を起してから後は、用事もあり、話したいこともあるので、手紙を何回も出しましたが面会はもちろん、返事もくれない人たちが多いのです。こうして面会に来てくれる人は石原さんだけです」

（横山臣平『秘録石原莞爾』芙蓉書房）

相沢の訴えに石原はどう答えたのであろうか。「相沢の行為そのものは別として、彼の心情には心から同情を禁じ得ないものがある。相沢は軍閥を倒すことを念願し、純真の余りあの行動に出たが、結果的には軍閥どもに操られたのである」と言っていたそうである。

公判は翌年二月二十六日であったが、突如として二・二六事件が勃発したため延期となり、後に秘密審議となって死刑判決が下された。

私がしつこすぎるぐらいに相沢事件にこだわったのは、後に起こる二・二六事件での石原の不可解な行動のヒントになるのではと思ったからである。統制派、皇道派両方に対する彼のスタンスがおぼろげながら見えてきたようである。

日満財政経済研究会

軍の上層部が派閥抗争に明け暮れて国防を疎かにしていた結果、極東ソ連軍の兵力は格段に増強され、満洲事変時、日・ソの兵力差はなかったが完全に逆転されてしまった。ソ連は産業五か年計画が軌道にのり、国力がついてきたからである。

高橋是清大蔵大臣は軍事費増強を渋ったので、石原は独力で国の生産力増強のため知恵を絞った。閃いたのは馴染みの満鉄を利用することだった。このような側面が一介の軍人と違い、政治家となっても通用するマルチな才能である。

満鉄側と協議し、満鉄調査課の宮崎正義を参謀本部嘱託として迎えた。彼はモスクワ大学で統制経済学を学んだ優秀な経済学者であり、これ以降石原の経済問題ブレーンとなる。

昭和十年秋、日満財政経済研究会を作り、日満経済再建に当たらせた。いわゆる宮崎機関である。石原は国防に関係の深い産業開発を重視し、ソ連を見習って五か年計画を作ることにした。ここまでできるとは、彼は一流の経済官僚としても務まったであろう。軍人仲間にはつっけんどんな態度をとるため評判が悪いが、一般社会にはフレンドリーなので人脈は増える。また石原は参謀本部の改革にも乗り出した。持久戦争になれば、海軍との連携、共同作戦が必要であり多額の財政出動となる。宮崎機関の五か年計画の進捗を見守り統括する必要がある。このため新たに戦争指導課を作り自分が兼任した。彼の頭は「世界最終戦」に備え、強い国作りにしか興味がなかった。

不偏不党の石原莞爾、二・二六事件に巻き込まれる

昭和十一年二月二十六日未明、東京は珍しくしんしんと降り続く雪に包まれていた。積もった雪を踏みしめて、一糸乱れぬ隊列の軍靴の音が夜の静寂を破る。雪に覆われた首相官邸、陸軍省、参謀本部、警視庁が重・軽機関銃まで携えた武装部隊に包囲された。……と書いてゆくと、雪という舞台設定も相まって忠臣蔵や桜田門外の変のように、何か、悲壮感とリリシズムいっぱいの映画やドラマ仕立てになってしまいそうだが、そんな美しいもの

ではない。三島由紀夫の小説「憂国」や、高倉健主演の映画「動乱」などはあくまで観念の世界だ。

蹶起したのは、青年将校に率いられた歩兵第一連隊、同第三連隊、および近衛歩兵第三連隊の下士官兵およそ一五〇〇名である。すべて皇道派の青年将校に指揮されている。首相官邸には栗原安秀中尉以下二八〇名がなだれ込み、護衛の警官を射殺後、岡田啓介首相を暗殺したが、実は人違いであった。その他、蹶起部隊は高橋是清大蔵大臣、斎藤実内大臣、陸軍教育総監渡辺錠太郎大将の私邸を襲撃し三人を殺害した。鈴木貫太郎侍従長の私邸を襲った一隊は、侍従長にとどめを刺す寸前、妻が身を挺して庇ったためそのまま引き上げた。牧野伸顕前内大臣の別荘も小グループが襲ったが、牧野は無事逃げおおせた。

２・２６事件反乱軍

なぜ政府の大臣たちが殺されなければならなかったのか（夜間、ひ弱な老人たちを、銃器を持った壮丁が襲撃するなど美学に反するが、そこはさておいて）。特にダルマさんの愛称で親しまれた高橋是清蔵相は、世界恐慌に混乱する日本経済をデフレから世界最速で脱出させた尊敬に値する人ではないか。

青年将校たちは良く言えば純情、悪く言えば、世慣れていない単細胞。大恐慌で疲弊する農山漁村の貧困を救うためには、天皇を操っている君臣の奸の除去、すなわち大企業と結託する政治家を暗殺するしかないと信じた。そのうえで「間違ったことを絶対されるはずがないお上」の親政しかないと妄信していたのである。

ここで青年将校側に大きな矛盾が生じるが、彼らは気が付かない。彼らは、兵たちの実家の多い東北地方の、娘を身売りしなければならないような窮乏を目の当たりにしていたはずだ。にもかかわらず、国民生活安定のため軍事予算をできるだけ減らそうとした高橋蔵相を殺害するこの矛盾。近代憲法のもとで世界に類がない日本の天皇を、ロシアのツァーやドイツのカイゼルのような専制君主にしたいというこの矛盾。青年将校たちは細かいことはどうでもよいのだ。とにかく日本を一度リセットさえすればと短絡していた。天皇の奸臣を除去し天皇自ら政治を行っていただく……立憲政治上あり得ることではないが、そのように洗脳されていた。

彼らの一部は思想家北一輝に心酔していた。北が大正八（一九一九）年に著した「国家改造案原理大綱」（四年後に『日本改造法案大綱』と改題）は当時の日本の国家主義運動に多大な影響を与えていた。共産主義とは違うが、似ている部分もある。

具体的には「華族制の廃止」「財閥解体」「農地改革」「普通選挙」などである。世界大恐慌で荒廃した日本国民を救うには、「天皇制を温存しつつ北一輝の思想しかない」と一部の青年将校たちは思い詰めていた。つまり言葉は変だが、天皇制国家社会主義である。その割には彼らの「決意趣意書」は政策の提言はなく、人事だけがやけに生々しい。「国体を破壊する元凶は、天皇側に立つ奸臣軍賊。それを切り捨てることが大義である」という漢語調の総論的趣旨と、「南大将、宇垣朝鮮総督などの逮捕や対立する将校の罷免、対ソ対策として荒木大将を関東軍司令官に、真崎大将を含む皇道派高官を陸軍中枢に据えること」などの各論が、だれが洗脳者であるかを物語っている。

北一輝の思想に心酔し行動のバックボーンにしていた青年将校もいたかもしれないが、多数はやはり「皇道派」のエライ人に洗脳されていたのである。石原はクーデターの黒幕は目星がついていた。

皇道派嫌いの石原

石原はもともと真崎甚三郎大将が生理的に嫌いであった。満洲事変後内地に戻され、参謀本部に挨拶に行った時のことである。参謀次長の真崎は、「石原君、貴公は偉い。一中佐の人事異動で陸軍の定期異動が一週間も遅れたことは陸軍創設以来初めてのことだ。貴公はそれだけ大物だ」と褒め上げた。確かに使いにくいが有能無比の石原の処遇に陸軍省も困った

真崎甚三郎

ことは事実である。

石原は「軍の人事は三長官の陸軍大臣（荒木貞夫）、参謀総長（閑院宮）、教育総監（林銑十郎）が決定するもので、なんら石原の関知するところではありません」と言ってはねつけた。石原は基本的に一匹狼である。巧言を弄して自分の派閥に取り込もうとする人間が大嫌いである。

仙台第四連隊時代の次のエピソードも、どの評伝にも載っているほど有名だ。真崎大将が連隊視察に来た時、満座の前で石原に声をかけた。「石原君、今夜会食をしたいから宿まで来てくれたまえ」。

もし出世志向満々の人間ならば、喜んで大将に尻尾を振ってついて行く。ところが石原は「会食は公務ですか」と聞き返した。「いや、公務ではないが」すると石原は「公務でなければ、お断りします」ときっぱり断った（横山臣平『秘録石原莞爾』芙蓉書房）。いかにも石原らしい。しかし上から見たらこれほど「可愛くない」人間はいない。

射殺寸前

話を二・二六に戻す。

蹶起部隊は、陸相官邸、参謀本部、陸軍省、警視庁を占拠し警戒線を張った。二月二十六日の早朝、石原は一本の電話でたたき起こされた。訳がわからない石原はとりあえず現場に急行した。

半蔵門に来るとたちまち警戒線に引っかかった。鈴木貫太郎邸を襲撃したばかりの安藤中隊である。道路に機関銃を据えて一帯を封鎖している。石原はかまわず突破しようとしたが兵に銃を突きつけられた。その時、兵の後ろから駆けつけてきた指揮官が「大佐殿、今日はこのままお帰りください！」とかすれた声で叫んだ。目が血走っている。安藤輝三大尉であった。

「馬鹿野郎！　陛下の軍隊を私に使うとは何事か！　俺を殺したければお前が撃て。部下を使って人殺しをさせるような卑怯な真似をするな！」と一喝した。その気迫に安藤はひるんだが、石原は堂々と警戒線を突破し参謀本部の課長室に入っていった。

後を追いかけて一人の将校が駆け込んできた。山本又予備中尉である。石原射殺の命を受け石原の後頭部に銃口を向けた。その時、石原の姿の後ろに日蓮聖人の声がした、姿が浮かび上がったなど色々あるが、山本はどうしても引き金が引けず、合掌してそのまま退出したという。彼も熱心な日蓮宗信者であった。これも数多い石原伝説の一つであろう。

石原は課長室から各方面と連絡をとり情報を集めた後、蹶起部隊の本陣の陸相官邸へ出ていくことにした。陸相官邸はハチの巣をつついたようにひっくり返っていた。石原もどさくさに紛れて官邸に入っていった。大広間の椅子にドッカと座っていると一人の血気ばしった将校が近づいてきた。首相官邸襲撃を終えたばかりの栗原安秀大尉である。青年将校のなかで一番ファナティクな人物だ。石原は蹶起側の暗殺リストに入っていた。拳銃を石原に突き付けながら「大佐殿の考えと私共の考えは根本的に違うようだが、維新に関しどうお考えですか」と詰め寄った。

石原は平然と「僕にはよくわからん。軍備を充実させることが維新になるのだ」と答えたが、これほど計算づくのピンボケの言葉はないであろう。蹶起側と石原の食い違いに戸惑った栗原は傍らのリーダーの一人、磯部浅一元一等主計に「どうしましょうか」と尋ねたが、返事がないので拳銃を下さざるを得なかった。

殺気だった場でも石原の反骨精神はなんら変わることはない。石原があまりにも青年将校にぞんざいな態度をとるので、居合わせた皇道派シンパの斎藤瀏少将が場を和まそうとして石原に声をかけたが、石原の不機嫌さは変わらない。今度は斎藤少将と言い争いになり、斎藤に事件解決の対案を詰め寄られたときに、平然と、「説得して引き揚げさせる。どうしても言うことを聞かなければ、軍旗を奉じて討伐するだけだ」とケロッと言ったので、場の空気は凍り付いてしまった。怒った斎藤少将が「貴様、何を言うか！」と怒鳴ると同時に、十数人の青年将校が石原を取り囲み、一人が抜刀して向かってきた。本庄侍従武官長の女婿、山口一太郎大尉があわてて中に入り、石原を別室に誘導した。（木村武雄『石原莞爾』ＰＨＰ研究所）

石原の神経はどうなっているのであろうか。石原には「恐怖」という概念が頭の中にないのだろうか。この精神回路も後で分析したいと思う。

駆け引きの落としどころ

川島義之陸軍大臣は、会議室で周囲を青年将校に取り囲まれていた。突き上げられて憔悴しきっている。叛乱軍は「決意趣意書」を読み上げたが、要は、自分たちの気に入らない将官を逮捕、罷免し代わりに擁護してくれる皇道派の重鎮を、この場に七時までにすぐ呼び出せという要求である。

青年将校たちの蹶起を、早朝四時半過ぎに耳に入れていた真崎甚三郎大将は車で駆け付けた。山下奉文調査部長を始めとして皇道派およびシンパの将官たちも続々集まってきた。真崎大将の姿を見るや、蹶起部隊の首謀者の一人、磯部浅一元一等主計が駆け寄った。彼の手記「行動記」に次のようにある。

「歩哨の停止命令をきかずして一台の自動車がスベり込んだ。余が近づいてみると真崎将軍だ。『閣下統帥権干犯の賊類を討つために蹶起しました、情況を御存知でありますか』という。

「とうとうやったか、お前たちの心はヨオッわかっとる、ヨオッーわかっとる」と答える。「どうか善処していただきたい」とつげる。大将はうなずきながら邸内に入る。門前の同志と共に事態の有利に進展せんことを祈る」（磯部浅一『獄中日記』中公文庫）

リーダー格の磯部の手記だけに青年将校全員の気持ちを代表しているといってよいだろう。この日を予期して心待ちにしていた真崎と、青年将校の真崎に対する信頼と期待が凝縮されたような筆致である。

青年将校たちの中には、明確な革命政権を企てていた者もいた。すなわち第一段階でまず、皇道派の最も有力な真崎大将を暫定内閣首班にしておいて、次にできた本格内閣で北一輝の、「国家社会主義的な日本改造」を企てようとするものである。

三島由紀夫は二・二六事件の失敗を、皇居に突入しなかったことだと常々残念がっていた。磯部や栗原は、最初宮城の完全占拠を主張したが、穏健派によって反対されたという。（筒井清忠『二・二六事件とその時代』ちくま学芸文庫）

最終的に、御前に押しかけ、天皇に自分たちの主義を強要する「至尊強要」が倫理に悖るという考えが勝ったのだ。したがってクーデターを起こした以上、青年将校たちはなにがなんでも真崎暫定内閣を作らなければならなかった。すべてのことはその後で進めればよいというご都合主義であった。天皇自らの反撃など初めから念頭になかったのである。

一方、皇居内ではどんな反応があったのか。天皇への第一報は甘露寺侍従より五時四十分にもたらされた。これは蹶起部隊の山口一太郎大尉から本庄侍従武官長（元関東軍司令官）に午前五時頃連絡があったからである。山口大尉は本庄の女婿だったことは前述した。天皇は六時に参内拝謁した本庄に、「早く事件を終熄せしめ、禍を転じて福と為せ」と非常に御憂慮の様子であったというが、この時点で激怒されたか否かはわからない。（本庄繁『本庄日記』原書房）

木戸幸一内大臣秘書官長は、「……陛下より反乱軍を速に鎮定せよとの御諚を下されて、此一本で事態を収拾すべきであり、時局収拾の為めの暫定内閣と云ふ構想には絶対に御同意なき様に願ひ度い」と陛下に強く奏上した。英国流の憲法の運用を考えて、なるべく（政治の）イニシアチブを取らないようにと教育されてきた天皇だからこそ、反乱軍側に立つ「輔弼の臣」たちが、皇道派の暫定内閣の成立を強く訴えた場合、陛下が押し切られることを危惧したという。（筒井清忠『二・二六事件とその時代』ちくま学芸文庫）

時間が経つにつれ、虐殺された斎藤実内大臣、高橋是清蔵相、渡辺錠太郎陸軍教育総監、鈴木貫太郎侍従長（実は重傷）、岡田啓介首相（義弟が偶然身代わりになり生還）の情報が入り、股肱の臣をいともたやすく亡き者にされた天皇の怒りが増幅していったことは想像するに難くない。

かわいそうな川島陸軍大臣

いっぽう陸相官邸では、優柔不断な川島陸相は真崎や居合わせた皇道派の斎藤瀏少将に恫喝され九時頃にしぶしぶ皇居へと出発した。参内した川島は、天皇の前で「誠に恐懼に堪へざること」と奏上し始めたのは良いが、青年将校たちの蹶起文まで読み上げたのである。暫定内閣の件まで申し上げると、「陸軍大臣はそういうことまで言わなくてもよかろう。それより叛乱軍を速鎮圧する方法を講じるのが先決要件ではないか」と仰せられた。（同書）

よほど強い口調でたしなめられたのであろう。川島は恐懼して退出した。事ここに至り、天皇が戒厳令を発し、鎮圧勅令を下すのが早いか、蹶起部隊を原隊復帰させ反乱軍の汚名を回避させるのが早いか、時間の勝負である。

陸軍の軍政トップの川島は焦った。焦るあまり次官にも相談せず、よりによって軍事参議官会議に泣きついたのだ。この会議のメンバーは大将、元帥からなる軍の長老たちだが、会議自身は何ら決定権がなく、単なる天皇の諮問機関に過ぎない。すなわち天皇が政務について質問があるときには枢密院を、軍務については軍事参議官会議を利用するだけのものだ。川島は追い詰められて、キラ星のような大先輩達にすがろうとしたのだ。石原は軍長老の「ダメさ」加減をよく知っていた。彼は上司の杉山元参謀次長をつかまえ、「絶対に決定権のない軍事参議官会議などを利用するなど愚の骨頂です。彼らはダラダラ理屈をこねるだけで時間の無駄です。天皇にお考えを再考慮して頂くよう奏上できるのは、陸軍大臣しかいないではありませんか！」と懇願したが一向に埒が明かなかった。

二十六日昼頃、宮中で非公式の軍事参議官会議が開かれ、青年将校に有利な「陸軍大臣告示」が発表された。メンバーの大半が皇道派だったので青年将校側に極めてやさしい内容であった。

告示のポイントは二つ。

一、蹶起の主旨は天聴（天皇の耳）に達せられた。

二、諸子の行動は、至情に基づくと認める。

ということであるが、中立派の参議官によって「諸子の行動」が「諸子の真意」に修正された。

つまり、「お前たちの行動は天皇の耳に入ったが、（行動の是非はともかく）気持ちはよくわかる」という誠に子供だましの陸軍大臣告示である。青年将校が望む暫定内閣の一文字もない。「天皇の耳に入ってそれからどうなるのだ！」反乱軍はますます焦ることになる。

帝国ホテルの密議

戒厳令裁可まで時間がない。日が変わった二十七日、午前一時頃、石原は帝国ホテルの玄関応接室へ、皇道派シンパの陸大教官、満井佐吉中佐と十月事件（※註1）で左遷させられた橋本欣五郎大佐に呼び出された。天皇に蹶起部隊の大赦を請願し、原隊復帰させる代わりに、青年将校の望む暫定内閣成立を認めてもらおうという計画だ。川島陸相案と何ら変わりがない。後継首班として石原は東久邇宮、橋本は建川中将、満井は真崎と考えていた。石原は上司の杉山元参謀次長に上奏を求めたが、にべなく断られてしまった。

陸相官邸で蹶起側に取り囲まれて、拳銃を突きつけられても不機嫌な態度を取り続けた石原が、何とか青年将校の立場を守ってやろうと画策したのは意外である。昭和維新を希求する彼らの大義と至純な魂に感銘し、何とか助けてやりたいという気持ちが湧いてきたのか。まさか‼　石原も、大不況にあえぐ東北の零細農家出身の兵の苦悩を仙台の連隊勤務で十分理解している。しかし彼の興味は、内政の改革は政治家にまかせ国際レベルで日本の国力を増し、世界最終戦に打ち勝つだけの体力づくりに全力を挙げることにしかない。石原にとって尊皇討奸などどうでも良いことなのだ。いや、むしろ陸軍の不祥事で事件後、予算の縮小などあってはたまらない。ここはひとつ、蹶起側の顔を立て暫定内閣でも何でもよいから作ってしまい、原隊復帰させ皇軍が分裂することだけは避けようと思ったに違いない。事件収拾の方法論は皇道派重鎮と同じでも、思想は全然違うのだ。同床異夢。石原にとって昭和維新とは「軍備を充実することが昭和維新」なのだ。「最終戦争論」の準備としての軍備充実は譲れない。これほど蹶起側と石原の「昭和維新」の考え方はかけ離れていた。

やがて午前二時過ぎ、宮中の枢密院会議で戒厳令の施行が決定され天皇の裁可が下った。これを受け九段の軍人会館に戒厳令司令部が設置され、香椎浩平中将が司令官に、石原が戒厳参謀に任命された。万事休す。

午前九時前、杉山は参内し天皇に拝謁。天皇は「至極満足気」に奉勅命令の裁下をされ、蹶起部隊は反乱軍となったのである。その奉勅命令の本交付は二十八日午前五時と決定した。

この期に及んでも、本庄侍従武官長は「蹶起軍は陛下の統帥権を犯したものの、その精神に至っては……」と天皇に陳情したものだからまたもや天皇の大逆鱗に触れた。

戒厳司令部

「朕の股肱の老臣を殺戮するような凶暴な将校はその精神において何の恕すべきものがあるか」

「朕が最も信頼せる老臣を悉く倒すは真綿にて朕が首を締むるに等しい行為である。朕自ら近衛師団を率いて鎮定に当ろう」（本庄繁『本庄日記』原書房）

昭和天皇は、生涯でこれほど激怒されたことはなかった。なにしろ「お前たち軍のトップが、叛乱を鎮圧できないのなら、統帥権は朕にある。なんなら朕の親衛隊を使ってお前たちに代わって叛乱を押さえてやろうか」とまで仰せられたのである。なんたる屈辱、陸軍の権威は全く地に落ちてしまった。

いっぽう焦る真崎は他の参議官と二十七日夕方、陸相官邸へ赴き、青年将校側と話し合ったが、何ら解決法は見いだせなかった。いたずらに時間ばかりが経ち、反乱軍の疲労と焦燥はピークに達した。

石原戒厳参謀課長のスピーディな変身

二月二十八日は反乱軍、鎮圧軍双方に最も長い日となった。朝七時半頃から戒厳司令部で参謀本部との最後の合同会議が持たれた。香椎司令官、川島陸相、杉山参謀次長ら陸軍首脳部と参議官として荒木貞夫大将、林銑十郎大将が参加した。別室には反乱軍側から磯部浅一が聞き耳を立てて控えていた。

冒頭、石原は「軍事参議官は退室を願います」と宣言した。荒木は憤慨し、「非常事態だ。皇軍相撃を避けよ！」と自説をとうとうと述べようとした。石原は頭に血が昇り瞬時に、「バカ！　お前みたいな馬鹿大将がいるから、こんなことになるんだ！」と怒鳴ってしまった。荒木は「軍紀上許されざる暴言だ」と息巻いたが、石原の剣幕で林とともに追い出された。一大佐が大将を怒鳴りつけるなど、前代未聞のことである。（早瀬利之『石原莞爾と二・二六事件』

潮書房光人社）

この期に及んで、まだ青年将校に同情的な香椎司令官は、討伐に反対とぐずぐず意見を述べる。しかし杉山次長は、大命に従わない叛徒は涙を呑んで鎮圧すべきであると押し切った。大勢が決まったのを見極めて、石原は別室の磯部に歩み寄り、「奉勅命令は断固実施しなければ不忠になる。どうか君らは引いてくれ」と涙ながらに訴えた。しばらくして、またもや反乱軍を代表して第一連隊の山口一太郎大尉が連隊長らに付き添われて戒厳司令部を訪れた。彼は「皇軍相撃つことになる奉勅命令の実施を無期延期して頂きたい」と声涙と共に語りかけた。

重苦しい空気が会議室を占拠した。香椎司令官も「すぐに攻撃と決まったわけではない」と口ごもった瞬間、部屋の片隅にいた石原は突然立ち上がり、「直ちに攻撃、命令受領者集まれ！」と大声で怒鳴り、部屋の外に待機していた各部隊の連絡者に、「軍は本二十八日正午を期し、総攻撃を開始し反乱軍を殲滅せんとす」と命令した。唖然とする幹部たちに、「奉勅命令は下ったのです。さっさと各自行動してください」と告げ躊躇なく次の行動に移った。

割り切りが早いというより、ある一線を越えると、突然別の思考に移れるのがいかにも石原らしい。数時間前、磯部の手を握り涙ながらに「引いてくれ」と訴えたのが嘘かと思われるほどの変わりようである。

戦術面からみると、二・二六事件は驚くべき無計画さと拙劣さで一杯であった。百戦錬磨の石原から見ると赤子の手を捻るように鎮圧は簡単だ。戦車を行進させ、重機関銃しか持たない反乱軍を威嚇した。寒さに震えながら三日三晩不眠不休で、兵站の準備も満足でない反乱軍の兵はさぞかし不安を感じたことだろう。アドバルーンに「軍旗に手向かふな」と大書した垂れ幕を付け、空からは飛行機でビラを撒く。「抵抗すると逆賊であるから射殺する」「お前たちの父母や兄弟は国賊となるので皆泣いておるぞ」などの文面が動員された兵の心をえぐった。反乱軍が宮城突入を果たすと面倒だから、近衛連隊は皇居に残す。クーデターを全国的にしないため、ＮＨＫ放送局を占拠する。

石原の狙い通り、反乱軍の士気はみるみる落ち、皇軍相撃つことなく無血鎮圧できたのである。蹶起した青年将校たちは、軍法会議で十分な弁護も受けられず一九名が即座に極刑を言い渡された。真崎大将は青年将校を教唆し扇動した疑いを持たれたが証拠不十分で無罪となった。

三月一日、石原は臨時参謀本部で爆弾発言をする。「今回の責任をとり、課長以上は全員辞表を出すこと。陸相、次官全員、身を引くこと」と宣言し、自ら陸相宛に「進退伺」を書き、さっさと退庁してしまった。課長以上とは大佐以上のことで、部長、次長、連隊長、師団長まで含まれる。もし実行されたら組織が成り立たない。石原一流の陸軍へのブラフだった。それはともかく、荒木、真崎、林、阿部の四大将が辞め、川島も陸相を辞め、香椎は待命になった。皇道派の重鎮が整理されて、風通しが良くなってきたが、石原にとって統制派という、新たな敵が現れてくるのである。

註

1　十月事件
昭和六（一九三一）年十月、橋本欣五郎ら桜会（陸軍右派）の幹部将校および大川周明、井上日召ら右翼勢力によるクーデター計画。荒木貞夫中将首班の内閣樹立を企図したが、中止。（広辞苑）

第五章

絶頂期の石原参謀本部作戦部長に降ってわいた盧溝橋事件

多士済々な石原人脈

二・二六事件平定後の石原莞爾は、あたかも「軍を一人で背負って立っていた」かのごとく、颯爽と日本の世界政策をリードしようとしていた。

彼の周囲には、各方面からその声望を慕った多くの崇拝者や追従者たちが群がった。石原の意に反し、自然と「満洲派」とよばれる派閥が出来上がった。石原と面識があるというだけで、珍重され、一目置かれたという。（秦郁彦『軍ファシズム運動史』河出書房新社）

石原の交友はむしろ軍外に多い。天才は、同業者の馬鹿さ加減にイラつくからである。だから軍内にいわゆる「同志」、「忠臣の部下」という存在は少ない。満鉄調査部の宮崎正義を参謀本部に呼び寄せ、日満財政経済研究会を作らせ、ソ連の五か年計画を見習って日満の国力増大のプロジェクトを計画させたことは前述した（第四章101頁）。その他十河信二（満鉄理事、戦後国鉄総裁、新幹線生みの親）を始め、浅原健三という一部から疑惑を持たれるような人物でも、相手に能力さえあればこれを認め平気で使うのだ。

浅原は八幡製鉄所の労働争議で有名をはせ、日本最大のストライキの指導者と言われた。衆議院議員になった後、石原の政策秘書になるが、治安維持法で逮捕され国外追放された。昭和十八年には東條英機暗殺未遂事件で憲兵隊に逮捕されたような怪人であるが、フィクサーとしては一流である。石原はこの宮崎や浅原を使って近衛文麿首相、林銑十郎大将、池田成彬（三井財閥総帥、日銀総裁）、津田信吾（鐘紡社長）、鮎川義介（日産コンツェルン）などの大物にその国防論を啓蒙し、自分の大構想の一歩を進めようとした。陸軍内ではダメだが、政界、財界の重要人物とは交流を深める社交性があった。

政治指導者としての石原莞爾

陸軍の軍人は海軍軍人よりも政治志向が強い。石原とて例外ではない。なぜだろうか。歴史書をひもとく度に、不思議な感じにさせられる。

大和朝廷では大王が軍事力を持っていた。世の中が安定するにつれ、朝廷は軍事から遠ざかっていった。鎌倉幕府が武力という権力を握ってから、権威は朝廷に有るものの、明治維新までずっと「武」の人が政治を行った。（後醍醐天皇の建武の親政など例外はあったが、スパン的に問題にならない）

明治政府は西欧列強のエンペラーをまねて、天皇を政治の中心に据えたが、あくまでイギリス流の立憲君主制度であり、天皇が直接、政治と軍事を行うわけではない。「君臨すれども統治せず」である。プロイセンやロシアの専制主義的皇帝とは根本的に違うのである。

そして明治政府の「武」の人は、自分たちの権力保持のため、「統帥権独立」という巧妙な権力システムを作ってしまった。

すなわち、

（1）軍事力は直接天皇に所属するので、立法府（議会）、行政府（内閣）は口出しするな、ということである。国民の軍隊ではなく、天皇の軍隊なのである。

（2）天皇は軍事にシロウトなので作戦ができない。（当たり前だ）よって「武」のわれわれが助けますよ（輔翼という）というものだ。

このように内閣、国会からガタガタ文句を言われる筋合いはないと思っているので、予算のごり押しなどで好き放題にやってしまう。

ちなみに「輔弼」「輔翼」を広辞苑で調べると、

『明治憲法の概念で、天皇の行為や決定に関し進言し、その結果について全責任を負うこと。国務上の輔弼は国務大臣、宮務上の輔弼は宮内大臣および内大臣、統帥（軍事）上の輔弼（輔翼とよぶ）は参謀総長・軍令部総長の職責であった』となっている。

国務や宮務で為政者が失敗したところで、国は滅びない。ところが明治政府は、統帥の失敗は国を亡ぼす危険性があるのに、「武」の人だけに任せきってしまった。つまりシビリアンによるチェックシステムを作らなかったのである。このことが亡国につながるのであるが、統帥権独立を手に入れた時点で、軍人は政治的になってしまったのだ。

後に石原は「国防政治論」に政治と軍人との関係を述べている。

輔弼制について

「上御一人（天皇）の御信任を辱うし下萬民の民意を綜合指導するところの最高幹部の組織が出来、この最高幹部が全責任を以て指導者網を張つて行くのであります」（『石原莞爾全集二巻』石原莞爾全集刊行会）

と述べているが、次の一文が興味深い。

「軍人には畏多くも　明治天皇の御勅諭の中に、『世論に惑はず政治に拘らず』と仰せられてゐるのであります。色々の法律にも軍人の政治関與を禁止してをります」（同書）

といいながら、

「然しどうしても軍人が今日の制度では政治に入らなければならぬ一つの場合があるのです。占領地の行政即ち戦地の政治であります。曩《さき》に申しました通り、今日軍が政治の推進力といはれてゐる大きな原因は、自由政黨以後、政治に指導力なく、軍を國民が政治に引つ張り込んだためと、もう一つは、満洲、支那事変以来、軍が占領地の政治をやつてゐるためであります」（同書）

満洲事変をやらざるを得なかった理由は、当時の民政党があまりにも現地満洲に無策（政治に指導力なく）で、国民の方からシビレを切らし、軍の介入を求めたと弁明している。そして広大な領域の占領行政は、日本政府ができることではないだろうと自己肯定しているのだ。

そして海軍があまり政治的でないことがうらやましいと述べ、

「陸上は廣い作戦をやるから占領地の政治面は當然廣くなる。船乗りにはさういふことは少いのでありますが、……海軍主力は政治に關係なしに軍事に専念しえる幸福の位地にあります」

つまり陸軍は占領地の行政機関も兼ねていることをいいたいのだ。(同書)

建前では軍人は政治に干与すべきでないと言いながら、占領地行政は陸軍しかできないとの強烈な自負が見て取れる。問題は石原が占領地ではなく、帰国後も中央でますます政治的になってきていることだった。

石原、総理大臣人事まで容喙《ようかい》す

二・二六事件後、陸軍大臣は寺内寿一というお坊ちゃん育ちの凡庸な人がなった。明治の元勲、寺内正毅の子息である。陸軍次官は俊才の梅津美治郎で、陸大首席卒業。「思慮あくまで周密、情勢の推移を注視して寸分の隙も見せず」と評される切れ者であった。相沢事件で暗殺された永田鉄山の後を継ぐ大物と言われていた。二・二六事件の時、仙台第二師団長であった梅津は、全国の師団長が日和見を決め込んでいる中、断固討伐を宣言し、鎮圧準備を始めていたのである。なにより秩序を大事にする人であった。

したがってこの時期には、参謀本部は石原が、陸軍省は梅津が実権を握り、それぞれのあまり有能とは言えない上司をロボットとして動かすのである。

昭和十二年一月、広田内閣が倒れ、重臣たちは元陸軍大臣の宇垣一成を次期総理に推薦した。「宇垣軍縮」といわれる軍事費抑制策を取ってきた人物だ。山縣有朋から続く長州閥の後継者で、こんな守旧派の結晶のようなじいさんが総理になると、石原、梅津ともに困る。現在の総理大臣を辞めさせるのはなかなか難しいが、当時は簡単であった。軍部大臣現役武官制というものがあり、陸海軍大臣は現役大将でなければならないので、軍部内で「大臣を出すにふさわしい者はいません」と断ればよいのだ。内閣は国務大臣の一人が不在になるので自然につぶれる。石原は梅津と協力し、宇垣内閣の陸軍大臣ポストに誰も就かないように工作し、ついに宇垣の首相就任阻止に成功する。

そして偉大なイエスマン、林銑十郎を首相に担ぎ出した。満洲事変で石原を助けるために、朝鮮軍を無断越境させてくれた将軍だ。「きっと俺の書いた満洲の青写真に賛同してくれるだろう」と石原は思った。そして林内閣の陸軍大臣に、古くからの同志、板垣征四郎を就けることを考えた。この人事さえ成功すれば、石原構想は実現する。もう少しだ。

梅津美治郎

綏遠《すいえん》事件から始まった統制派の反撃

石原の我が世の春をじっと見ていた人物がいた。梅津美治郎陸軍次官である。石原の政治性を苦々しく思っていたが、もし板垣征四郎が陸軍大臣になると、「板垣より一期上の俺はどうなるのだ」という思いがよぎった。板垣の陸相就任を断固反対する。

石原の画策で新総理になった林銑十郎は、石原と梅津の板挟みになってしまった。功名心の強い林は自分さえ首相になれば、陸相ぐらい誰でも良い。石原派の十河信二が、林に何度も「板垣を陸相にぜひすべきだ」と説得に行ったが、説得は梅津の方が上手だった。結局、石原派は林銑十郎首相に裏切られ、板垣陸相案はつぶれた。

実は石原を快く思わない統制派の反撃は一年前から始まっていた。昭和十一（一九三六）年の綏遠事件がきっかけである。統制派がリーダーシップをとるようになった関東軍は、万里の長城より南の華北一帯を勢力圏に入れたかった。満洲国の国境をより安定させるためである。このように考えること自身が塘沽和平協定を軽視している証拠である。石原が満洲にいれば絶対に許さなかっただろう。この華北分離工作と同時に、内蒙古にも親日傀儡政権樹立を狙っていた。あわよくば第二の満洲国である。関東軍は内蒙古自治政務委員会の徳王に挙兵を働きかけ独立をそそのかした。徳王の軍は綏遠省（内蒙古中南部）に侵入したが、反撃した国民政府側の綏遠軍に敗退したのが綏遠事件である。この事件で二九人もの日本人特務機関員が殺害された。石原は焦った。

「何ということをしてくれたのだ！　今はやっと日満産業五か年計画ができ軌道に乗せるべき時だ。

満洲国の国力増強のため、少なくとも十年間は、絶対に戦争をしてはいかん」（石原は昭和十年、日満財政経済研究会をつくり、腹心の宮崎機関が満洲のインフラ整備を手掛けていた。第四章101頁参照）

あわてて止めるために新京にとんだ。その時、関東軍参謀・武藤章とやりあった会話はあまりにも有名だ。当時の関東軍参謀首脳は、板垣征四郎参謀長、今村均参謀副長、武藤章課長であった。石原はかつての盟友、板垣にも失望を感じざるを得なかった。

……板垣さん、やっとの思いで作ったこの国を、大事に育てようとあれほど誓ったではないか、今、揉め事を支那に仕掛けてどうするのだ……

武藤章

石原は、盟友の変心を心配して、すでに綏遠事件が起こる前忠告していた。しかし「二度と柳の下に泥鰌《どじょう》はいないと、いくら板垣閣下に忠告しても耳を傾けてくださらない」との愚痴を残している。（阪谷芳直『三代の系譜』みすず書房）

関東軍司令部応接室は気まずい空気に包まれた。武藤課長はおもむろに口を開いた。

「私はあなたが満洲事変で大活躍されました時分……参謀本部の作戦課に勤務し、よくあなたの行動を見ており、大いに感心したものです。そのあなたのされた行動を見習い、その通りを内蒙で実行しているものです」（今村均『今村均回顧録』芙蓉書房）

……自分だけが勇名をはせて、後に続く者には控えろというのか、勝手な人間だぜ……同席していた若い参謀たちも哄笑した。

「軍中央を無視し、下剋上を続けてきた石原を尊敬し、見習っているだけだ」との強烈な皮肉にさすがの石原も返す言葉がなかった。……自業自得かもしれない……

実は華北分離工作は統制派の首魁、永田軍務局長の遺志であったという。（川田稔『石原莞爾の世界戦略構想』祥伝社新書）

そして東條英機と武藤章は以前から永田の腹心だったのだ。武藤は満洲に移ってから「永田軍務局長の遺志」を実現しようとしたのである。

統帥の花形、参謀本部作戦部長（第一部長）に就任するが……

昭和十二（一九三七）年三月、石原は少将に昇進、参謀本部作戦部長（第一部長）に就任した。参謀本部作戦部長は統帥部の中では、総長、次長に次いでナンバー3であるが、実際、平時、戦時にかかわらず、絶えず軍の作戦を考えておくポジションで、軍人の憧れの的である。

マスコミは満洲事変の英雄の就任だなどと大いに持ち上げたが、実は満洲派の同志たちは転出し、陸軍内での勢威はピークを過ぎつつあった。石原の黄昏の始まりである。もともと一匹狼の石原は陸軍内で派閥を作ることを好まず、逆にまわりもあのややこしい石原の性格に合わせられるのは、茫洋とした性格の板垣征四郎ほか数人しかいなかった。満洲以来の同志といったところで緩い結合体に過ぎなかったが、その同志さえもいなくなったのである。

石原の最大の欠点は説得力の欠如

では石原は政治指導者として発言力を強めるにはどうしたらよかったのか。なにも難しいフリードリッヒ大王理論を持ってこなくてもよい。第三章で記したように、満洲事変の設計図の、一番わかりやすい「満蒙問題私見」だけでもよいから、陸軍内で詳しく講義し、理解者を増やすだけで良いのだ。「満蒙問題私見」が理解できれば、他の軍人もなぜ今は紛争を起こさず、満洲国を静かに見守ることが大切かわかるのに、石原はその努力をしなかった。理解力の悪い（頭の悪い）軍の同僚に説いても無駄だと思っていたのかもしれない。

以下は満洲国総務庁次長・阪谷希一の回想である。仙台連隊時代の石原を訪問し、石原家で御馳走になり二人で差向かいの話になったというから、かなり本音の話であろう。

「やっぱり日本としては、どうしても満洲を固めて行くより道がない。満洲さへ立派に整

盧溝橋事件

つていけば、おのづから北支は随《つ》いて来る。いはゆる桃李言はざれども下おのづから蹊《けい》を成す（※註1）、といふ具合に、自然に徳化して行くことができる。だから、いま北支に小細工をやったり、蒙古にかれこれ手を出したりすることは最も愚策であって、自分の採らないところである」（阪谷芳直『三代の系譜』みすず書房）

この石原の本音を陸軍上層部は分からない。もっとも満洲五か年計画にしても、参謀本部第一部戦争課という石原の部門だけがするべきことであろうか。本来は軍備の予算を司る陸軍省と共同で検討してから、外部の経済人を巻き込むべきではなかったか。参謀本部第一部戦争課という自分自身の城にこもってしまい、半分私的なような「宮崎機関」だけを使うようでは、他の部局は石原がなにをしているか分からない。根回しをせず唯我独尊、独断専行は天才の癖だとしてもこれでは石原はますます孤立を深めるだけであった。

そんな中、石原の下に運命のいたずらか、前述の武藤章大佐が満洲から作戦課長として戻ってきた。石原が使いこなせる自信があったため呼んだという説があるが、あとで手を咬まれることになる。（川田稔『石原莞爾の世界戦略構想』祥伝社新書）

陸軍省の軍事課長には田中新一大佐が就任した。田中も強硬な事変拡大派であり、武藤と陸士同期で陸大は三期下、お互いツーカーの仲であった。このような人事も、杉山元陸相と梅津美治郎次官によるものであるから、何とかして石原の力を削ごうとする陰謀に違いない。

盧溝橋事件をめぐる拡大派と不拡大派

昭和十二(一九三七)年七月七日夜、北平(北京)郊外の盧溝橋の近くで夜間演習中の日本軍が、突然何者かに銃撃された。北平に日本軍がいることこそ問題だとする論が日本のリベラルにはあるが、他の諸国の軍隊と同様、自国の居留民を保護するために、義和団議定書(※註2)によって日本軍も正式に駐留が認められていたのである。

この銃撃は支那二九路軍第三七師の仕業と言われているが、共産軍が国民政府軍と日本軍を衝突させようとした陰謀との説もある。いずれにせよ偶発的なもので人的被害もないし、現地で収まるものと陸軍上層部は考えていた。このとき誰もが、八年もつづく泥沼の全面戦争になるとは思いもよらなかった。

参謀本部は七月八日現地軍に対し不拡大現地解決の公式指示を与えたが、現地休戦協定は何度も破られる。武藤作戦課長は張り切った。これを機に華北をとれる大義名分ができたのだ。銃撃の第一報を聞いた時、武藤は同じ参謀本部の河辺虎四郎戦争指導課長に、「愉快な

ことが起こったね」と電話をかけたほどである。（河辺虎四郎『市ケ谷台から市ケ谷台へ』時事通信社）

参謀本部を訪れた今村関東軍副長の回想である。

「参謀本部に出頭して……石原部長の不拡大主義に同意している部下は、河辺虎四郎大佐以下、一、二名のみで、他は殆ど全員、部長の意図を奉じようとしていない」（今村均『今村均回顧録』芙蓉書房）

石原は完全に孤立していた。実際に拡大派の間では、都合の悪い電報を握りつぶしたり、直通電話で現地軍をけしかけたりするだけでなく、ついに石原追い出しの策動が始まる状況であった。（秦郁彦『軍ファシズム運動史』河出書房新社）

何回も参謀本部で会議が持たれたが、武藤は支那一撃論を譲らない。支那は今、分裂状態にあり、日本が一撃を加えると、蔣介石の国民政府は屈服し、華北五省を日本の勢力下に入れることができる、と主張した。

石原は武藤の計算のなさに唖然とした。戦時動員師団数は三〇個師団だが、工業生産力から見て実働は一五個師団、対ソ防衛のために四個師団を引くと一一個師団、これでは支那との全面戦争は不可能と考えていた。武藤の一撃論で相手が引くとは限らない。ナポレオンがスペインで消耗戦争に引きずり込まれた二の舞、広大なシナ大陸の泥沼に足を突っ込んで身動きが取れなくなれば日本は滅びると考えていた。

しかし石原が先鞭をつけて下剋上になってしまった陸軍の空気は変えられない。かつての石原のように、部下の武藤は上司のいうことを聞かない。それどころか武藤も多数派の強みで、部下の前で虚勢を張る。これ見よがしに陸軍省の田中新一軍事課長に電話する。「おい田中、こちらの方は心配ないぞ。現地軍の意見を入れてバンバンやろうではないか。だんだん面白くなるぞ」と当時の作戦課員は述べている。（今岡豊『石原莞爾の悲劇』芙蓉書房）

北京、天津地域の在留邦人は約一万五〇〇〇人で、守る支那派遣軍は約六〇〇〇しかいなかった。対する宋哲元の二九路軍だけでも約七万五〇〇〇なので全面戦争になれば、膨大な被害が出る。

奇妙なことにこの間、支那派遣軍と二九路軍との間で、現地協定が結ばれてはまた破棄されることが繰り返される。宋哲元は強気と弱気の態度をころころ変える。蔣介石の密使が「絶対、現地で和平協定を結ぶな」と何度も来るからである。

七月十日、南京の駐在武官より蔣介石の中央軍が北上したとの連絡があった。精鋭の蔣介石直轄軍は、実際のところ一個師団だけが北上を開始しただけだったが、過大に石原に伝えられ、彼はとうとう全面衝突が起きると覚悟した。

十一日、政府は五個師団派兵を内外に発表。海千山千の戦略家の石原が、なぜこのような未確認情報に惑わされたのか。部下の河辺戦争指導課長が、もっと慎重に、と意見をすると憤然と部屋を出て行ったという。（河辺虎四郎『市ケ谷台から市ケ谷台へ』時事通信社）

強気の蔣介石

十七日、蔣介石はラジオ放送で国民に徹底抗戦を訴えた。有名な「最後の関頭」演説である。二十一日、宋哲元は蔣介石の使者から「対日戦を決意している」と決心を聞かされた。石原を始めとして日本側は誰一人として蔣介石の固い決心を知らない。

この支那側の強気はなぜか。一つは、半年前の一九三六年十二月、陝西省の西安で、国民党軍の督励に来ていた蔣介石が、部下の張学良に軟禁され、共産党と手を握らされ（第二次国共合作）、挙国一致で日本と戦おうと誓約させられたからである。この時から蔣介石は腹をくくった。張学良は父の無念を果たしたことになる。

二つ目は、国民政府軍の大変身である。ドイツ軍事顧問団の指導で、蔣の直轄軍の兵士はドイツ製の鉄帽を被り、ドイツ製のモーゼルM98歩兵銃で武装し、わが軍の手榴弾よりはるかに威力のある柄付き手榴弾を持っていた。モーゼルM98歩兵銃は口径7・92ミリで我が国の38式歩兵銃の6・5ミリより威力がある。さらに、当時世界最高といわれたチェコ製の軽機関銃も携帯し、歩兵部隊の総合火力では日本を上回っていた。士気も高く日本に対し敵愾心に燃えていた。これまで練度の低かった支那兵の大変身を、参謀本部、陸軍省とも知っていたのか。陸軍全体に支那に対する侮蔑感がなかったか。武藤や田中は軍閥上がりの支那兵など、あっという間に制圧できると信じていた。

なぜ国民政府がドイツの援助を受けていたのかは後述する。

近衛首相を和平特使として派遣すべし……陸軍省への申し入れ

十九日、石原は内地師団の派兵に同意はしたが、それでも最後の和平を期待し、杉山陸相と梅津次官に面会を求めた。「この際、思い切って北支にある部隊全部を一挙山海関まで下げて、近衛首相自ら南京に飛び、蔣介石と膝詰め談判によって、日支間の解決を図るべき」と主張したが二人は聞く耳を持たない。「大局的に見れば、北支の権益など満洲に比べると雀の涙ほどであります。山海関までの撤退が帝国陸軍の名誉を傷つけるという意見もありますが、国益から考えると取るに足らないことではありませんか」と石原がくってかかったが返ってきたのは二人の冷笑だけであった。

石原は絶望したに違いない。持久戦争や消耗戦争などの概念が全然わかっていない……「この最高位の将星たちにして、世界戦史を全然学んでいないのか」と。このとき石原の献策が通っていれば支那との戦争が回避でき、アメリカの対日感情も悪化せず、ひいては対米戦争も避けられたのだ。日本の、いや世界の歴史が変わっていたのだ。

七月二十二日、今岡作戦課員はたまたま何かの用事で部長室の前の廊下を通った時、石原部長と武藤課長の激しい怒鳴り合いの声を聞いたという。

「君が辞めるか、僕が辞めるかどっちかだ！」（今岡豊『石原莞爾の悲劇』芙蓉書房）

石原が、満洲事変で種をまいた陸軍の下剋上の弊風は、各所で芽を出し育ってきた。部長の決定に従わないものがいたるところへ現れてきた。「独断専行」、「積極果敢」、「兵は神速を貴ぶ」などがモットーになり、議論では積極論が横行するようになってきた。このような緊迫した時期に、支那側が日本軍を挑発すればどうなるか、火を見るより明らかである。

最初の惨劇・済南事件の教訓は生かされたか

「敵は古より極めて残忍の性を有す」

これは日清戦争の時の第一軍司令官、山縣有朋の有名な訓示だ。支那軍は捕虜という概念がないので、敵を捕らえたらすべて惨殺する。戕賊《しょうぞく》（切り刻んで殺す）で殺されるので、捕まる前にさっさと自決せよ、という異様な訓示だ。

山縣は知っていた。支那人の感性が日本人と全く異なることを。

昔から、支那には凌遅刑というのがある。罪人を柱に括り付け、刃物で身体の一部を抉り取り、すぐには死なないように数日かけて絶命させる刑罰で、見物人たちが周りで楽しむというおぞましい嗜虐趣味だ。支那人の異様な嗜虐趣味は作家魯迅の「阿Q正伝」でも有名だ。

日本人が蛮行を受けたのは、昭和二（一九二七）年、北伐を起こした蔣介石軍が南京の領事館、居留民を襲ったのが始まりだ（南京事件）。翌年、北伐軍に山東省の済南が包囲された時にもっと大規模の惨劇が起こる。済南事件である。済南には日本人の居留民が多くいた。南京事件でひどい目にあった日本は、居留民保護のため第二次山東出兵を行った。

北伐軍が入城すると、緊張状態が高まったが、蔣介石は日本側に対し、責任をもって治安を維持するから撤退してくれと要請した。ところが日本軍が姿を消すや、北伐軍は居留民に暴行をはじめ、多くの人が惨殺され、財貨を奪われた。急遽かけつけた日本軍が蹴散らしたが、一六人がなぶり殺された後であった。

外務省公電

「腹部内臓全部露出せるもの、女の陰部に割木を押込みたるもの、顔面上部を切落としたるもの、右耳を切落され左頬より右後頭部に貫通突傷あり、全身腐乱し居れるもの各一、陰茎を切落したるもの二」（中村粲『大東亜戦争への道』展転社）

悲劇の原因は日本軍が蔣介石を信じて軍を引いたことにあった。支那軍には約束という言葉がないのである。

盧溝橋に戻る。七月二十五、六日に北京の郎坊と広安門で立て続けに大衝突が起こった。そしてとうとう二十七日未明、石原は「徹底的に膺懲せらるべし」と現地軍に指示した。結局四回にわたる動員決定と中止を繰り返しているのであるから、日本軍は支那側の挑発によく我慢したともいえるが、支那側の敵愾心を軽く考えていたことも事実である。

翌二十八日、ついに日本軍は総攻撃を開始、支那との大規模戦闘が始まった。戦い慣れている日本軍はこの日の内に北京周辺を制圧、二十九日には天津一帯を占領した。

日本人大屠殺・通州事件

二十九日早朝、北京の東約二〇キロにある通州でまた日本人の大虐殺事件が起こった。通州には、親日地方政権の冀東《きとう》防共自治政府の政庁が置かれ、治安は非常によかった。日本の守備隊と自治政府の保安隊が駐屯していたが、保安隊は守備隊の指導を受け友軍のようなものだった。日本人と現地人との関係も良好であった。前日、守備隊は安心して留守を保安隊に任せ、北京方面の戦闘に出撃していた。この隙を狙って、保安隊が叛乱を起こしたのである。蔣介石側と前から内通していたのだ。(同書)

保安隊は城内のわずかな留守部隊と日本人居留民に襲い掛かり、女、子供、老人の別なく虐殺し、しかも死体まで損壊し尽くし、阿鼻叫喚の地獄絵図が展開された。死者二二〇余名。済南事件よりはるかに大規模な殺戮だ。この大量猟奇虐殺事件は新聞で報道され、日本国民の憤激を呼んだ。

あまりにも猟奇的なので書くのも憚られるが、事実は事実である。読売新聞夕刊八月四日に「邦人の鼻に針金通して鬼畜暴虐の限り」とキャプションがついているが、他にも、老若男女、子供、乳児の別なく射殺、刺殺、または首に縄をつけ引きずりまわして殺した、腹を裂いた、との報告もある。女は殆どが強姦の上、殺され、一つの傾向として男女とも局所を異常に損壊していたとある。（石平、宮崎他『日本被害史』オークラNEXT新書）

支那人の相手の身体を存分に辱め、損壊を楽しむ嗜虐性は、山縣有朋の警告通りだ。報道で事実を知った日本人は激高した。当然である。この時から「暴支膺懲《ようちょう》」という言葉が使われるようになった。「支那にはとことん暴力で痛い目にあわさなければならぬ」と多くの日本人が思うようになった（※註3）。

戰慄！通州叛亂隊の殘虐
突如全市に襲撃
宛らパルチザン
「逃げませう」
銃口前に女の絶叫
旅館から銃殺場へ
あつ！子供まで
ここに七八十名の同胞
債券 小島両替店
映畫製作は

読売新聞8月2日朝刊

通州事件は、支那人と信頼関係を築いてもどうなるかわからないという教訓を日本人に与えた。保安隊第一総隊の日本人顧問、村尾正彦大尉は自宅に押しかけた保安隊に銃殺されたが、かろうじて助かった夫人は、「叛乱の首謀者、張慶余隊長は毎日家に遊びに来て『好盟友、好盟友』などと言い非常に主人と仲良しだったのにこんなことになるとは支那人ほど信じ難い恐ろしい人間はないでしょう」と述べている。（藤岡信勝

監修『通州事件』ＥＩＷＡ ＭＯＯＫ、英和出版社）

後に張は手記のなかで蔣介石の指示であったと暴露している。日本人のお人よしさが惨劇を招いたともいえるが、さすが支那は裏切り、謀略もスケールが大きい。鉄道線路の爆破という日本の陰謀と支那の蛮行とを比較論に持ち込むつもりはないが、日本の戦争犯罪ばかりが強調されるのは、やはり戦争に負けたからであろうか。

明治人は支那人の本性を良く見抜いているが、昭和の陸軍軍人は？

孫文の辛亥革命を援助した政治運動家の内田良平は、よほどひどい目にあったのだろう。「支那人は詐欺を以て能事となすの風あり」（詐欺ができることは仕事が良くできることだ）「世界の國民中、その性情の劣悪なる、支那國民の如きは稀なり、彼等は自家を中心としてその政権欲を逞《たくまし》うするの凶漢に匪《あら》ずんば、自家の私利私福のためには如何なる羞恥をも忍受するを辞せざるの険《けん》民なり」（自己中心主義を振りかざし政権欲で凝り固まっているか、私利私欲のためなんら恥も外聞もない）と強調する。（宮崎正弘他『シナ人とは何か』展転社）

支那を応援したのに裏切られた感が、同文同種、一衣帯水では決してない民族だと強調しているのだ。

いやこの程度の著述はまだ可愛い。大正四（一九一五）年、時の総理大臣大隈重信は「日支民族性論」で次のように述べている。

「支那は昔から自国を称して『中国』といっているが、それは、自国が文明の中心であって、他はすべて蛮民であると信じる思想を内に持った語である」（大隈重信・倉山満監修『大隈重信、中国人を大いに論ず』祥伝社黄金文庫）

「……あまりに猜疑や嫉妬の念が深いので、善隣の好誼《こうぎ》（隣国のよしみ）を正しく理解して、自国の将来に有利な忠言にも十分に耳を傾けることができない。ややもすれば、忘恩と背信の行為のことは、まったく顰蹙《ひんしゅく》の極みであるが、このようなことはほとんどその遺伝性によるものである」（同書）

現役の総理大臣の言葉である。清末、日清戦争に敗北した支那は、一足先に西洋の先進文明を取り入れた日本に学ぼうとして多くの留学生を送ったが、日本は惜しみなく最先端の学問と技術を教えた。辛亥革命でも在野の日本人は、支那が欧米列強から真に独立した国家になるよう応援した。ところがやはり華夷秩序の国、本音では自分たちが蛮族とみなしている日本が妬ましくてならなかったのだ。大隈の「忘恩と背信の行為」とはこのことを指すのだが、なにしろ支那民族の遺伝子の特異性まで言及しているのだ。いまなら国会で大波乱を起こすだろうが、昔の宰相は堂々と信ずることを臆せず公言した。

しかし大隈重信もやたらと支那を侮蔑せよと言っているのではない。福沢諭吉の「脱亜論」と同じく、支那に過剰な思い入れを持たず、過大評価も過小評価もせず、本質を見抜け、距離を置けといっているのだ。明治の偉人たちは支那をクールな目で見ることができたのである。

石原は昭和の「支那通軍人」ほど支那に精通していない！

昭和になって陸軍軍人の中に、支那が好きであれ嫌いであれ、異様に関心を持つ一派が現れてきた。歴史家戸部良一氏はこの一派を「支那通」と定義している。戦前の日本で、支那に関する情報を圧倒的に多く持っていたのは陸軍であり、外務省の情報など取るに足らなかったらしい。「支那通」軍人たちは長期にわたる現地駐在によって生の支那観を身に着けていた。（戸部良一『日本陸軍と中国　支那通にみる夢と蹉跌』ちくま学芸文庫）

最初、彼らは近代的統一国家を目指す孫文率いる国民党に強く共感して革命に支援を訴え、支那のナショナリズムの台頭を歓迎した者が多い。しかし問題は日本の一方的な思い入れにあった。ナショナリズムに目覚めた支那は、ターゲットを英仏などの欧米ではなく、こともあろうに日本こそ打倒すべき帝国主義国と見なしだしたと戸部氏は強調する。氏は代表的支那通軍人の典型例として佐々木到一駐在武官の例を出す。

佐々木武官は、蔣介石との連絡係として北伐軍にも従軍を許されていたぐらい国民党に食い込んでいた。従軍中、革命軍の行く先々で、国民党のポスターが「打倒日本帝国主義」と、日本だけを反帝国主義のターゲットとしていることを危惧していた。

「蔣介石は心の底で何を考えているのだろうか……」

やがて前述したおぞましい済南事件に遭遇することになる。衝突を押さえようとした蔣介石は佐々木に調停役を頼んだが、佐々木は日本軍との間を往復する途中に北伐軍につかまり、多数の暴兵と暴民に取り囲まれ、瀕死の重傷を負った。蔣介石直系軍でなかったにせよ、日本人が評価した辛亥革命軍は本質的には、なんら軍閥の暴徒と変わりないのである。これ以降佐々木の対支那観は激変する。

最初、佐々木をはじめ支那通の多くは日支提携という甘いアジア主義的理想に燃えていた。それゆえに研究の対象である支那に自分の理想や価値観を投影してしまい、自らと一体化してしまったゆえの悲劇である。後で裏切られた彼らの気持ちが憤懣やるせない感情に転化するのは自然の成り行きであろう。

「現在教養なき兵卒の脳裏に烙印せられたる此『打倒帝国主義』なる概念的観念は『外国人は吾等を苦しむる悪鬼である。吾等は外国人を凌辱し殺傷して復讐せねばならぬ』と云うような極端な解釈に依って、兵の凶器となっているのは事実であって、それは国民革命の進行過程中に起った大小幾多の出来事が之を証明している。」

「革命は一層支那を増長傲慢にしなかったか?」（同書）

支那通軍人たちは自らの体感で、複雑怪奇な支那人との間合いを会得していったのだ。石原は若い頃会津連隊が朝鮮に駐屯していた時、辛亥革命の報に接し、部下を連れて兵営近所の山に登り万歳三唱したほどの革命賛美派であった。彼もまた甘いアジア主義的理想を持っていたが、本物の支那通軍人のように現実の支那と直面して、幸か不幸か幻滅した体験がない。机の上で「支那をあれこれ夢想している人」に過ぎなかったのだ。これが後になって、北支事変以降の煮え切らない対支対応、蔣介石への異常な幻想につながるのであるがこれは後述する。

石原は博覧強記、ヨーロッパの戦史・歴史に通徹しているが、支那の悠久な歴史、特異な歴史にも同じように造詣が深いとは思えない。石原は支那に対する親和性がもともと高いが、彼に通州事件を知った上で世界最終戦のパートナーに支那を選ぶか、改めて聞いてみたいところである。

註

1　桃李言はざれども下おのづから蹊を成す
桃李は何も言わなくても、美しい花や実があるから人が集まり、下には自然に道ができあがる。徳ある者は何もしなくても、皆あつまり従うという、史記に出てくるたとえ。

2　義和団議定書

日清戦争後の一八九九年、列国の圧迫に宗教系秘密結社「義和団」が蜂起し、北京の外国公館を攻撃したのが義和団事件である。日、米、英、露など八カ国は連合軍を組み、これを鎮定した。清朝との間に「義和団議定書」が交わされ、賠償金と各国の駐兵権が認められた。

3　支那民族の残虐嗜好

チャイナから帰化した石平氏の「なぜ中国人はこんなに残酷になれるのか」というショッキングな本がある。一言でいえば秦から毛沢東政権に至るまでの殺戮史だが、残虐な史実に衝撃を受ける。（石平『なぜ中国人はこんなに残酷になれるのか』ビジネス社）

「屠城」という言葉がある。「城内のすべての人間を屠殺する」という意味だが、日本の城と違い、支那や西洋の城は街全体が城壁で囲まれている。落城すると西洋の場合住民は奴隷にさせられたりするが、支那では文字どおり「城内のすべての人間を屠殺」するのだ。

石氏は当然母国語の歴史文献を精査しているので類書にない迫力がある。一例をあげると、清末の太平天国の乱を平定した曾国藩の「天京（南京）屠城」は、城内の一般住民一〇万人を虐殺したという。虐殺はまず若い女性を凌辱後に斬殺、次に男は縛られたまま、小さい刀で全身の肉を一片一片切り取られて殺される。最も残虐な凌遅刑というものである。心臓は、一つずつ胸の中から丁寧に抉り出されて、用意された容器に入れられる。古来より支那人は人肉食の習慣があるからだ。もちろん女、子供も容赦ない。これが殺人に対し猟奇的な楽しみを覚える支那人のＤＮＡかもしれない。済南事件も通州事件も、二〇世紀の「屠城」である。世界に類を見ない支那人のＤＮＡが引き起こしたのだ。

日本でも戦国時代には残虐な刑罰があり、幕末でも倒幕の志士は敵方の首を天誅と称し、京都の四条河原に晒す蛮行があったが、生体や死体を損壊して楽しむ国民性はない。

日支戦争で、蔣介石側のプロパガンダとして多くの虐殺死体が提示されるが、徐々にフェイク写真が検証されつつある。支那兵の自国民への虐殺を転嫁されてはたまらない。自分たちの猟奇趣味的な虐殺文化が二〇世紀になっても残っていたからこそ、日本人もするのだと作話する。

日本による南京大虐殺三〇万人説は極めて疑わしい。占領後日本軍は民間人に紛れ込んだ便衣兵（ゲリラ）狩りを行い、多数の民間人にも犠牲者が出たことは十分考えられる。しかしその数は研究者により大きく異なり、確定したものはない。まして石氏の本にあるシステミックな「屠城」であるはずがない。南京占領後、短期間にどうして三〇万人を「屠城」できるのだ。

現代のわれわれも子供の教育に気を付けなければならない。一例をあげると反日日本人が、日本兵による支那婦人の虐殺漫画（はだしのゲン）を推薦図書として薦めている。通州事件で邦人が虐殺されるのと同じことを今度は日本兵がそっくり支那婦人にやっているシーンだ。学問的に確立された根拠のうえで、真っ白な心の子供たちに薦めているのだろうか。（中沢啓治『はだしのゲン』第十巻、汐文社）

第六章　泥沼の対支戦争

日支戦争は支那が仕掛けた

蔣介石は華北の戦いを上海に持ち込むことをもくろんでいた（第二次上海事変）。なぜなら長江（揚子江）下流は自らの政治基盤であり手持ちの兵を動員しやすく、上海の約三万人の在留邦人を人質にとれるからである。このことは歴史教科書で述べられていない。満洲事変からの十五年戦争史観が固定化されており途切れなく侵略する日本、防戦するチャイナという書き方が多い。

国際都市上海には多くの外国人が住んでいた。外国人は米、英、伊、日本などの共同租界とフランス租界に住んでおり、各国の軍隊や警察が共同で治安維持に当たっていた。日本人が一番多く約三万人、蘇州河から北の虹口《ホンキュー》と呼ばれる一帯で、学校、神社、寺もあった。虹口から北は閘北（ザホク）とよばれ、一部日本人が住み、海軍陸戦隊本部もあった。第一次上海事変の兵力引き離し協定により三〇〇〇人ほどの支那保安隊だけが駐留していた。ところが七月下旬頃より支那側は閘北一帯に土嚢を積み、兵力を送り込んできた。一方的な協定破りであった。

八月、戦闘を心配した支那人や邦人は続々と共同租界に避難を始めた。昭和十二（一九三七）年八月九日、大山勇夫海軍中尉と斎藤要蔵一等水兵が、虹橋飛行場付近の路上で、保安隊に射殺される事件が起こった。海軍は満洲事変の時は無関心だったが、今度はそうはいかな

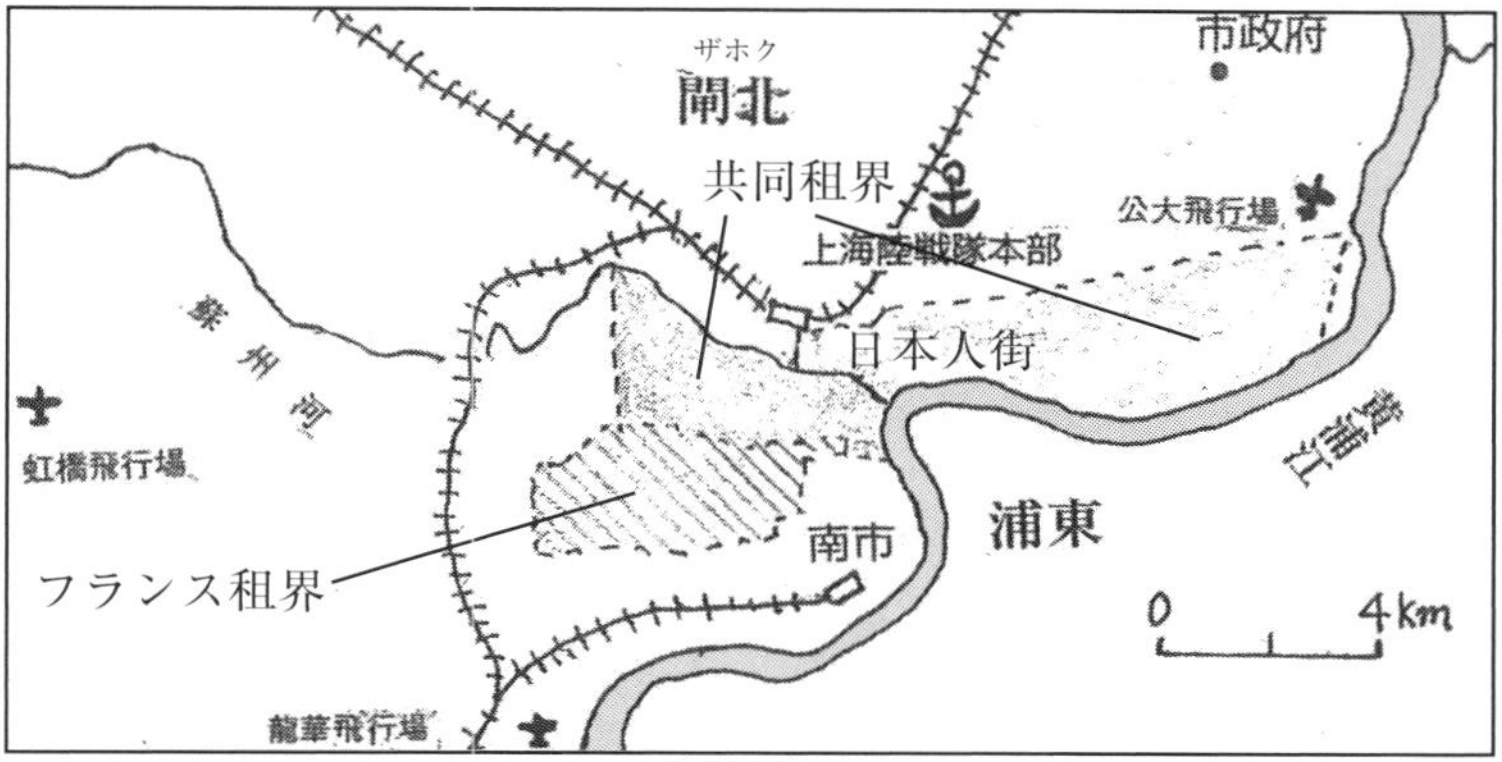

上海地図

い。翌十日、海軍は巡洋艦四隻、駆逐艦一六隻、陸戦隊二〇〇〇名弱を上海に急行させた。日本居留民を守る上海陸戦隊は増派分もかき集めても四〇〇〇しかいない。日本は停戦協定共同委員会に、事件の謝罪と犯人処罰、停戦協定順守を求めたが、支那側からは反応が無かった。当然である。蒋介石は北支事変を拡大どころか、日支全面戦争に誘導しようと企んでいたからである。

十二日朝、蒋介石直系の精鋭八七師と八八師、保安隊も合わせ計三万が虹口地区を包囲した。いつ最初の一発が撃たれるか、逃げ遅れた住民は息を潜めて家の奥にこもった。日本が派兵を決定したのは十三日朝のことで、到着するまで二週間もかかる。支那側はこのチャンスに少人数の海軍陸戦隊を大兵力で殲滅しようと狙った。もちろん蒋介石は勝つ自信があった。あわせて国際都市上海で諸外国に国威を示したい野望もあった。

非友好国ドイツ

前述したがこの蔣介石の強気のもとはドイツ軍事顧問団であった。ドイツ軍人が支那軍のトレーナーになってから、満洲、華北で連戦連敗だった支那軍は生まれ変わった。日本軍はこのドイツと国民党政府の秘密の援助条約に気づいていない。なぜドイツがここまで蔣介石に入れ込んだのか。

近現代史研究家、阿羅健一氏は、「日中戦争はドイツが仕組んだ」という優れた研究書を上梓しておられるのでこれを引用し、なぜ泥沼の全面戦争に引きずり込まれたかを素描することにする。

その前にドイツという国に対して、われわれ日本人はどのような印象を持つだろうか。若い人は関心がないが、年配の人はかつて日本の同盟国で、ともに米英と戦った戦友との思いがあるだろう。さらに特殊な職業につく人はドイツが好きでたまらない。音楽家、法律学者、哲学者、文学者、科学者、医者、医学者、陸軍軍人などは皆、ドイツから学んだのだ。明治時代のドイツはこれらの分野の超先進国だった。かつてはドイツ語で書かれた文献こそ世界最先端の知識を吸収できるツールだった。したがって日本人はドイツになんとなく親近感を持ち、尊敬し、優れた工業製品、精密機械、勤勉な国民性、豊かな自然と清潔な環境など日本との共通点を見出す人も多い（ミリタリーマニアはドイツ国防軍のデザインのカッコよさにほれ込むがこれは特殊)。こちらが相手にこれほどほれ込んでいるのだから、相手もこちらに当然好意を抱いてくれるのでは、と思うのが人情であるが現実は一方通行。それどころか、ドイツのマスコミは日本嫌いでチャイナに好意を持つことを、ドイツ在住作家、川口マーン恵美氏の著作で知った。その理由を川口氏は昔も今もドイツとチャイナは「好意に基づいた利害関係」にあるからだと説明する。(川口マーン恵美『ドイツで、日本と東アジアはどう報じられているか』祥伝社新書)

ドイツは日本よりチャイナとの貿易量がはるかに多いので、メルケル元首相は訪日が少ないが、チャイナへはこれでもかというほど行っている(どうでも良いが)。国際政治の問題でもドイツは日本に理解を持とうとはしない。現在のドイツでは驚くべきことに、尖閣諸島は日本軍国主義が昔、隣国から強奪したとマスコミは主張しているのだ。従軍慰安婦問題も日本が潔く謝罪しないから日本の品位を落としていると、上から目線で批判する。(同書)

そういえばドイツの各地であのおぞましい「慰安婦少女像」が設置されるのも、ドイツ人が日本との関係を重要視していない表れである。日本と同じ敗戦国のドイツは、ナチスの犯罪を断罪し、戦後も長くナチス党員を追及してきたのに日本は戦争責任に頬かむりだと、攻撃する。

つまり人類に対するナチスの犯罪を自分たちは謝罪しているのに日本はまだだ、と上から目線で攻撃する。これによって、ドイツの道徳性を誇示し、日本を引き合いに出すことでナチスのやましさを中和、相対化しているのだ。アウシュビッツのドイツと日本は同じというのか。

むろん私がここで非友好国というのは、日支戦争中のドイツの態度だ。日本はドイツと日独防共協定を結んでいるのにドイツの外務省と国防軍は秘密裏に国民政府に軍事援助した。川口氏が言うように、昔からこの二国は「好意に基づいた利害関係」で強く結びついている。ドイツの最新兵器と支那の戦略物資（タングステン等）をこっそりバーター貿易でやりとりしていたのである（※註1）。

アレクサンダー・フォン・ファルケンハウゼンという男

蔣介石は満洲事変後、日本と全面衝突にならないよう注意しながら、ドイツを頼って対日戦の準備を着々と進めた。清国の時代、戦艦「定遠」、「鎮遠」はドイツで造られ、旅順要塞の建設もドイツの援助で完成したものだから、ドイツとは馴染みがある。蔣介石はドイツに軍事顧問派遣を要請し、マックス・バウアー大佐をはじめ約三〇人のドイツ軍将校がやってきた。バウアーから数えて四代目の顧問団長が第一次大戦で勇名をはせたフォン・ゼークト大将で、五代目がファルケンハウゼン中将である。いずれもドイツ参謀本部出身のエリートである。

とくにファルケンハウゼンの異質さは群を抜く。明治三十三（一九〇〇）年、北京で起こった義和団の乱に従軍し、日本軍と一緒に賊と戦っている。また一九〇〇年から四年間、駐在武官として日本に滞在している。日本語もある程度話せる。普通はこのようなキャリアだと駐在国日本にある程度親近感を持ってもよさそうだが、なぜか反日感情に凝り固まっていた人物である。

アレクサンダー・フォン・ファルケンハウゼン将軍

ハンス・フォン・ゼークト将軍

国共内戦初期では、蔣介石はゲリラ戦に引き込まれ毛沢東軍に連戦連敗であった。しかし直接ドイツ軍事顧問団が作戦を指導しだしてから風向きは変わった。プロシア陸軍伝統の包囲殲滅作戦と欧州戦争で実践したトーチカ戦術（※註2）を組み合わせ、徐々に敵を包囲する戦術である。一九三四年十月、とうとう共産党は根拠地の瑞金から脱出を始めた。いわゆる大長征と呼ばれているが大敗北であり、一年間にわたった最後の掃共戦はドイツのおかげで蔣介石の圧勝となった。

日本軍が満洲事変の総仕上げとして熱河省に侵攻してきた時も、三代目ゲオルグ・ヴェッツエル団長は直接指揮を執ったという。ドイツ顧問団に指導を受けた国民党の二つの精鋭師（師団）の一部が初めて日本軍と交戦したのだ。これ以降日本側も顧問団を警戒するようになる。ゲオルグ・ヴェッツエル中将はまだ戦術指導だけをしていたが、後任のゼークト大将と次のファルケンハウゼン中将の態度は日本人から見て度を越していた。彼らは対日敵視政策、対日強硬策を自ら蔣介石に進言しだしていた。（阿羅健一『日中戦争はドイツが仕組んだ』小学館）

ゼークト大将：

「自分が国防軍を動かした経験からすると、今最も支那の軍隊がやらねばならぬことは、日本に対する敵愾心を養うことだ」

「日本一国だけを敵として、ほかの国とは親善政策をとること」

ファルケンハウゼン中将：

「支那に経済的関心を持っている英米と日本とを対立させること。日本の財力はそういった全面的な国際戦争に耐えられないから、長期戦に持ち込んで、できるだけ多くの外国を介入させること」

ファルケンハウゼンは、石原莞爾が「最も避けるべき」と思っていることを突いてきたのである。さらに日本軍の侵攻経路を予測し、引きずり込むための撤退作戦や、防御陣地の構築まで具体的に提言した。蔣介石は共産党を主敵とし、「安内攘外」、すなわちまず国内を固め、後で打って出る方針だったが、ファルケンハウゼンは支那の敵を、日本が第一、共産党が第二と蔣介石を煽りに煽った。

昭和十一年十二月十二日、西安事件（※註3）が起こり、張学良の仲介により無理やり共産党と手を結ばされた蔣介石は、「安内攘外」を捨て、ゼークトの勧めどおり日本だけを敵としたのである。第一次上海事件の時と違い、もはや迷いはなかった。今はただ、日本軍を殲滅するのみであった。

第二次上海事変勃発

八月十三日午前十時三十分、支那保安隊が海軍陸戦隊にいきなり機銃掃射を浴びせかけてきた。もちろん宣戦布告はない。陸戦隊は陸軍の増援部隊到着まで、戦闘を拡大させないため応戦を避けた。午後四時頃、国民党正規軍が砲撃を伴う戦闘を仕掛けてきたので、ついに陸戦隊に反撃命令が下った。午後五時のことである。

十四日早朝、蔣介石は国民党軍総司令、張治中に総攻撃を命令。空軍は揚子江支流の黄浦江に停泊中の我が第三艦隊の旗艦「出雲」と陸戦隊を爆撃した。やる気満々である。爆弾は命中せず、隣接する共同租界に落ち多くの市民が死傷した。十五日、ここに至って両国政府はそれぞれ総動員令を発した。宣戦布告はないものの全面戦争の開始である。

陸戦隊の戦闘は、市街戦だけにおさまっていたからまだ助かった面がある。陸戦隊本部のある閘北の交差点や、日本人居留地の道路上に土嚢を積み敵軍を待ち構えた。なにしろ一〇倍以上の敵の波状攻撃を受けているのである。陸戦隊本部のビルの屋上まで山砲を持ち上げて砲撃したが、有効打を与えているのかよくわからない。敵は戦意が高く白兵戦を挑んでくる。見違えるような精強部隊に生まれ変わっていた。第八八師、八七師の最精鋭だけでなく、十五日には第一五師、一〇八師、十七日には第三六師が参戦、計七万余の大軍になっていた。

敵陣突撃

二十日午後より敵は、戦車と爆撃機に援護されて総攻撃をかけてきた。日本の陸軍が増援に駆け付けるまでに、陸戦隊を殲滅させようと敵も必死である。国民党軍の個人用火器は優れているが、空軍の技量が高くなく、戦車もお粗末なドイツ製一号戦車であったのが幸いした。機関銃二丁が主兵装のトラクターを鉄板で包んだような豆タンクである。非力と言われる我が八九式中戦車でも容易に撃破できた。陸戦隊は何度も防衛線を突破されながらも、何とか踏ん張りぬいた。これが野戦であったら結果はどうなっていたかわからない。「一刻も早く陸軍を！」というのが軍民共通の悲痛な叫びであった。

日本軍の被害続々、冴えわたるドイツ軍事顧問団指導

日本側の派兵計画は三つ。上海、青島、北支の三方面である。青島は在留邦人が無事引き上げられたので派兵中止。北支へは寺内寿一大将を軍司令官とする派兵が決定。石原はなるべく大ごとにならないよう控えめに動員を考えていた。

二十三日未明、待ちに待った名古屋第三師団が呉淞《ウースン》鉄道桟橋に、善通寺第一一師団が川沙鎮の海岸に上陸し始めた。黄浦江河口の敵呉淞砲台を、駆逐艦の艦砲射撃で沈黙させ（たと思っていた）、すぐ上流の桟橋に奇襲上陸を行ったつもりであったが甘かった。たかが駆逐艦の豆鉄砲で要塞が潰れるはずがない。生き残った呉淞砲台と肉薄してきた敵軍の集中砲火を受け、満足に身動きもできない中、狭い海岸堡で戦死者が続出した。

川沙鎮に上陸後の第一一師団も同様で、川沙鎮は民家が多く人口も多いところへ敵が侵入し、夜襲をかけられたものだから大損害を被った。このころの支那軍は、日本軍のお家芸の夜襲を繰り返すまでになっていた。ドイツ軍事顧問団の指導で、個人戦闘能力に自信を持ってきたのである。

日本軍は上陸して一週間たっても橋頭堡をなお満足に拡大できないでいた。できない理由は陣地にこもる敵軍が数を頼みに、執拗に攻撃してくることと、こちらの攻撃をかわす敵陣の巧妙さにあった。第一次大戦でドイツは陣地戦を巧妙に戦ってきている。その経験が生か

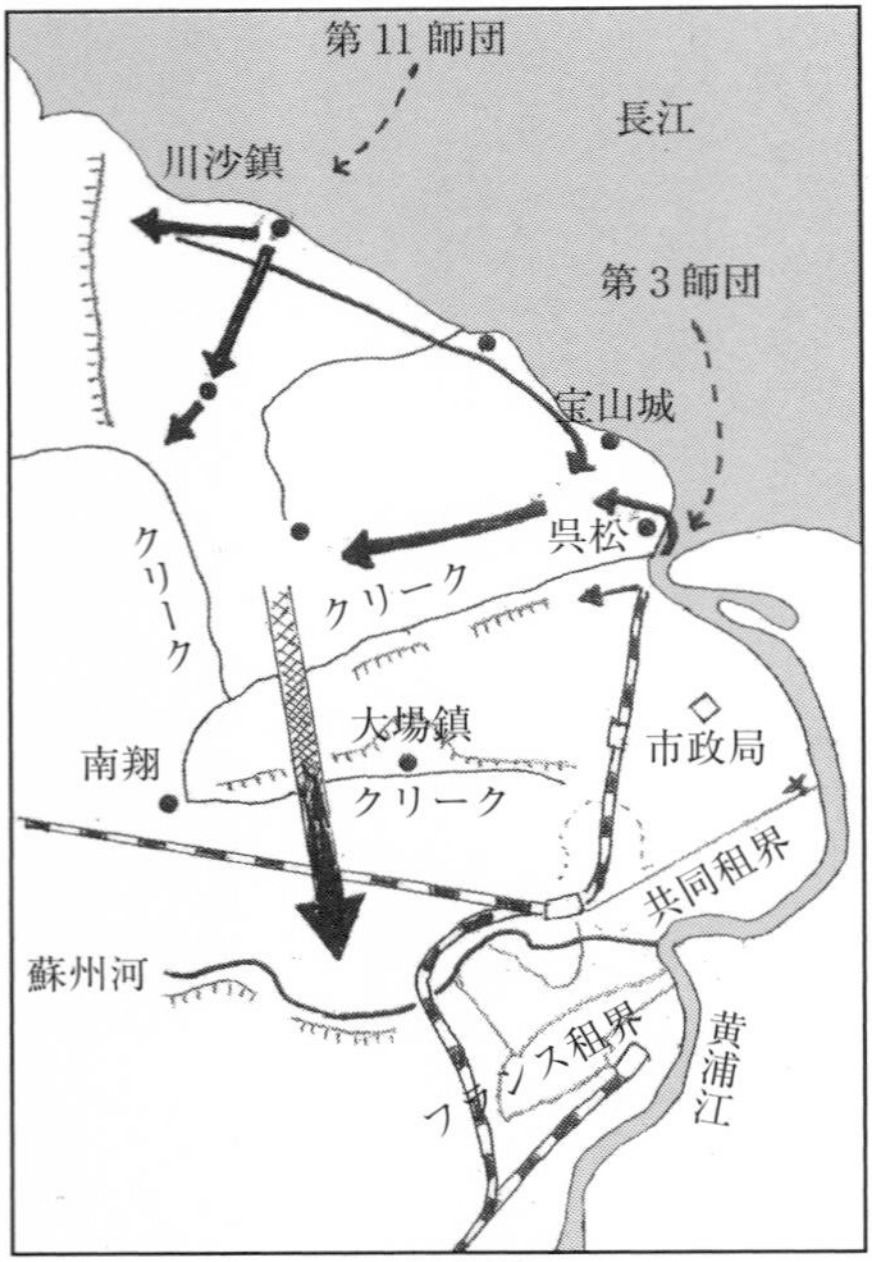

上海上陸
(『日中戦争はドイツが仕組んだ』小学館 P11を改変)

されたのだ。上海付近の、土地が低く水路が多いという地理的条件は、ベルギーのイープル地方に似ている。ドイツ軍が第三次イープル会戦で、小型トーチカを、死角をなくすように多数設置し、相互に連携させて成果を上げた経験が役立っているのだ。上海では新設のトーチカ以外に石造の民家を代用したり、鉄条網代わりにクリークや民家周囲の水濠を応用したり融通無碍だ。これこそゼークト、ファルケンハウゼンの巧妙さである。

多大な犠牲を払いながら北（川沙鎮の第一一師団）と南（呉淞の第三師団）の二つの師団は南北から進撃し、九月五日、共同して宝山城を攻略し、初めて海岸堡が確保できた。

上海派遣軍は上海北方の内陸へ侵攻した。しかし大小のトーチカを組み合わせた複数の陣地線がまたもや待ち構えていた。日本軍は戦車隊も投入したが、縦横無尽にはしるクリークに阻まれてトーチカを押しつぶすチャンスは少ない。歩兵の肉薄攻撃に頼るしかない。日本兵が近づくと銃眼からチェコ式機銃に狙い撃ちされ、空からは迫撃砲弾と手榴弾が雨あられと飛んでくる。たちまち死傷者の山ができる。日本軍も歩兵砲をできるだけトーチカに近づけ銃眼めがけてぶっ放したり、当時新兵器であった火炎放射器でトーチカ潰しを積み重ねていった。蒋介石は手持ちの精鋭戦力すべてをつぎ込んで、日本軍を力攻めで押してくる。たまらず参謀本部も新たに三個師団を投入した。手榴弾の応酬のあと銃剣攻撃に移るが一進一退。支那兵は退却しようとすると、後方に控える督戦隊（監視部隊）から撃たれるので彼らも死に物狂いで攻撃してくる。

九月二十六日、最大拠点・大場鎮を占領すると、さしもの敵の抵抗も少し弱まってきた。しかし我が方も陣地戦の連続で、激しい消耗戦に巻き込まれ、死傷者続出、継戦能力に赤信号がともってきたのである。わが方の作戦指導に問題はなかったのか。

上海事変の犠牲者数は、日露戦争の旅順攻略戦と同じ

上海派遣軍の死傷者数は、戦争が始まった八月中旬から、戦闘が一応収まった十一月上旬までの約三カ月でなんと約四万人を超えた（うち戦死約一万人）。これは日露戦争の旅順攻略戦で、四カ月半の闘いで約五万九〇〇〇人の死傷者をだした被害に匹敵する。国民が白木の箱で帰還する戦死者の列を見るにつれ、陸軍参謀本部に対する批判も高まってきた。参謀本

部内でも疲労と焦りが満ちてきた。あまりにも損害が多く、上陸してもなかなか進撃できない。日本の予備兵力も限界がある。作戦をめぐって石原と一番対立したのは、直属の部下武藤作戦課長である。

当時の陸軍中枢の組織で、石原莞爾と関係する人物だけに絞って一度整理しておこう。

【陸軍省】　陸軍大臣　　陸軍次官　　軍事課長
　　　　　杉山元大将　梅津美治郎中将　田中新一大佐

【参謀本部】　参謀総長　　参謀次長　　作戦部長　　作戦課長（3課）
　　　　　閑院宮載仁元帥　多田駿中将☆　石原莞爾少将☆　武藤章大佐
　　　　　戦争指導課長（2課）
　　　　　河辺虎四郎大佐☆

皇族の参謀総長はお飾りで、☆の人物は石原と同じく戦争不拡大派であるが、他の人物は全員対支那強硬論者で、特に武藤は華北分離に熱心で日本の支配下に置くことを考えていた。いや、武藤だけではない。当時の陸軍には「弱い支那軍」という侮蔑感に満ちた人物が大勢いたのだ。

参謀本部内で鋭く対立する作戦部長と作戦課長

武藤は支那に一撃を加えて懲らしめ、華北領有（間接統治）を考えていた。しかしまだ有効な一撃を加えることができない。確かに蔣介石直系軍は強くなっている。今までの支那軍とは全く違う。苦しいがもっともっと兵力を投入しなければ。

石原は支那に和平を求め、必要ならば支那本土から撤退し、交換条件で満洲を認めさせようとした。しかし相手はその気はさらさらない。むしろ日本を屈服させてやろうと意欲満々だ。バックにはドイツがついているし、武器、弾薬も供給してくれる。国共合作でソ連からの援助もあてになる。日本に弱気になる理由は何一つないのだ。

このような状況に読者が直面したら、どちらの戦略を選択するだろうか。司馬遼太郎の「坂の上の雲」のように、善玉と悪玉の将軍に分け、悪玉のおかげで日本は地獄に陥った、というような単純な書き方なら、誠に読者はスッキリするだろう。しかし、こと対支那戦争においては、善悪二元論は複雑すぎて成り立たない。

結論を急ごう。

（1）大局的には石原が正しい。

「世界最終戦論」はともかく、日本が生き残るためには満洲の育成が必要であり、蔣介石の相手になる暇はないはずだ。ソ連に対する備えも急がれる。とにかく支那とは平和に。

（2）局所的には武藤が正しい。

敵が決死でかかってきているのに、石原のように見込みのない和平を夢見て攻撃を手加減

（兵力の逐次投入）するなど兵道に反する行為である。敵に間違ったシグナルを与え、事態はさらに悪化する。

総括すると、一番損害が少ないやり方は石原の本音のように、恥も外聞も捨てて、蔣介石に詫びを入れるぐらいの決心で、支那本土の利権を一切放棄する。すべてを満洲へ引き上げ、支那に対する武備を怠らず、「寄らば切るぞ」との気概を持ち、国民政府に満洲を承認させることが出来れば一番ベストである。が、現実には日本国民の済南事件や通州事件の記憶が生々しい時に和平はできない。日本の世論が暴支膺懲で固まっているのだ。上海には古くからの日本の利権もある。しかも相手は日本に勝つとの前提で全面戦争を仕掛けてきたのだ。全力を挙げなければ負けるに決まっているではないか。もし負けたなら、勢いに乗る蔣介石が石原の望むように満洲を認めることがあろうか。ここは武藤の言うように一撃をかけなければならない時だ。ただし、その字のごとく「一撃」だけ、しかも特大の一撃が必要なのだ。

冴えない石原の作戦指導

『昭和天皇独白録』の次のお言葉が気にかかる。

「私は盛んに上海への兵力増加を督促したが、石原はやはりソ連を怖れて満足な兵を送らぬ」（寺崎英成『昭和天皇独白録』文芸春秋）

平和主義者の天皇が珍しく作戦上の積極意見を述べられたのだ。天皇はいろいろの情報を取り入れられて、軍事にはシロウトながらも素朴な意見を述べられたのだろう。天皇は、「満洲経営のため、なんとか収めたい石原の気持ちもわかるが、あまりにもお粗末すぎるのでは……」と危機感をお持ちになったのではないか。

石原はクールな軍事官僚の梅津陸軍次官に、一番忌むべき戦力の逐次投入に陥ったことを強く批判される始末である。確かに上海事変に関する限り、石原作戦部長の采配は全く冴えない。参謀本部内ではほとんどのスタッフが、優柔不断の腰抜けとみなしていたことだろう（※註４）。

さらに石原の対海軍関係も疑問である。上海事変は海軍の強い要請で出兵したのだから、逆に石原の要望も聞いてくれるはずである。陸軍部隊が上陸する前に、上海沿岸に連合艦隊の戦艦群を単縦陣で航行させ、四一サンチと三五・六サンチの巨砲に榴弾を詰め、呉淞砲台やその他の砲台、宝山城を粉砕すればよいのだ。平地に耕された海岸に、安全に陸兵を上陸させられるはずである。駆逐艦の小口径の艦砲射撃で済まそうとする気がわからない。しかし石原が海軍と粘り強く交渉した気配はない。この時の石原には満洲事変の電光石火の冴えは見られない。

私は読者に、石原の「和平論」か武藤の「一撃論」かの選択を問いかけた。では「お前はどうなんだ」と問われると、武藤作戦課長の一撃論（この頃は敵国の首都占領までは考えていない）をやり、相手に多大な出血を強いたところで、サッと引き上げる。一挙に大兵力を集中し相手が反撃できないほどの損害を与えることが大切である。済南、通州事件の仇を取ったことにもなり国民感情も和らぐことだろう。ただし引き際が肝腎である。欲をださないことが肝腎である。すなわち自分が勝者であるにもかかわらず、我が国の最小限の利権さえ守れればさっと引き上げることである。これが私の見解である。

しかしこの割り切りが欲深い拡大派の面々にあるとは思えない。結局参謀本部内での石原と武藤の「人間関係の悪さ」が諸悪の根源であった。両者は似たもの同志、意地と頑固さは甲乙つけがたい。「一撃論」の定義と範囲とを、理性的に議論の俎上に載せる以前の問題で、これが日本を泥沼へと導いた。

蛇足だが、海軍はサイレントネービーと自称するように政治的な発言をしないことが誇りだとされてきた。しかしリベラルで温厚な紳士と思われている米内光政が、実は対支強硬論者であったことは留意すべきである。海軍は華北での日支衝突には一貫して不拡大を主張していたのに、海軍陸戦隊と黄浦江上の海軍艦船が支那空軍から攻撃を受けると米内は見事に対支強硬論者に変身した。しかも敵首都、南京攻略まで口にするようになったのである。やがて米内の拡大論への転換は、海軍内でも南方の資源を求める「南進論」へ発展していくのであるがそれは後述する。

石原、参謀本部作戦部長辞任

天皇も上海増派に賛成しておられると知ったか知らずか武藤は勇気百倍、上司石原の反対を押し切って、九月七日、増援部隊を送ることを決定させた。このような状況になれば、いくらタフな石原でも仕事はできない。さすがの鉄人も心が折れたのか、第二課の河辺虎四郎に珍しくニヒルな捨て鉢の言葉をささやいた。「君、この状況じゃ幾ら兵隊をこの上出しても、焼石に水だよ……だがネ、陛下から出せといわれれば無論増兵するヨ」妙な笑いともつかぬ笑いを口辺に漂わせていた。含蓄の多い警句を吐く時の常習的に示す表情であった。（河辺虎四郎『市ケ谷台から市ケ谷台へ』時事通信社）

九月十一日ごろ、石原は参謀本部を退く決意をしたようだ。不拡大路線を否定され、多田駿参謀次長と河辺虎四郎課長ら数人を除いてすべて敵、惨めであった。多田次長が慰留したが、石原の決心は固く、九月二十七日参謀本部作戦部長を離職した。かつて仕事をしていた戦争指導課で、「とうとう追い出されたよ」と述べ、また武藤は武藤で、「僕は上官である石原部長を追い出したよ」と言ったという。（今岡豊『石原莞爾の悲劇』芙蓉書房）

負けたことのない石原の、人生初めての敗北である。多田次長は石原を、関東軍参謀副長として満洲に再び送った。満洲国成立に命を懸けた石原に、もう一度活躍の場を持たせてやりたいと思ったのであろうか。しかし赴任地での上司は気が合うとは思えない東條英機参謀長だ。この人事構想はよくわからない。両者の衝突は火を見るより明らかであった。
いっぽう石原の去った参謀本部は行き詰った作戦をどう立て直すか、四苦八苦していた。

あっぱれ武藤作戦課長の大殊勲・杭州湾上陸作戦

上海派遣の五個師団では精強な蔣介石直轄部隊の頑強な抵抗を粉砕できず、戦線は膠着したままである。戦局を打開するため武藤は支那軍の背後を突くことを考えた。すなわち上海の南西の杭州湾に新たな軍を上陸させ、上海の敵軍を背部から突けばよいのだ。無理やり二個師団と二個特設師団（予備役や後備役の兵中心）をかき集めた。これらの杭州湾上陸軍を第一〇軍とし、後に上海派遣軍と合わせて中支那派遣軍とした。やる気満々の武藤は自ら希望して、参謀本部から中支那派遣軍参謀副長に転任した。

十一月五日、第一〇軍は杭州湾上陸作戦を敢行。この方面の支那軍は手薄だったため、大した抵抗を受けず敵の背後に迫った。六日、上海の街に「日軍百万上陸杭州北岸」というアドバルーンが上げられると、蘇州河で戦っている支那軍は、退路が断たれると大きく動揺した。この作戦が流れを変えた。パニックになった敵は九日、一斉に南京めがけて退却し始めた。

十一月中旬には日本軍は上海全域をほぼ制圧した。

欲の皮が張った武藤一派、底なし沼へ進む

問題は勝ち戦の時の陸軍指導部の感覚だ。約三カ月の戦闘で死傷者四万人という信じがたい犠牲に対し、支那軍を追い散らかしただけでは間尺に合わない。当然追い打ちをかけようということになる。上陸作戦を成功させた武藤の発言力は増した。かつては単なる暴支膺懲の「一撃論」者だったが、人間成功すると欲がでる。「一撃論」の拡大解釈となる。「南京を取ったら蔣介石は手を挙げる」という考えに変心したのである。（川田稔『石原莞爾の世界戦略構想』祥伝社新書）

石原莞爾が参謀本部作戦部長のままであれば、中支那派遣軍の軍紀をさらに引き締め、上海一帯の治安維持を強化したうえで蔣介石側と和平交渉に持ち込むように政府を動かすだろう。

もともとの上海出兵の目的は居留民の保護だったはずだ。敵国首都南京を攻めてはいけない。もし攻略すると、面子をなにより重んじる蔣介石は和平に応じるはずがない。講和は上海戦終了の今しかないのだ。石原と考えを同じくする河辺作戦課長や、多田駿参謀次長は、「日本軍がどんなに優勢になっても作戦地域は蘇州・嘉興線（太湖より東）を絶対に越えてはならない」としていた。しかし石原の後任の下村新作戦部長と田中新一陸軍省軍事課長は、現地の武藤と組み、嘉興線を撤廃させた（173頁地図参照）。そしてとうとう参謀本部は十一月

二十八日、南京攻略を容認、日本側は絶好の講和の機会を逃したのである。

宣伝戦で完敗し、お人よしの日本は世界の敵になる

ところで支那軍が退却する時には軍紀もなにもあったものではない。迫ってくる日本軍をストップさせるため黄河の堤防を切り多くの民衆を溺死させた。彼らは自分の首と財産を守るためには、かわいそうな同胞のことなど眼中になかった。（フレデリック・V・ウィリアムズ、田中秀雄訳『中国の戦争宣伝の内幕』芙蓉書房出版）

また堅壁清野と呼ばれる焦土作戦を行い、略奪と破壊を行うのが普通である。対外宣伝が上手な国民党は暴虐行為を日本軍に転嫁して、特にアメリカからの同情、ひいては援助を得るため世界中に発信した。最近は極端に偏向した出版物は少なくなったが、昔、「三光」という本があった。（神吉晴夫編『三光』光文社カッパブックス）

今では信じる人はいないと思うが、驚くべきことに広辞苑には今も「三光」が載っている。「日中戦争中、日本軍が行なった苛烈で非人道的な戦術の、中国における呼称。三光とは、殺光（みな殺しにする）・略光（掠奪しつくす）・焼光（焼き払う）をいう」とある。

軍紀が列強の軍隊より厳しく保たれている日本軍でも、なかには戦場で残虐行為に走る不届き者がいただろう。しかし軍組織全体としてシステミックに、いわゆる「三光」作戦をルー

「南京駅の赤ん坊」
米ライフ紙に掲載（右）と撮影現場

チンに行ったという証拠はない。むしろ軍がらみで自国民を虐殺したのは支那の方であり、歴史的に支那の伝統である。本論から少し逸れるので前章（※註3）に譲る。

しかし支那の軍隊の残虐行為をすべて日本軍の仕業と押し付けられても、誤りや誤認を世界に向けて毅然と反論しない日本の国民性は当時から変わらない。逆に支那人はうまいのだ。

写真雑誌ライフ１９３７年10月4日号は、日本軍が8月28日に爆撃した上海南駅で、ハースト社のカメラマンが撮影した「上海南駅の赤ん坊」というショットを掲載した。爆撃された駅の線路の中で、座った赤ん坊が一人泣いているのも不思議だが、欧米の反日世論を高めることに大いに貢献したのである（後日、ヤラセであることは証明されている）。（小柳次一、石川保昌『従軍カメラマンの戦争』新潮社）

事実、国際社会の同情は蒋介石に集まった。第二次上海事変直前のアメリカの世論調査（一九三七年八月）でも、すでに支那支持が四三％に対して日本支持がわずか二％で

あった。（波多野他『決定版　日中戦争』新潮新書）

国民政府のロビー外交は、わが国より比較にならないほど洗練されている。宣伝巧者の支那は、ドイツの代わりにアメリカの世論をとうとう味方にすることに成功した。後に経済援助のみならず、軍需物資も調達するルートを確立するのである。この頃よりアメリカはますます日本を仮想敵国と位置付けるようになっていった。

戦術、作戦、戦略、政略の区別はみんなわかっているのか！

作戦部長を辞めても石原の怒りは収まらない。

「戦術は個々の戦の上手下手が問題になり、戦術を組み合わせたものが作戦になり、作戦を組み合わせたものが戦略である。戦略をはるかに超越して、国家基盤を考慮しながら外国とやりあうものが政略であるが、いったいだれが政略を考えているのか！」

中支那派遣軍参謀副長の武藤は膠着した上海戦を一気に打開した点では、確かに大作戦の勝利者と称賛されてもよい。しかしこの時日本はすでに満洲に四個師団、華北に七個師団、華中に九個師団を派兵しており、残る予備兵力は国内の第七師団と近衛師団のたった二個師団になっていた。予備力がない中で、あくまで敵国首都南京さえ陥落させれば蔣介石が屈服するという考えは、どこから出てきたのか。

ファルケンハウゼンは、もし上海が日本に取られた場合のことを考えていた。日本軍は揚子江の南方を鉄道線に沿って南京に迫るはずなので、図のように三重の防禦ラインを築いていたのだ。ヒンデンブルグ・ラインまたはゼークト・ラインと呼ばれ、堅固なコンクリートで作ったトーチカと塹壕からなる複郭陣地で、上海周囲のものより強力だ。しかし二年の年月と巨額な費用を費やし作られたファルケンハウゼンの作品が、幸いにも役に立つことはなかった。杭州湾上陸作戦成功により敵は我先に退却したからである。

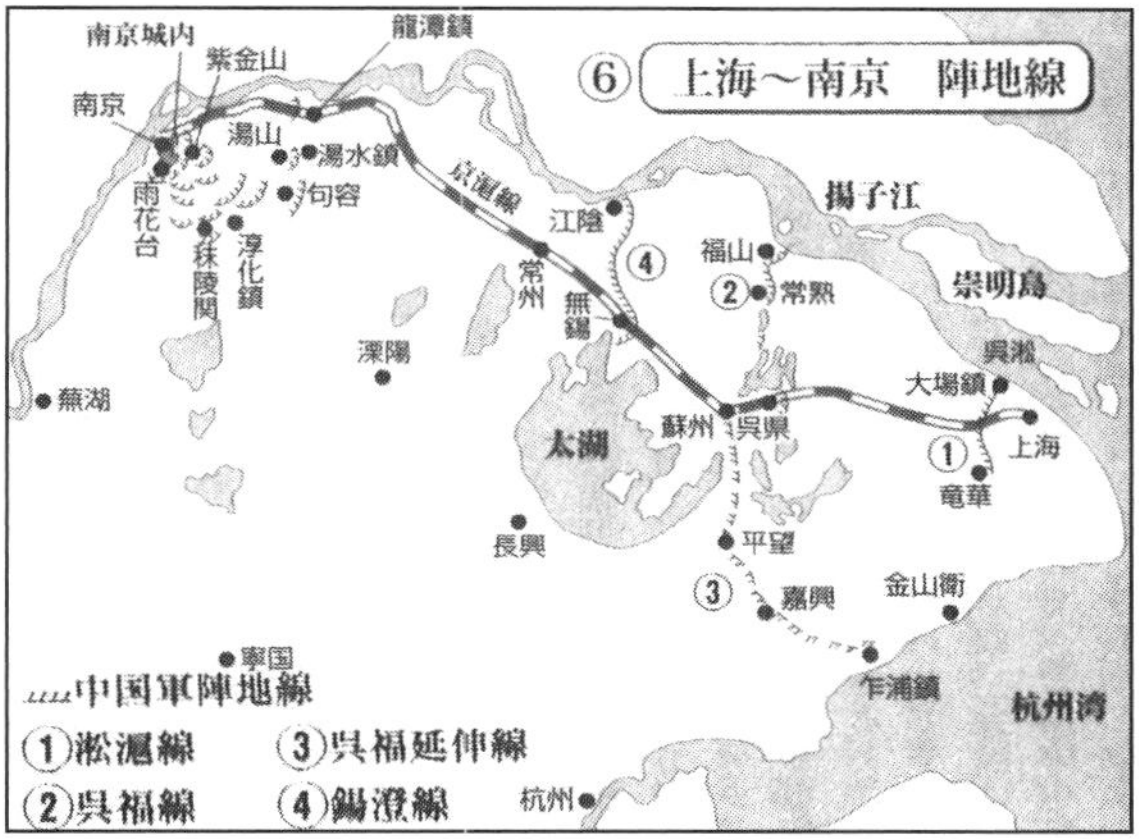

上海～南京陣地線
（『日中戦争はドイツが仕組んだ』小学館 P49）

わが軍の被害は甚大なものであったが、支那側はそれ以上であった。特に蒋介石直系の最精鋭軍は殆ど殲滅されてしまった。蒋介石の軍政部長、何応欽は「十週間のうちに、我が軍の消耗は八十五個師の多きに達した。負傷あるいは戦死した士官と兵士は、三十三万三千五百余人であった」と述べている。（阿羅健一『日中戦争はドイツが仕組んだ』小学館）

恐るべきファルケンハウゼンの深謀遠慮

教え子の敗退を見て、ファルケンハウゼンはますます日本に対する憎しみを倍加させた。十月中旬、南京防衛に関する最高幕僚会議で、蔣介石に南京放棄を進言した。

「南京の陥落はどうでも良い。支那の広大な領土こそ日本軍を包み込み疲弊させ、殲滅することができる」と最高幹部に諄諄と説いた。戦略の上をいく政略家とは、ファルケンハウゼンのことを言うのであろう。敵ながら天晴れである。ファルケンハウゼンの罠を見抜いていたのは日本には唯一人、石原莞爾だけであった。参謀本部在任中から、消耗戦争の底なし沼に引っ張られないよう、声を大にして警告を発していた。他の軍人と違い世界史を学んだおかげである。かのナポレオンが対スペイン戦争で泥沼状態に陥り、その後の対ロシア戦敗北につながった事実が石原の脳裏にこびりついていた。世界史から見る戦争とは単に戦略の優劣ではなく、政治、経済、外交など国家の総合力に依存することを学んでいたのである。

「素人は戦略を語り、プロは兵站を語る」とよく言われる。

岩田清文元陸上幕僚長は著書で、二〇一九年に退役したブラウン前米太平洋陸軍司令官の言葉を引用する。「真に戦いに備えている国家はまず国家の策源を基盤とした兵站を準備し、その兵站の根源は、国の資源、技術力、生産力にある」（岩田清文他『令和の国防』新潮新書）

これは古今東西を問わず戦争の勝利のための真実である。満洲事変以降、我が国には石原莞爾を除いて残念ながら、戦略家のさらに上を行く政略家はいなかったのである。

その石原は陸軍中枢を追いやられ、もういない。

南京は陥落したけれど……日本外交の失敗

昭和十二（一九三七）年十二月三日、中支那派遣軍は南京へ進撃を開始。実はこの頃、戦争を終結させる絶好の機会が訪れた。トラウトマン工作である。戦時経済が行き詰ってきた日本は一定の条件で蔣介石に講和を申し込もうというものである。左寄りの人が言うように、当時の為政者がすべてスパルタのように好戦主義者ではない。

その条件とは以下であった。

一、満洲国承認
二、華北、上海に非武装地帯の設定
三、日支防共協定の調印
四、華北での日支合弁企業（鉄道、鉱業等）の承認

広田弘毅外相は和平を斡旋してくれそうな諸外国に話を持ち掛け、なんとドイツが手を挙

げたのだ。ドイツも戦争が独支間の貿易を邪魔するため、早く戦争をやめてもらいたい理由があった。

十一月初旬、広田外相はトラウトマン駐支大使を介して蔣介石に和平条件を直接伝えた。参謀本部でも、多田駿次長と河辺虎四郎作戦課長も和平会談成功のため、南京占領を止めようと努力した。

日本軍が防衛線を突破し南京に迫ったので十日、国民政府は重慶へ遷都を決定。最初は和平を拒否していた蔣介石だったが弱気になり、十二月初旬、領土、主権の保全を条件に話し合いに応ずるとトラウトマンに返事した。ところがタイミングがかみ合わない。勢いに乗る現地軍は中央を無視、南京を占領してしまったのだ。

さらに何ということか南京占領後の十二月二十一日、近衛首相は和平条件を厳しいものに釣り上げた。大陸各地に親日自治政権の樹立を求めることや、賠償金の要求である。理由はわからないが、敵国首都を占領し、強気になったのか。国民が提灯行列でお祭り騒ぎをやるような状況で、自分の支持率に酔っていたのか。

いかに蔣介石が首都を占領されて弱気になっているとはいえ、ここまでの屈辱的要求を突きつけられて黙っていられるはずがない。自分の国が蚕食され、しかも金まで寄越せと言われるのである。

大本営政府連絡会議（戦時の国家最高指導機関）に支那側から和平条件細目の照会があったが、

なんと近衛はこれを「時間稼ぎだろう」とはねつけ、さらに「帝国政府は爾後国民政府を対手とせず」という有名な声明を発表する（第一次近衛声明）。これは近衛外交の最大級の失敗である。南京国民政府は国際社会が公認する正統な政権である。「これを相手にしない」と国際社会に宣言するとは、自ら進んで孤立する事に他ならなかった。

後になり、困りはてた近衛は、重慶からナンバーツーの重鎮、汪兆銘を引き抜いて南京に新しい国民政府を作らせたが支那民衆を引き付ける魅力ある政府になり得なかった。

蔣介石は屈服しない。日本は昭和十三年（一九三八）四月、長期戦争をにらんで、国家総動員法を制定した。国家予算は三五億円となり、さらに臨時軍事費として一年分の国家予算を上回る四八億円が承認された。当然大幅増税、軍需生産第一、民需生産抑制。生活必需品がやがて配給制になっていく。国民の生活は苦しくなり世の中を暗雲が覆う。トラウトマン和平工作失敗後、日本は出口のない長期戦の泥沼に沈んでいくことになる。

昭和十二年（一九三七）九月から大東亜戦争直前まで、実に一三万人を超す死傷者を出し、支那との戦争を続ける限り、陸軍常備兵力六〇～七〇万の約半分弱を大陸に張り付けざるを得ない。毎年三万名ほどの死傷者を出し、年ごとに国家予算の十数パーセントを無駄に消費する。アメリカがベトナムやアフガニスタンで、多額の国費と多数の死傷者の続出に嫌気がさし逃げ出したのとはスケールが桁違いの泥沼に、当時のわが国は引きずり込まれていた。このことがもっと後でこたえてくるのだ。

支那事変に火をそそぎ、拡大路線を突っ走った中央の代表的指導者を列記しておこう。

陸軍省：杉山陸相、梅津次官、田中軍事課長

海軍省：米内海相

政　府：近衛首相、広田外相

国家レベルの「コンコルド効果」

これら中央の代表的指導者は、日本の最高の英知を集めたリーダーであったはずである。ところが人間の我欲は、個人でも組織でも変わらないものらしい。

「コンコルド効果」という心理学上の用語がある。昔、鶴のような顔をしたコンコルドというマッハ２の超音速旅客機があった。英仏が国家の威信をかけて開発したのである。もちろん最初から巨額の開発費用に疑問が呈され、何回も開発が中断したがそのたびに費用をつぎ足し、「ここまで金をつぎ込んだのだから」というのがスローガンになり、撤退という選択肢がなくなってしまった。そして就航の暁には、なるほどスピードは速いが、乗客が少なく、燃費は想像を絶し、同時期のジャンボジェットにあっという間に駆逐された悲劇（喜劇）の飛行機になってしまった。

「ここまで……したのだからもう少し」、「ここまで……したのだから今更」は地獄からの

ささやきである。このささやきは、上海戦で膨大な損害を出した支那派遣軍の耳にも染み込んでいた。

「ここまで多大な犠牲を払ったのだから今更……」

「蔣介石を屈服させなければ英霊に顔が立たぬ」

いや「コンコルド効果」などとたいそうな名前を付けずとも、われわれは日常で経験している。パチンコをされた方は分かるが、玉がどんどん面白いほど出てきだした時に、人間の我欲は左右される。金をつぎ込んでいなければ問題ないが、つぎ込んだ額が大きければ大きいほど、「ここまで金をつぎ込んだのだから元をとらなければ」という心理になり、出た玉を勝負にかけることはないだろうか。慎重な人は、この時間を楽しんだのだから、「投資額より少ない出玉でもゼロになるよりましだ」と現在の出玉を保全する人もいる。まさに人間心理いろいろである。ことはお遊び、お金で解決することは笑い飛ばせるが、国の興亡は博打では済まされない。

註

1　支那とドイツの経済関係

当時の両国は経済的に日独と較べものにならないぐらいに密接に結びついていた。ドイツの武器輸出相手先は支那が五七・五％と断トツ一位、最大のお客様である。日本はわずか〇・五％（阿羅健一『日中戦争はドイツが仕組んだ』小学館）

ドイツは戦略物資として支那の豊富なタングステンを必要とする。タングステンは鋼と混ぜることにより硬度が増し、砲弾や装甲板に使われるがドイツでは採れない。一方支那は抗日のため最新兵器が欲しい。このような理由で両国は経済的に十分結びつく理由があったのだ（現在でもEUのなかでドイツが一番結びつきが深い）。

2　トーチカ

コンクリートで堅固に構築して、内に重火器などを備えた防御陣地（広辞苑）

3　西安事件

共産軍討伐のため西安に督戦にやってきた蔣介石を配下の張学良が監禁し、無理やり国共合作による抗日統一戦線を結成させた事件。

4　武藤の部下の今岡作戦課員の回想。

「石原少将は支那事変初期よくいっていた。『歴史と伝統のある国は、決して占領してはならない。中国の如き、古い歴史と伝統のある国を占領するのは言語道断だ。満洲と中国は、分けて考えねばならない。

満洲はあくまで日本の生命線として、ソ連の進出を食い止めることが、アジアの平和のため必要なのである』」（今岡豊『石原莞爾の悲劇』芙蓉書房）

確かに正論ではある。しかし石原は支那に対し過剰なリスペクトを持ちすぎていたようだ。漢詩や水墨画などの文化そのものへのリスペクトなら罪はないが、彼はどうも支那人も日本人と同じ感性を持っているものと勘違いしていた可能性がある。彼らとは断じて同文同種ではない。こちらが東洋の王道を掲げ、白人国家の覇道と戦おうともちかけても、現に支那は当初、ドイツとソ連、後にはアメリカと手を組み日本を敵視してきたではないか。この石原の過剰な支那への片思いが、上海事変の消極的采配になったとは言えないだろうか。

第七章

腐敗が始まった満洲国

満洲国への絶望……諸悪の根源・内面指導権とは

参謀本部を去った石原は満洲に戻って来た。しかし満洲国はかつて石原が夢見た国と大きく変わっていた。それは関東軍の内面指導権が一段と強化されていたからである。内面指導権とは何か。これこそ石原莞爾が命をかけて粉砕したかった諸悪の根源だった。「一言でいえば、日本人が満洲国政府に介入することである。この国には国会はなく、国務院が政治の中枢であった。国務院（※註1）の中核総務庁は初代長官駒井徳三が就任以来、満洲国が消滅するまで長官は七代とも全員が日本人であった。ここで日系官僚と高級軍人とが組んで、政策決定、立法、人事を自由に行った。これを「総務庁中心主義」という。（小林英夫『関東軍の歴史』アジア太平洋研究二十三号）

もっとも漢族、満族の面子を立てるため国務院の要職には彼等を立ててはいたが、背後にいる日本人が彼等を上手に制御したのである。高級軍人は関東軍司令官の名代であるから、結局満洲国の絶対権力は軍司令官にあるのである。関東軍司令官名で発行された秘密文書が、国立公文書館で見られるので引用する。（関東軍司令部調製『滿洲國ノ根本理念ト協和會ノ本質』国立公文書館アジア歴史資料センター）

石原が満洲に帰ってくるちょうど一年前に書かれている。

「永久保存　秘第　號

満洲國ノ根本理念ト協和會ノ本質　昭和十一年九月十八日
関東軍司令部調製」
という題の一〇頁の小冊子である。（以下現代文で要約する）

一、満洲建国の世界史的意義
「満洲建国は八紘一宇（※註2）の理想を顕現すべき使命を有する大和民族の世界史的発展過程に於ける第一段階に外ならず　満洲国経営の根本理念は権益主義即ち強権に依る搾取思想を排し皇道を基調とする独立国家として之を育成するに存す……」

と最初から植民地主義はとりませんよ、と公正な態度を格調高く謳いあげている。

「在満大和民族が進んで特恵的条件を放棄し喜んで平等の境地に立ち堂々仁愛を以て他民族を指導啓蒙すべき決意を内外に闡明したものに他ならず」

と在満日本人の特権をなくします、と宣言しているのだ。

二、建国精神の真義
「満洲国建国精神とは究極する所、日満一徳一心、民族協和、王道楽土、道義世界の実現を理想とする　天皇の大御心に外ならず」

しかし、満洲現住の、満族、漢族など大和民族と文化、歴史、習俗、信仰などすべてことなる異民族を、このようなスローガンで纏めることができるものであろうか。

ここまでは石原莞爾の考えとほぼ同じ、しかし次の項から関東軍司令部の考えは全く異質なものに変化しているのだ。

三、天皇と軍司令官と皇帝との関係

「満洲国皇帝は天意則ち　天皇の大御心に基づき帝位に即きたるものにして……天皇に仕え　天皇の大御心を以て心とすることを在位の条件となすものなり、永久に天皇の下に於て……宛も月が太陽の光に依りて光輝を発するに似たり……万一……天皇の大御心を以て心とせさるに至るが如き場合に於ては天意により即時その地位を失う……」

なんという文面だろうか。

あたかも満洲国皇帝溥儀は日本国天皇の臣下であるかのような扱いだ。さらに、

「関東軍司令官は　天皇の御名代として皇帝の師傅たり　後見者たるべきものなり　日満両国の間　固より条約其の他の関係に律せらるる所あるも満洲国の育成は本質上　天皇の大御心を奉したる軍司令官の内面的指導に依る……」

と言明している。

日満間の条約などどうでも良い、満洲国の育成は、天皇の名代かつ皇帝溥儀の後見人の関東軍司令官が行うのだ、と言っている。なんたる傲慢。夜郎自大を通り越して、関東軍司令官は満洲では神なのか。

六、満洲国政治の特質

「満洲国に於ては専制政治の弊を排す……」

と言いながら、

「王道政治とは何ぞ、王道政治は哲人政治なり、支那旧来の王道政治に非ずして　天皇の大御心を顕現すべき意義を有す、……支那に於ては堯舜《ぎょうしゅん》以来王道政治論のみありて王道政治存せず、これ真の哲人なきに依る　現下関東軍司令官が満洲国に於ける王道政治の中心たる真義は軍司令官が　天皇の大御心を以て心とすべき公人的哲人なればなり……」（堯舜：徳を以て天下を治めた古代の帝王）

読んでいて恥ずかしくなる一文である。日本にいれば平大将が、満洲にくれば全知全能の神になるのか。哲人になれるのか。

ちなみに、このお目出たい秘密文書が書かれた時の関東軍司令官は、植田謙吉大将であった。後にノモンハン事件の責任を取らされ左遷となる。板垣征四郎関東軍参謀長は、もう少し恥を知っていたようだ。巻頭に注意として次の一文を寄せている。

「注意　本精神を部外者に伝える場合はその人とその處《ところ》とに応じ、特に慎重の用語を以て就中《なかんずく》　皇帝に関する事項は機密の儀と承知相成りたく」

……さすがの板垣も厚顔無恥なこの秘密文書は、部内といっても恥ずかしすぎて人の目に触れられたくなかったのであろう。

関東軍司令官のほうが、傀儡国家満洲国の皇帝より偉いのだ、という日本側の姿勢は宮廷のみならず、満洲国政府の官吏、軍、民衆に徐々に浸透していく。日満親善というきれいごとは、徐々に化けの皮が剥がされていく。石原の恐れていた満洲人の面従腹背が日増しに強くなってきた。

満洲国を植民地と考えるのか、独立国と遇するのか

石原の考えは終始一貫、ブレがない。来るべき「世界最終戦」のため、満洲国を日本の兵站基地にし、あわよくば日本のパートナーになるように、心から友好関係を維持できるようにすべきであると考えていた。そのためには満洲人に主権を持たせ、希望に満ちた国づくりをさせねばならない。

「確かに満洲国は俺がつくった人造国家だ。しかし大切に育てればコミンテルン国家ソ連の防波堤になってくれるはずだ。日本とのブロック経済のパートナーになってくれるはずだ。これを愛おしく育まないでどうするのだ！」

石原のオカルト的な「世界最終戦論」は別として、日満友好を心から願った満洲人は確かにいた。軍閥に収奪される世の中より、まだ見ぬ新国家のほうがましだろうという期待感である。

石原の国家運営は、満洲国協和会を中心とするものであり、立憲制度にもとづいたもので

はない。彼はコミュニストではないが、国家社会主義的な国と、天皇を中心とする八紘一宇的な世界観の合一を目指した。八紘一宇的な世界観を、現地の満洲族や漢族が受容できるか否かは別として、彼の思想からすると、五族協和、王道楽土の国でなければならず、満洲の各民族は平等であることが持論だった。

石原の関東軍批判は、内面指導を己の特権として、満洲国の些事に口をはさみすぎる姿勢そのものであり、もちろん日系官僚に対しても容赦なかった。しかし石原がいない間に協和会の性質も変わってしまった。希望に燃えて建国に携わった人々はすでになく、満洲国は能吏型軍人、行政テクノクラート、財界人の三頭体制により運営されていた。

初代国務院総理大臣、鄭孝胥《ていこうしょ》は漢人であるが溥儀にずっと寄り添った清朝の忠臣である。書を良くし詩歌を嗜む一級の文化人であったが、ある日、「満洲国はもう子供ではなくなったのだから、一人歩きさせるべきだ。何から何まで自由にやらせないのは良くない」と言ったことが関東軍の耳に入り、南次郎関東軍司令官は皇帝溥儀に鄭孝胥の引退を強要した。

鄭孝胥

溥儀が後任に臧式毅《ぞうしきき》（国務院副総理）を考えると、「いや、関東軍はもう適当な人選を考えてあります。皇帝陛下は御心配下さらなくてよろしい。張景恵《ちょうけいけい》を総理大臣にすればよいでしょう」と一蹴した。

一国の総理大臣を決めるのは関東軍司令官ということだ。鄭孝胥は銀行に預金してあった「建国功労金」さえ引き出せず、新京を離れたいという希望もかなえられず、憲兵隊の監視下で、家にこもって書を書いたり詩を作ったりすることしかできなかった。このあわれな元総理大臣の「詩人兼書家」は三年後新京で急死したという。（愛新覚羅溥儀『わが半生

溥儀

下巻』筑摩書房）

石原が関東軍参謀副長に就任した年であった。

溥儀自身のストレスも並大抵のものではなかった。満洲に来ても自分が熱望していた「大清帝国皇帝」ではなく「満洲国執政」であり、しばしば表敬訪問に来た板垣（関東軍参謀次長）に「陛下」ではなく「閣下」と呼ばれて激怒している。（同上巻）

一九三三年十月、溥儀に嬉しいニュースが入ってきた。新しい関東軍司令官菱刈隆は、日本政府の決定として、溥儀が国号を満洲帝国に変え、満洲帝国皇帝になることを承認すると伝えた。天にも昇る気持ちになった溥儀は、皇帝就任式のために竜袍（ロンパオ：清朝の礼服）を北京から取り寄せたが、板垣から横やりが入った。理由は満洲帝国皇帝就任であって大清帝国皇帝就任ではないからである。怒り狂った溥儀は、新京郊外で竜袍を着て即位を天に報

告する古式の礼を行い、宮内府に帰り大元帥の礼服に着替え、「即位式」を挙行した。（同下巻）溥儀の関東軍に対する面従腹背の始まりである。即位式は勤民楼で挙行されたが、宮殿とは思えないまことに質素な建物である。この建物は今も「偽満皇宮」として長春の観光名所になっている。

王道楽土の真の姿……「法匪」と蔑まれた日本人

満洲国建国後、治安が良くなった広大な大陸に、一旗揚げようとする日本人移民や企業が相次いだ。「満洲拓殖会社」という国策会社ができていた。会社は安値で満洲人から土地を買い叩き、開拓民をどんどん入植させた。当然、日本人農民と現地農民の対立が起こるが、日本人側には、関東軍の指導を受けた満人警察がつくので、離村者の一部は憤慨の余り匪賊と組み、反抗を繰り返す者も出てきた。発足当時の協和会理念はもろくも崩壊していた。

石原は「現地の農民の権益を犯してはならない」と主張したが、関東軍と結託している会社は石原を無視した。石原は満洲拓殖会社を「土地泥棒会社」「匪賊製造会社」と呼び罵倒した。この時期、石原が関東軍司令部や上司東條を罵倒するエピソードは実に多い。あるとき内地から知人が来た時のことである。

石原は植田謙吉軍司令官の官舎を指して、

熙洽

「あの豪壮な建物は、関東軍司令官という泥棒の親方の住宅だ。満洲は独立国のはずだ。それを彼らは泥棒した。満洲国皇帝の住居は国民の現状から、住居の修築を遠慮しているのに、泥棒根性の日本人はこれを、不思議とも思ってないのだ」
（横山臣平『秘録石原莞爾』芙蓉書房）

日系官吏の理不尽さも石原は看過することはできない。日系官吏の俸給は「給与令草案」により、満人官吏より四〇％増しに設定されていた。財政総長の熙洽《きこう》（元吉林軍閥）は憤懣を押さえられず、「われわれは複合民族国家なのだから、各民族は一律平等のはずだ。なぜ日本人が特別待遇を受けねばならんのだ」と抗議した。

これに対し時の初代総務庁長官の駒井徳三は「日本人は能力が高いのだから当然だ。それに日本人は生活水準が高く、米を食べているので高粱《こうりゃん》を食べていれば暮らせる満人と違う」と答えた。妥協案として満人総長の給料を少し賃上げして懐柔を図ったが熙洽は納得せず、「自分は少しばかりの金が欲しいわけではない。日本人はどこに王道楽土を作るのか。満人がいなくてできるのか」と詰め寄った。駒井は「この満洲は日本人が血と引き換えにとったものだ。ロシア人の手から奪い返したものだ」と平然と言い返し、なお食い下がる熙洽に「これは軍の決定だ」と最終引導を渡したという。（愛新覚羅溥儀『わが半生　下巻』筑摩書房）

これらの記述は溥儀の著述によるもので、戦後、戦犯になった溥儀の、保身目的のバイアスがあるため割り引かねばならないが、溥儀のいうように、国務院の陰の総理は総務庁長官の駒井であった。

石原は植田謙吉軍司令官に「関東軍司令官に与えられている、満洲育成の内面指導は、現在のように成長した満洲国にとっては有害であり、軍閥とこれに結託する日系官僚の専制政治の温床である」と強硬に具申したが、どっぷり利権にあずかっている軍司令官の受け入れる所ではなかった。日系官吏は若造に至るまで、官庁自動車で朝夕送迎されていた。満洲事変後、後から来た苦労知らずの日本人が、都合のいいように法律を作り、変えてゆく。建国当時の夢と希望を奪われた満人たちは、日系官吏を「法匪」と呼び心の底から軽蔑した。石原は送迎車を断り、軍司令部へ徒歩で通った。少将がである。この頃より持病の膀胱癌が悪化してきたが、彼なりの日系官吏に対する当てこすりである。

ある日、五代目総務長官・星野直樹（後の東條首相の書記官長）の主宰の宴会があった。当然石原にもお声がかかったが、「長官のポケットマネーで開かれるのなら、喜んで参加させて頂きましょう」と答えたそうである。

石原と東條、犬猿の仲となる

東條は石原より二年前に関東軍参謀長に就任していたが、総務長官星野直樹、岸信介（後の東條内閣の商工大臣）満映理事長の甘粕正彦らと結び、満洲国の政治に極端な干渉を行っていた。（横山臣平『秘録石原莞爾』芙蓉書房）

石原の上司、東條英機参謀長は、政略に天才的な閃きはないが、メモ魔といわれるように几帳面、非常な努力家で業務に熱心に取り組みミスがない。半面、過度の小心者で神経質、かつ策謀家であった。憲兵畑を経験したこともあり、個人の情報を収集し攻撃に転じるという、まさに絵にかいたような軍人官僚であった。

いっぽう石原は自信が非常に強く、論敵に対して時に無遠慮な、常軌を逸した放言をし、人間関係を破壊するといった攻撃性がみられるので、このような上司と部下の関係は合うはずがない。

石原が新京の関東軍司令部に着任するや、警戒していた東條参謀長は幹部会同で石原との職務範囲を明確化した。「石原新副長には、作戦、兵站関係業務、自分（東條）は満洲国関係を専管事項として処理する」と、石原をピシャっと満洲国運営から締め出した。「満洲国関係を専管事項とする」とは内面指導そのものを権力として持つということだ。満洲国の政務から締め出された石原は面白いはずがない。しかも石原が全身全霊、撤廃しようとしている内面指導をより強化しようとしているのだ。

「東條上等兵」は満洲在任中、いったい何をしていたのだ

東條英機と石原莞爾

それでも石原は腐らずに任された作戦、兵站分野を調査した。満洲各地の駐屯地を視察するとお粗末な現状が露呈してきた。強大なソ連軍との格差は広がるばかりである。満洲事変時、日ソの師団数は三対六であったが、昭和十一年には五対一六に、三分の一以下になってしまった。航空機は昭和七年では半分であったが、昭和十一年には五分の一以下になってしまった。陸戦の花形戦車に至っては、昭和七年で五分の一だったものが、昭和十一年にはなんと対ソ一割少しの状態まで差がついてしまったのである。（小林英夫『関東軍の歴史』アジア太平洋研究二十三号）

もちろんこれは関東軍参謀長の東條英機一人の責任ではない。日本の国力の問題なのだ。石原が怒り狂うのは、各部隊の対ソ問題意識の低さである。ソ連が絶対動かないと楽観している。

「戦争は相手とのバランスが取れていれば起きない。然るに北

支事変勃発に乗じ、乏しい満洲の兵力を華北占領に割くとはなにごとか。参謀本部時代の俺があれほど声を大にしてソ連の危険を訴えたのに…。しかも支那との戦争はすでに底なし沼に足を突っ込んでいるのをわかっているのか。支那が強気なのは、バックにアメリカ、イギリス、ソ連がついているからだ。東條は政略はもちろん、戦略もないのか、これだから世界史を勉強してない奴はダメなのだ…。」石原はとことん馬鹿にしたに違いない。

右翼思想家大川周明が満洲旅行の途中、関東軍司令部に石原少将を訪ねた時のエピソードである。大川は東條にも挨拶しようと、石原に参謀長の部屋を尋ねたところ、「ああ、東條上等兵の部屋か、そこだよ」と聞こえよがしに大声で答えたという。また、満業総裁の鮎川義介（後述）が東條の部屋で打ち合わせをしていた時、参謀副長も関係することなので呼びにやった。その使いの返事は、「石原閣下は行く必要がないといって、来られません」というものであった。さっと東條の顔色が変わり、鮎川もこの無遠慮な放言に度肝を抜かれたという。（横山臣平『秘録石原莞爾』芙蓉書房）

村八分

この時期の満洲国は「二キ三スケ」の時代という。「二キ三スケ」とは以下五人の軍、財、官の大物実力者を指しており、彼らの名前の末尾からつけられた。

東條英機中将　関東軍参謀長
星野直樹　国務院総務長官
鮎川義介　満洲重工業社長
岸信介　国務院総務庁次長
松岡洋右　満鉄総裁

だれのネーミングによるものか、満洲国の「黒幕」というネガティブなニュアンスを込めたものに違いない。これらの人物は、私利私欲のために権力をふるったわけではない。なかでも岸信介（戦後総理大臣）は二・二六事件後、商工省工務局長を辞して満洲にやってきたが、関東軍参謀長になっていた板垣征四郎に開口一番、「関東軍が満洲国の治安を維持するのに重大な責務があることは分かる。しかし、経済、産業の問題はわれわれ役人が分担してやるべきだと思うから、軍人はそういうことに携わらないでもらいたい。少なくとも経済、産業のことは私に任せてもらいたいのだ」とぴしゃりと釘を刺したという。珍しく土性骨の据わった官僚だ。（岩見隆夫『岸信介の満洲』シリーズ二〇世紀の記憶満洲国の幻影　毎日新聞社）

事実、岸は昭和十二（一九三七）年一月、「満洲産業開発五カ年計画綱要」を発表し実行に移した。この五か年計画は石原の宮崎機関によるものではない（※註3）。概算五年間に二五億円（当時）もの投資を必要とするプロジェクトである。同年の国家予算が二七億円だから到底国家には頼れない。そこで岸は昭和に入ってから急成長した新興財閥の日本産業株式会社（日産）を口説いた。鮎川義介率いる日産は傘下に日立製作所、日産自動車、日本鉱業など一三〇社、従業員一五万を擁する一大コンツェルンだが、それをそっくり満洲に引っ越しさせるのである。「三スケ」はいずれも長州出身で話が早い。岸は鮎川なら何とかやってくれるとの信頼があったのだろう。社名を満洲重工業開発株式会社（満業）と変え、関東軍が満鉄から取り上げた非鉄道部門の鉱山や工場を吸収し、満洲の重工業の要となった。この時すでに日支戦争が始まっていたので、五か年計画は拡大し戦時体制になった。そして昭和十六年までに銑鉄、石炭生産量、電力発電量は飛躍的に増大し、自動車生産量のみが目標に達しなかっただけである。岸の官僚としての最大の功績であった。

石原の目標としていたことが岸の手で行われようとしていた。満洲国の国力はもっと確実なものになるはずであった。ただし戦争の泥沼から抜け出せればの話であった。

「二キ三スケ」および満洲国の日本人官僚は、あくまで日本の国益のために活動していたのだが、共通するのは、現地民に対する蔑視感情と日本人の優越感から抜けきれなかったことではないだろうか。彼らは満洲国を独立国として尊重するふりをしながら、本音では植民地扱いする宗主国の態度で接していたのである。石原は満洲人を自立させ、「国を運営しているのだ」という誇りと自己満足感を持たせてやることこそ日本の国益につながると信じていた。日本と同盟を結びうる親日国家に育成することが国益なのだ。しかし石原の考えは異端すぎて周囲から理解されない。

その、寸鉄人を刺すどころか人をえぐる非妥協的な人物は、満洲国の日系執行部という閉鎖社会で村八分にあっていたのである。

犬猿のコンビ、ともに満洲を去る……東條は陸軍次官、石原は病気療養

中央に目を転じる。先に「蔣介石を相手とせず」との馬鹿な宣言を出した近衛首相は困り果てていた。そこで内閣改造を考えた。昔も今も首相は困ると内閣改造を起死回生の策とする。近衛が考えたのは、石原の不拡大方針を実行できる板垣征四郎中将を陸軍大臣にし、次官に石原を据えることだった（実際の板垣は、石原が中央にいたころ満蒙工作に手を出し、石原と少し方向は違ってきたが……）。当時の陸軍大臣は杉山元大将で拡大派の梅津美治郎次官のロボットになっている。杉山は自分に非がないのに辞任するはずがない。そこで公家の近衛は、親しい宮様の閑院宮参謀総長を動かし杉山を説得させた。ただちに徐州の第一線にいた第五師団長の板垣を呼び戻した。これを知り梅津次官は大いに怒った。どこかで見たパターンだ。

二・二六事件のあと、石原が陸軍大臣ポストに板垣征四郎を押し込もうとしたのと同じことを、今、近衛首相がやろうとしている（第五章）。今も前も板垣が陸相に決まると、自分が年上なので次官に留まるわけにいかない。ここまでコケにされては梅津も引っ込みがつかない。後任に東條を指名し、自分の方からさっさと辞めてしまった。不拡大派への最大のいや

がらせだ。これで近衛による石原陸軍次官案は実現しなかった。

次官に指名されるや東條は即座に、陸軍省に入り、なんと板垣新陸相が着任するまでに、自分に都合の良い人事を決めてしまったのである。官僚タイプの人間はこういうところが抜かりない。そして自分の後任の関東軍参謀長に自分の同期の磯谷廉介を指名した。

石原の元上司、本庄繁元関東軍司令官は、磯谷新関東軍参謀長に心配して手紙を送っている。

八月七日付

「……かかる危急の際ゆえ石原も今にわかに大改革を全部し尽くし、日系官吏その他に衝動を与え、ことに協和会問題の如きなお検討を要する事多きものは、少なくとも支那事変終結まで延期保留し……ついては貴下におかれても石原をなだめ、陛下の最も御軫念（しんねん・心配）遊ばさる対露準備に……」（小林一博『支那通一軍人の光と影』柏書房）

と石原のラディカルな改革、すなわち「満洲国を満人の手に返せ」と暴れまくる石原をあやしてくれと述べている。

しかし磯谷の関東軍の内面指導のやり方も東條と同じで、石原と最初から衝突した。とうとうムラ社会にイヤ気がさした石原は、軍司令官に予備役願いを提出した。秩父宮殿下をはじめ本庄大将、多田、板垣両中将など、石原を理解する数少ない人々は慰留したが、石原の決意は固かった。また膀胱癌が進行し、職務遂行困難になってきたので、植田軍司令官は「進退は板垣陸軍大臣預かりとするから、まず病気療養の請願休暇とせよ」と説得し、内地に帰国することになった。昭和十三（一九三八）年八月十四日のことである。

世間では、「石原がまた暴れて辞表を叩きつけて無断で帰国した」との噂がたったがそうではない。今まで権力に傍若無人に反抗してきた有名税ともいえよう。

関東軍参謀副長拝命、昭和十二年九月二十七日。

予備役編入願い提出、昭和十三年八月十八日。

わずか一年弱、この若い国家の夢が夢でなくなる現実を目の当たりにした、あまりにも短い期間であった。

註

1　中央集権国家の満洲国の統治機関は四つに分かれる。

（i）参議府（ii）立法院（iii）国務院（iv）監察院の四つだ。

参議府は開店休業、立法院は協和会が代行、監察院は清朝の旧老臣懇話会のようなものだから、国務院（内閣）だけが機能を果たしていた。

2　八紘一宇
世界を一つの家にすること。我が国の海外進出を正当化するために用いた標語。（広辞苑）

3
いろいろあった満洲開発計画
昭和十一年（一九三六）四つの開発計画があった。
①石原莞爾の私的機関「宮崎機関」による五か年計画、
②陸軍省の「満洲開発五カ年計画に対する目標案」は①を若干修正したもの、
③満鉄経済調査会の「満洲計画永年計画大綱」
④関東軍の「満洲国経済第二期経済建設要綱」
その後、関東軍、陸軍省、関係団体が集まり岸信介主導の「満洲産業開発五カ年計画綱要」ができあがるのである。したがって満洲五か年計画はすべてが石原の原案通りではない。

第八章　石原莞爾を憎しみぬいた東條英機

陸軍中央から閑職へ

帰国した石原は四カ月の入院加療となったが、この間、本庄繁元関東軍司令官は、磯谷廉介関東軍参謀長にねぎらいの書簡を送っている。（八月三十一日付）

「石原問題は定めしご困却　相成り候、御同情申し上げ候……（でも）磯谷君は石原を使ってみる事になったとの事で、暫くは是非ないと存じ……今日、大学校（陸大）でも石原を拒否する空気あり困りおり候」

本庄は「磯谷君の方から石原をちょっと使ってみるといったのでこのまま満洲に残したのだが……」と弁解している。しかし本庄は石原のために次の就職先として陸大校長を考えてくれていた。しかし陸大の方から断ってきた。陸大は危険人物を採りたくなかったと思われる。書簡には、「石原は無断で帰朝し、軍紀問題だとする意見まで出てきているので、そんなことはないと火消しに大変だ」との内容がある。

磯谷宛十二月二十七日付

「石原は各方面の反対多く、板垣の予期の如く運ばず、ついに静養という意味を含ましめて舞鶴に送ることと相成り候」（小林一博『支那通一軍人の光と影』柏書房）

つまり石原は静養も兼ねて舞鶴要塞司令官という閑職に回された。陸軍内では「板垣陸相の次官につけるなどもってのほか」という意見が主流を占めていた。これ以降石原は陸軍中央に返り咲くことは二度となかった。日本は泥沼の対支那戦争を止める人を失ってしまったのである。

左遷人事でも意気軒高、頭は絶えず柔軟に

昭和十四年八月、石原は第一六師団（京都）の師団長に任命された。かつて内閣を組閣する勢いのあった大物が、一師団長とは左遷のような気もするが、石原は毫も思っていない。少し前、舞鶴時代の昭和十四（一九三九）年四月、日ソ間でノモンハン事件が勃発した。満洲国とソ連の衛星国・モンゴルとの国境紛争であったが、最後は石原が恐れていた日ソの全面衝突に至った。日本軍も善戦したが、圧倒的な数の敵戦車と重砲とに火炎瓶と対戦車速射砲だけで立ち向かう惨状を否が応でも思い知らされた。やがて停戦協定が結ばれたが、日本側はソ連の軍事力の強大さに衝撃を受けた。石原の関東軍参謀副長時代の具申は何一つ取り上げられていなかった。

……バカの東條の関心が満洲国の内面指導ばかりに向いていて、ソ連軍の脅威に目をつぶっているからだ。参謀本部もいつまで支那にかかわっているつもりだ……

京都第一六師団は満洲へ派遣される予定である。しかしどんな時でも天才は柔軟な思考が

可能だ。物量に勝る敵に「戦闘団戦法」を考案したのだ。

石原の同期横山中将によると、普通、突入部隊（小銃）は支援部隊（軽機関銃と擲弾筒）に援護され突入する。ところが「戦闘団」とは小銃兵、軽機関銃兵、擲弾筒兵をミックスした小グループのことで、敵情に即してグループ内容を自由に組み合わせ柔軟に戦える。もともとドイツで考案されたもので、臨時編成の複数兵科連合部隊（カンプグルッペ）という。各兵科の弱点をカバーし利点を生かすためのものである。貧弱な日本陸軍の戦闘団は、戦車、装甲車、携帯対戦車火器までグループに入れるドイツ、アメリカなどと比べるべくもないが、発想は全く同じだ。

歩兵操典の原則や中央の指示に捉われることなく、適当と思うことはどしどし実行するのが石原式で、批判があっても「戦術は千変万化」であるとケラケラ笑っていた。（横山臣平『秘録石原莞爾』芙蓉書房）

われわれは石原を全くの学者、机上の天才で実戦に縁遠いと思いがちだが、発想が柔軟な戦術家の面もあることに驚かされる。

東亜連盟協会をつくり一般民衆を啓蒙する

京都時代に石原は東亜連盟協会という政治団体を作っている。現役の師団長だったので肩書は顧問である。発足宣言の序文に「最終戦争は数十年後にして切迫し来れり昭和維新とは東亜諸民族全能力を総合運用してこの決勝戦に必勝を期すことに外ならず」とある。「世界最終戦争」という石原哲学を煽りに煽っている。

具体的な「建設要項」は、要約すると次の五点。

1, 世界はブロック化している。

2, 日本がアジアの盟主として、欧米の力を排除できる。

3, 西欧は従来の自由主義思想が没落し、新しい思想が湧き上がっている。

4, 西欧の圧迫に対し、アジア諸民族は運命共同体で団結すべき。

5, 西洋と東洋の文明の衝突としての最終戦争が迫っている。

「世界最終戦論」にもとづいて、大軍拡をしよう！

国際情勢が刻々緊迫してきた。

昭和十四（一九三九）年九月、ドイツ軍ポーランドに侵攻して第二次大戦勃発。

昭和十五（一九四〇）年三月、国民政府分裂し、南京に汪兆銘の親日政府誕生。

欧州ですでにナチスドイツが大戦争を起こしており、日本もいつ巻き込まれるか、世界大戦の勃発はある程度説得力はあった。しかし「世界最終戦論」とは石原独自の理論なのでかなり難解だ。昭和十五年五月二十九日、京都義六会での講演速記録をもとに文書化されている。（『石原莞爾全集一巻』石原莞爾全集刊行会）

第一〜六章、巻末に質疑応答まである大論文で、最初はギリシャ・ローマ時代から現代にいたる戦史の解説のような格調高さがある。支那に関しては、「今次日支事変の中華民国は、非常に奮発をして勇敢に戦っております。……私は此の事変を契機としまして、何とか昔の漢以前の漢民族に復ることを希望して居る」と敵の支那にエールを送るのがいかにも石原らしい。

この大論文の要旨をすべて紹介することは不可能なので、重要なポイントだけを簡潔に箇条書きで示すことにする。

（1）全世界を欧州、ソ連、東亜、米州の四つに分け、戦争をスポーツのトーナメントのように行い、最終戦争で決着をつける。

（2）欧州は独英が共倒れ。ソ連はスターリンにもしものことがあれば内部崩壊。よって日米で最終戦が行われる。

（3）勝ち残った者によって（人類が憧れていた）本当の平和がつくられる。

（4）今から三〇年後、仏滅後二五〇〇年に最終戦が行われるので、日本が勝ち抜くために日、満、支が協力し、米州の生産量を追い越すことが必要。

と述べている。さらに将来の戦争の形態として、

「飛行機は無着陸で世界をグルグル廻る。しかも破壊兵器は最も新鋭なもの、例えば今日戦争になって次の朝、夜が明けてみると敵国の首都や主要都市は徹底的に破壊されている。その代わり大阪も東京も、北京も、上海も、廃墟になっておりましょう。すべてが吹き飛んでしまう。……それぐらいの破壊力のものであろうと思います。……このような決戦兵器を創造して、この惨状にどこまでも堪え得る者が最後の優者であります」（同書）

この昭和十五年の時点で、石原はすでに核弾道ミサイルの到来を予想しているのだ。つまり核兵器を創造したものが勝者となるので、日本も急げという大軍拡論者である。もちろん石原の講義録の中には、「納得できない」との質疑応答も載せてある。（同書）

「戦争によつて世界統一がなされるのは人類に対する冒瀆だ」という意見に対しては、「神武天皇も度々武力を使い、明治天皇も日清・日露の大戦を決行された。釈尊も正法を護るには、身を以て、武器を執って当らねばならぬ。」と驚くべき好戦性を示す。「最終戦争の必然性を宗教的に説明しているが、科学的に説明していないので諒解できない」との問いに、「この論は軍事科学的考察を基礎とするもので、佛の預言は政治史の大勢、科学、産業の進歩と共に、私の軍事的研究を傍証するために挙げた一例に過ぎない」と逃げている。

以上が要約の要約のまた要約であるが、天才の閃きか、はたまた妄想かなかなか理解でき

るものではない。確かに「世界最終戦論」は軍事理論と宗教論をミックスしているため、石原の熱烈なファンはともかく、本職の軍人にはオカルトすぎて論議の対象にならなかった。

この時は東條も「石原は私設の政治団体で、夢のような戦争論を勝手にほざいておけ！」ぐらいの気持ちでいれただろう。しかし、後の「戦争史大観」と「国防論」では黙っていられなくなる。もっと具体的に東條の国防政策の欠点を指摘するようになったからだ。

国際情勢が激変するなか、石原を地方の一師団長のまま置いておくのは、宝の持ち腐れであろう。しかし運命のいたずらか、昭和十五年七月、東條次官が、第二次近衛内閣の陸軍大臣になってしまった。東條の天下の始まりである。前年にはあの武藤章が、陸軍省軍務局長として中央に復帰していた。

東條陸軍大臣をとことんコケにする

昭和十五年の秋、すでに軍国教育を進めていた京都市内の各大学や専門学校から石原師団長に、学生の閲兵をやって頂きたいとの依頼があった。

「また東條のバカの企みだろう」……しらけてしまって気が進まなかった。石原は、数万の学生の前を一気に馬を走らせて、ものの一分もかからずに終了した。全員呆気にとられ、ざわめきだけがいつまでも残った。

司令部に帰ってから石原師団長は次のようにうそぶいたそうである。
「師団長が、軍隊でない学生の閲兵などをやって何になるか。役者ではあるまいし、オレはあんな形式ばったことは大嫌いなんだ。長い時間をかけることは、軍事が本務でない学生にも迷惑な話さ。オレの方も迷惑だから馬を走らせて通ったんだ」。どこまでも無駄を憎み、合理性を追求する石原らしい。（横山臣平『秘録石原莞爾』芙蓉書房）

昭和十六年一月に東條は陸軍大臣の名で全国の部隊に「戦陣訓」を配布した。軍人としての戦場における心構えを説いたもので、「生きて虜囚の辱めを受ける事なかれ」など極めて精神性の高いものであった。ところが石原は、師団長会議の席上、東條陸相に厳しく「戦陣訓」を批判した。「そもそも東條陸相が一中将の身で、上は元帥の宮殿下や総司令官に対し、精神教育を垂れるなど、軍隊統帥の本義を蹂躙するものである。陸軍大臣は政治に参与するものであり、全軍に精神教育する身分ではない。軍人への教訓は明治天皇の「軍人勅諭」だけで十分であると心されよ」とやってしまった。（同書）

東條は屈辱で怒りに震えたが返す言葉がなかった。石原は当然、自分の京都師団に「戦陣訓」を無視するよう指導したが、東條は石原の反「戦陣訓」活動を恐れ、全国の憲兵隊に戦陣訓を批判するものを厳重に取り締まるよう命令した。

石原は、憲兵を自分の権力として使う東條を、「盗聴、スパイをやって自分の反対派の弱点を握り、相手を追い詰めるようなことは、まともな軍人のすることではない」と毛嫌いし、

「几帳面なのは良いが、四六時中メモばかりするのは他にやることがないのか。いやしくも参謀長、陸軍次官、陸相など人の上に立つ人間は大局観が必要なのであり、官僚風情の真似をするべきではない」といつも軽蔑していた。

マスコミは両者の対立を面白おかしく取り上げる。石原はマスコミに、「閣下は東條閣下と対立しているそうで……」と水を向けられると、「俺には思想があるが、アイツにはない。だから思想がある人間とない人間とが対立するわけがない」と平然と答えた（このセリフは頻繁にでてくる）。二人の対立はますますエスカレートし、東條陸相は石原師団長の動向を、憲兵と警察官に逐一報告させた。一方石原も負けじと、各種講演会などで東條の無能さと職権乱用を攻撃する。東條は憲兵を駆使し、右翼ゴロを扇動してまで、「石原はアカだ。彼の協和会は共産党の巣窟だ」などと中傷した。東條の器量は一国の陸軍大臣とは思えないほど矮小化していった。

石原退役と民間人としての活動

石原は陸軍大臣のいうことを聞かないということで、とうとう東條より罷免された。日米交渉開始の一カ月前のことである。

昭和十六年三月一日、京都第一六師団司令部庁舎前の玉砂利に全将兵が整列していた。やがて嚠喨《りゅうりょう》たるラッパが鋭く早春の冷気をつんざき、緊張感がみなぎった。石原師団長の退任式典の栄誉礼である。

連隊旗横の先任将校が抜刀し、「捧げー銃！」と絶叫するや全将兵の小銃が一糸乱れず掲げられた。馬上の石原師団長は列の前をゆっくり歩む。列の中央で歩みを止め、将兵を見渡す。

「本日でもって石原は第一六師団長を待命になり予備役編入となった。諸君は国難迫る中、粛々と任務を果たし、国家に貢献せられたい。以上、終わり！」と大声で挨拶するや、手綱を引きサッと視界から去っていった。石原らしい、いつもながらのあっさりしたセレモニーであった。将兵達もこの短すぎる式典に違和感を持つものはいなかった。合理主義の石原は無駄を極端に嫌うことを全員が知っていたからである。

京都第16師団司令部庁舎
（現京都聖母女学院本館）

石原はもとより自己の栄誉栄典には興味がなく、地位に恋々とするタイプではない。馬鹿と仕事をしなくて済むと、かえってさばさばしたかもしれない。

石原の退職は、反石原派が多い陸軍はともかく、民間の有識者には大きな衝撃を与えた。石原なき日本の前途に対する不安はますます増大する一方であった。

立命館大学講師時代……講義録「国防論」と「戦争史大観」発禁となる

石原は退役直後の昭和十六年四月、京都の立命館大学学長の中川小十郎の要請で、大学講師と新設の国防学研究所の所長に就任した。民間でも軍事学、戦争学を理論的に研究することが必要との趣旨で作られた講座である。軍事学講座は欧米の大学に普通に設けられているのに、なぜか日本の一般大学には昔も今も同様の講座はない。

この講座はオープンであり聴講者に深い感銘と興味を与えたが、憲兵と特高警察は絶えず石原の身辺に付きまとった。石原の三部作、「世界最終戦論」、「戦争史大観」（中央公論）と同大学での講義録「国防論」（立大出版部）のうち後二著は、当局の指示により出版社がこれを「自主的廃版」にした。実質は発禁処分である。

「国防論」（国防論大綱：昭和十六年春）は、今日、われわれが読んでも東條陸相を震撼させるほどの内容ではない。至極正論の軍事学総論だ。きわめて短い文章で第一～第五からなる。

（1）「天皇により政戦略を完全に統一せらるる大本営が世界無比の我戦争指導機関である。今日の大本営は未だこの趣旨に合するものではない」（第三　戦争指導機関）

（2）「持久戦争に於ける攻勢の終末点は、政略的見地よりせば前進を希望すること多いが、戦略的見地からは通常進むに従い不利を増大する。攻勢終末点（※第二章註参照）の決定は戦争指導上の一大問題である」（第四　統帥）

（3）「（最終戦争に対し）徒に理論の探求のみに没頭することなく、先ず東亜連盟を結成し、連盟を範囲とし、概ね二十年を目標として米州に劣らざる実力を建設する。この大建設を強行する体験の下に新時代の指導原理を確立せんとするのである」（第五　政治）

「二十年を目標として米州の膨大なる生産能力を追い越すためには、量の飛躍的増加と質の大向上を要するのは勿論であるが、科学文明に立ち遅れた東亜がこれを克服するためには、特に発明の徹底的奨励と研究機関の大整備を重視すべきである」（第五　政治）

（現代文で表記）

（角田順編『石原莞爾資料　国防論策篇』原書房）

この著書は、発禁にされなければならないほどのものであろうか。とくに（2）の攻勢終末点の決定ができていない東條は耳が痛かったことであろう。このころ日本国民はだれでも次の大戦争はアメリカ相手であると覚悟していた。ただ世界一の超大国相手に東條内閣はどんな秘策を持っているのか、国民は精神論だけをぶちまける政府に一抹の不安を持ったとしても無理はない。

日本は一刻も早く原爆を持つべし、そして陸海空の統合を！

「戦争史大観」になると「世界最終戦論」で究極の破壊兵器と称していたものが、はっきりと原子核破壊によるものと指摘している。我が国も「国策最重点の一つはこの科学的発明とその大成に指向せられねばならぬ。これがためには発明の奨励と大研究機関の設備を必要とする」と兵器開発の科学力を強調している。（『石原莞爾全集一巻』石原莞爾全集刊行会）

また石原はドイツの電撃作戦を知ったためか、空軍力の重要性を説き、

「ドイツ空軍は第二次欧州大戦の花形である。時に海上に出て、時に陸上部隊に、水も洩らさぬ緊密な共同作戦をする。真に羨ましい極みである……極力合理的に空軍の建設を目標として着々と事を進むると同時に、航空が陸海軍に分属している間にも一層密接なる陸海空軍の協同が要望せられる」（同書）

と陸海空の統合作戦の必要性を強調する。旧態然とした陸海の指導者には考えもつかないことだ。

敵は空から来るので、都市人口の大縮小を行い、軍事工業は地方分散をはかり防空に努めることが石原の持論であったが、それ以前の問題として、日米開戦は時期尚早とはっきり断言している。石原は決して絶対的平和主義者ではない。戦争は開戦のタイミングがあると言っているのだ。

一部南進論者は「三年後には日米海軍の差が甚だしくなるから、今のうちに米国をやっつけると言う者があるが、米国は充分な力がないのにおめおめ我が海軍と決戦を交うると考うるのか。

また戦争が三年以内に終わると信ずるのか。日米開戦となったならば極めて長期の戦争を予期せねばならぬ。米国は更に建艦速度を増し、所望の実力が出来上がるまでは決戦は避けるであろう。自分に都合よいように理屈をつける事は危険千万である」（同書）

東條をはじめとする南進論者たちは、この論文を見てグウの音も出なかったことだろう。いやしくも軍政をあずかる東條陸軍大臣がまだ手を付けていないどころか、考えも及ばなかった軍略を見事に先取りしている。とにかく石原は現時点で対米戦争は絶対反対なのだ。この著作により、東條の無為無策が天下に知らされることになったのである。以後、大東亜戦争は石原の預言どおりに進んでいく。

発禁処分に対する石原の反撃

発禁処分に対して石原は勿論黙っていない。東條陸軍大臣、木村兵太郎次官、武藤章軍務局長あての抗議書簡および返信が残っている。武藤の返信は、「内務省と憲兵とすでに処置ずみの案件で、自分の管掌事項でない。現下の世情に照らし刺激多き部分を緩和せられんことを勧奨したい」とケンもほろろ。さすが対支那戦争拡大派として石原と大喧嘩した相手だ。

（角田順編『石原莞爾資料　国防論策篇』原書房）

田中隆吉兵務局長は、

「憲兵司令部下級将校が閣下に『不敬』な言葉を発し、心証を害されたことをお詫びします」と謝ったうえで、「御著書に関して、自分は毫も不審の点はないが、板垣征四郎閣下以外は理解できず、十年後ぐらいであれば閣下の真意をわかる者が出てくるでしょう」と慇懃に毛筆巻紙で返信している。（同書）

石原は自分の講演に対する妨害に対しては、反対に憲兵を怒鳴りつけるので、彼らは主催者側に攻撃を転じ、とくに立命館大学に対する不当な弾圧は目に余るものがあった。これ以上大学に迷惑をかけたくない石原は、立命館大学講師を辞職、故郷鶴岡に帰った。昭和十六年九月、日米開戦三カ月前のことであった。しかし負けん気の強い石原は、毫もひるむところがない。木村次官、武藤軍務局長への書簡に戦いを続けるとの彼の決心が読み取れる。

「立命館出版部より通知された、陸軍が不穏当とする多くの箇所が国体明徴（国体を明らかに証明すること）のため小兵（自分）の特に力を注いだ点である。国体明徴のため陸軍と戦うことが小兵として臣子の分を尽くす途となってしまったが、悲痛極まりなく思っている。

立命館が当局に屈し、小兵の『国体国防論』を不穏当と認める処置にでたので、講師を辞し故郷に帰ることになった。ここに多年の御厚誼を感謝し、御武運長久を祈る」との陸軍へ

の挑戦状だ。（同書）

第九章

亡国への道・大東亜戦争と石原莞爾

宿命だった対米戦争

石原莞爾がいかに「今まだ日本は対米戦争をできる状態ではない」と力説しようとも、勢いづいた運命の歯車は止められない。

日露戦争後、太平洋の西の覇者として勃興してきた日本と、東の超大国アメリカとは、太平洋を挟んでいつかは運命を決しなければならぬ宿命であった。

黄色人種の日本人が世界史上初めて白色人種の大国ロシアを打ち破った日露戦争の衝撃は、アメリカに言い知れぬ警戒感をもたらした。この直後からアメリカは日本を将来の仮想敵国とする国家的な対日戦略を作り上げていった。これをオレンジプランという。アメリカは昔も今もナンバーワンの座を譲らないのだ。

日本だって石原莞爾が将来的な対米戦争を「世界最終戦」として計画しているので、おあいこともいえるが、あくまで個人の発想である。所詮、国と国とのベースが違いすぎることは石原でもわかっていた。

この章では日本の亡国の流れの中で退役後の石原莞爾がどうふるまったか、その戦略眼がどのようなものであったか明らかにしたい。

しかしその戦略眼とて神様のそれではない。

石原信奉者が夢想するように、もし彼が東條英機に取って代わっていたらアメリカに勝っていたというのはおとぎ話だ。しかし石原がリーダーシップをとっていればアメリカと戦争になっていたとしても、少なくとも日本の運命はもう少し変わっていたのではないかと思うのである。

日米交渉と世界の動き

アングロサクソンは今も昔も交渉上手だ。

外交とはテーブルの下の手で棍棒を握り、猫なで声でニッコリと相手に語りかけるものらしい。

いきなり日本にこぶしを振り上げるようなことはしない。

大正十（一九二二）年、アメリカの提唱で海軍軍縮問題と極東問題を審議するワシントン会議が開かれた。支那市場への参入を狙っていたアメリカの主導により、支那の主権尊重、領土保全、門戸開放、機会均等を確認した九カ国条約が結ばれた。第一次大戦後、日本がドイツから引き継いだ山東省の権益も支那に返還させられた。一番大きな損失は、長きにわたって日本の国防に大きな役割を果たしてきた日英同盟を、アメリカの勧めで無理やり破棄させられたことである。

アメリカは自分も支那大陸の利権を手に入れたいため、巧妙に日本を締め付けてくる。

アメリカ流ヒューマニズムを手みやげに、蔣介石にすり寄ってくるのだ。

「強大な日本にいじめられている支那をなんとか助けてあげなければ」と……

昭和十四（一九三九）年七月二十六日、アメリカは日米通商航海条約の破棄を通告。これにより日本はアメリカからの戦略物資の輸入が止められる。石原が京都師団長赴任一カ月前のことであった。この後、世界の歴史は目まぐるしく変わる。


昭和十四年（一九三九）九月一日、ドイツ軍ポーランド侵攻、第二次大戦勃発。

この時、アメリカは表面上中立。しかし米大統領ルーズベルトは参戦したくてたまらず米海軍はドイツを挑発する。

昭和十五年（一九四〇）九月二十三日、日本軍、米英の蔣介石支援の鉄道（援蔣ルート）を遮断するため北部仏印進駐。

同　十五年（一九四〇）九月二十七日、日独伊三国軍事同盟締結。

これにより日本と米英との対立が決定的になる。

昭和十六年（一九四一）三月一日、石原、陸軍を去る。

同　十六年（一九四一）四月十三日、日ソ不可侵条約締結。

「アメリカは動かないだろう」……甘すぎる南進論こそ日米戦争の引き金だ

「アメリカが戦略物資を売ってくれなければ仕方がない。資源を求めて東南アジアへ進出しよう」という声があがっても当然である。第三次近衛内閣では、対支戦争解決はお手上げのまま、南進論が盛んになってきた。

昭和十五（一九四〇）年、ドイツに降伏したフランスの弱みに付け込み、日本は北部仏印進駐を行った。これには米英の蔣介石を援助するルート（援蔣ルート）を断ち切るという大義名分がまだある。勢いに乗った日本は翌年七月二十八日、南部仏印まで手を伸ばした。

しかしこれはどうか。蘭印や英領ボルネオ、シンガポールとは目と鼻の先である。米英は石油産地侵攻の拠点になると警戒度を高めた。

「対支那戦争」を「大東亜戦争」にリンクする引き金こそ、南部仏印進駐である。これを企てた南進論者こそ万死に値する。

しかしいくら馬鹿な南進論者とはいえ、世界一の強国アメリカと戦う蛮勇はない。「欧州大戦でドイツに負けそうなイギリスだけと戦えばよいのだ」ということになる。「米英可分論」である。甘い考えだが、モンロー主義（※註1）のアメリカが、イギリスのためにまさか本気で日本と事を起こすとは考えていない。日本は同じ言語、同じ文化のアングロサクソンの血の濃さをわかっていない。南部仏印進駐を「これくらいなら米国も怒るまい」という甘い想定で近衛や宮様陸軍大将東久邇宮、昭和天皇も強く制止しなかったという。これでとうとうアメリカという虎の尾を踏んでしまったのである。（伊藤之雄『東久邇宮の太平洋戦争と戦後』ミネルヴァ書房）

戦後、昭和天皇は、「進駐部隊が海南島に集結中で呼び戻そうと思へば戻せる余裕のある時であったので……進駐は止める様に（武官長を通じ）言わせたが、東條は承知しなかった」と強く後悔されている。（寺崎英成『昭和天皇独白録』文芸春秋）

戦争回避の試み……石原は陸軍良識派と接触を断たれていた

すべての陸軍軍人が戦争好きのイケイケではない。

日本の国力を経済面から冷静に分析する機関が二つあった。

一つは岩畔豪雄大佐（軍務局軍事課長）が秋丸次朗主計少佐に作らせた「秋丸機関」である。岩畔は「謀略の岩畔」といわれ、スパイ養成学校の「陸軍中野学校」創設や、敵国の精巧な偽札作りや、インド独立工作機関設立など、国際的な謀略が下手だといわれる日本人において、異色の存在だ。その岩畔が目を付けたのが秋丸だ。（牧野邦昭『経済学者たちの日米開戦』新潮選書）

秋丸は陸軍経理学校卒業後、東京帝大経済学部に入学、関東軍で満洲国の産業関係を指導していた変わった経歴の人物だ。この秋丸を帰国させ、対米戦を経済面から研究させたのが「秋丸機関」である。

「世界最終戦」を目的とする石原の最も興味を持つ分野であるが、この時石原は閑職の京都師団長。東條が連携させるはずがない。

「秋丸機関」の結論は、対米戦争すると日本はじり貧になるという常識的なものであるが、秋丸が陸軍内で発表すると杉山元参謀総長は、「その結論は国策に反する。従って、本報告の謄写本は全部ただちにこれを焼却せよ」と命じたという。

いっぽう「秋丸機関」の生みの親、岩畔豪雄大佐は、政府、軍の指導部に対米戦争の無謀さを必死で説いて回った。

彼は政策最高決定機関の「大本営政府連絡会議」で、独自調査に基づいたアメリカとの国力差を発表した（表）。この差を見せつけられては誰もが、「戦争などとんでもない」と思うのが常識である。ところが当時の指導者はそうではなかった。

岩畔は「総合戦力は一〇対一、大和魂をふるっても日本は勝てる見込みはない」と締めくくった。ところが翌日、岩畔大佐は東條陸相から直々に、カンボジアへの転属を命じられた。（高橋昌紀『データで見る太平洋戦争』毎日新聞出版）

鉄鋼	20対1	飛行機	5対1
石油	100対1	船舶	2対1
石炭	10対1	労働力	5対1

国力差

もう一つは内閣直属の「総力戦研究所」である。

生みの親は西浦進中佐、陸士、陸大首席の俊才だが、フランス留学中総力戦の概念を知り、軍事研究は軍人の専有物ではなく広く民間人を加えた国防大学や国防研究所でするべきだと政府を説いて回り、閣議決定でこの研究所が設立されたのである。

なにやら立命館における石原の活動と瓜二つである。目的は「国家総力戦の方策を研究し、国策に関する資料を提供すること」である。

初代所長は石原と陸士同期の飯村穣中将。フランス語とロシア語が堪能で、学究肌だったという。

近代戦は武力戦の他、思想、経済、政略など各分野にわたるため、定員三六名の研究生の中で軍人はたった五名で、残りは官僚と民間人であった。「秋丸機関」より民間の色が強い。研究所の雰囲気は内閣直属とは言え自由闊達で、政府の干渉はなかったようだ。

ある同盟通信記者も研究生に選ばれた。この話を受けるか否か、取材を通じて懇意になっていた石原に相談しに行ったところ、「飯村中将がサーベルをはずして丸腰でやるつもりなら、おまえさんも参加してみるのもいいだろう」とすすめられたそうである。（猪瀬直樹『昭和16年夏の敗戦』中公文庫）

この研究所は石原の最も得意とする分野を扱っているのに、東條は石原を関与させようとはしない。総力戦研究所研究生は模擬内閣を作り、心血をそそいで日米戦のシュミレーションを行っていた。昭和十六年八月二十七、八日（実際の開戦より四カ月前）、この机上演習の発表が行われ、講評が行われた。

模擬内閣は、「緒戦は優勢ながら、徐々に米国との産業力、物量の差が顕在化し、やがてソ連が参戦して、開戦から三〜四年で日本が敗れる」という史実にドンピシャリのものであった。

戦争継続のための石油を南方の占領地から日本に運ぼうにも、米潜水艦のためにシーレーンを断たれる、という絶望的なものもあった。

東條陸軍大臣は二日間、熱心に聴講しメモを取っていたが、「君たちの言うこともわかるが、日露戦争で我が国は勝てるとは思っていなかったが勝った。戦というものは計画通りにいかない。戦争はやってみないと分からない」と講評したそうである。（同書）

認知科学的にいえば、当時の陸海軍首脳部のほとんどが、集団で確証バイアスに罹っているのが不思議でならない。確証バイアスとは、「自分の考えや仮説に沿うような情報のみ集め、仮説に反するような情報は無視する傾向のこと」であり、人間が陥りやすい罠である。軍という大集団であれば、なかには確証バイアスの罠を指摘できる人間も出てくるものであるが。

対米戦争に関しては作戦部門内でも意見が割れていた。

かつて陸軍参謀本部で、対支那戦争を拡大しようとあれほど石原と衝突した武藤軍務局長は、日米交渉を仕切る陸軍省の中心人物になっていた。「対米戦は蔣介石軍相手の様にはいかない」との理性はあったのだろう。したがって皮肉なことに上司東條と違って、今度は対米戦反対派になっていた。

参謀本部作戦部長になっていた田中新一は軍内一、二を争う好戦的な男である。陸士同期の武藤が対米戦に腹をくくらないのが気に食わない。十月十日「米英に一撃を喰らわせさっさと資源を確保すべきだ」と武藤に詰め寄った。

武藤は憤然と、「お前はそれほどまでに戦争が好きか。それならお前たちでやればいい。わしは戦争は好かんのだ」と怒鳴り、一触即発になったという。（保阪正康『陸軍良識派の研究』光人社）

開いた口が塞がらない。かつて石原にしたことを今度は武藤がされようとしている。

ハルノートは米側の「基本方針の概略」だが日本は「最後通牒」と受け取った

昭和十六年四月十六日から海軍出身の野村吉三郎大使とハル国務長官の日米交渉が始まっていた。このころヨーロッパはイギリス以外ほとんどドイツに占領されており（中立国は除く）フランスとオランダのそれぞれの植民地・仏印と蘭印の現地政府は、三国同盟を結んでいる日本を好意的に見るはずがない。仏印は米や錫、マンガンなどを、蘭印は石油、ゴム、錫な

どの戦略物資を厳しく輸出制限しだした。（大木毅『日独伊三国同盟』角川新書）

昭和十六（一九四一）年六月二十二日、ヒットラーは何とか持ちこたえているイギリスに根負けし、突然ターゲットをソ連に変え侵攻した。独ソ戦が始まったのである。ドイツは二正面作戦など何を考えているのか、とわれわれは思ってしまうがここではさておく。

日本は独ソ戦争が始まったのでソ連は満洲を脅かすことはないと踏んだ。

この際、戦争してでも、石油産地の蘭印（オランダ領インドネシア）や英領ボルネオを獲ってやろうという考えに誘惑される。日米通商航海条約を破棄したアメリカが、これからもずっと石油を売ってくれる保障がないからだ。

石原が帰郷する一カ月前、とうとうアメリカは南部仏印進駐の報復として対日禁油を実行に移した。昭和十六年（一九四一）八月一日のことである。かといってオランダやイギリスが東南アジアの植民地の石油を売ってくれる訳がない。国内の石油備蓄がなくなると、陸海軍の飛行機、軍艦、戦車などの兵器は動かなくなる。

日本側も粘り強く交渉を続けた。日米交渉はなんとかまとまりかけたが、イギリスはインド、シンガポール防衛のため、支那は対日戦に勝ち抜くため日米の合意に大反対し

コーデル・ハル

た。両国はアメリカをなんとか対日戦に誘導しようとしたのである。

それにソ連も一枚加わった。

独ソ開戦で、強いドイツ軍は破竹の勢いで内陸部に侵攻している。

もしドイツの同盟国の日本が満洲から攻め込んできたら、ソ連は敗北するので日本を南方に引き付けて欲しいとの要望をアメリカに懇願した。（川田稔『昭和陸軍七つの転換点』祥伝社新書）ルーズベルト政権にコミンテルンのスパイが入り込んでいたので、ソ連の希望はサッとホワイトハウスに認められた。いずれにしても日本は開戦の罠から逃げられなかったのである。

同十一月二十六日　米政府はハル国務長官の「ハル・ノート」を提示。

これは「石油が欲しけりゃ、即、仏印のみならず支那大陸から手を引け」というおよそ日本が今まで苦心して勝ち取ってきた権益を完全無視するものであった。この場合、満洲が含まれるのか否かは明確ではないが、日本はこれを事実上の最後通牒と受け止めた。政府、軍部は本気で対米英戦の計画に移った。

退役したとはいえ、石原には東京から情報が入る。

「バカヤロー、日本の利権は満洲だけにしてサッサと支那本土から手を引かないからだ。ハルの考えていることは前から俺の言っていることだ」イライラしてたまらない。

古巣の馬鹿さ加減に居てもいられなくなった石原は十月に上京。麻布の東亜連盟会館に陸軍省兵務局長、田中隆吉少将を呼び出し、説教した。

「軍部は石油資源獲得のため蘭印進出を考えているが、結局米英との戦争になるぞ。石油はアメリカと妥協すれば、いくらでも輸入できる。石油のため一国の運命を賭ける馬鹿がどこにいる。たとえ南方を占領したとて、現在の乏しい船舶量で、石油もゴムもどうして運ぶのか」と兵站輸送の不備を鋭く追及した。なにも「総力戦研究所」の日米戦シュミレーションの結果を待たずともとっくの昔に言っていたことであった。

さらにヨーロッパの情勢について、

「ドイツはソ連に負ける。もし陸軍がドイツを信頼して、米英相手に戦おうというなら、これほど危険なことはない」（横山臣平『秘録石原莞爾』芙蓉書房）

石原の頭には、日本の軍隊が一番軽視する輜重、戦略輸送の概念がきっちりあった。ドイツ必敗の予想は、縦深の深い国へ誘い込まれ敗北したナポレオン戦争の知識があったからだ。

東條内閣成立

九月の御前会議で天皇陛下は、いかなる手段をもってしても日米交渉の妥協を図るように仰せられたが、軍部との板挟みにあった近衛首相は内閣を投げ出してしまった。

内大臣木戸幸一は一計を案じた。「毒を以て毒を制する」である。

陸軍の対米戦争推進派のトップ、東條陸相を首相にまつりあげ陸軍強硬派を押さえること

東條内閣

である。東條は戊辰戦争で朝敵の盛岡藩出身であり、朝敵ゆえに父親が出世できなかったトラウマを持っている。ゆえに天皇の思し召しがあれば命を懸けても天皇のために尽くすだろうとの読みである。実際に尊王の念が強かった東條は、恐懼して拝命を受け賜った。

昭和十六年十月十八日、東条英機内閣成立。

東條は天皇のために、持論の開戦論を放棄し、生まれ変わったように日米和平を推進するがハードルが高すぎて同情を禁じ得ない面もある。

陸軍には田中新一参謀本部作戦部長をはじめ、開戦論者がいっぱいで東條がコントロールできるはずがなかった。

海軍にしても米内光政、山本五十六、井上成美の親英米派三羽ガラスが、対米悪化を避けるため日独伊三国同盟に反対したのは昔の話。山本五十六などは、近衛前首相に日米戦争の勝算を聞かれたときに、海軍のプライドからか「最初の一年ぐらいは暴れて見せます。その後は自信がない」といったものの、「はっきり負けます」と言わないので周囲に誤解を与えてしまった。

海軍大臣の及川古四郎も、「予算をもらっているのに戦争する自信がないと言い辛い」などと言いだす始末である。

歴史家半藤一利氏はそのものズバリ、対米戦争推進派は岡敬純海軍軍務局長と石川信吾軍務局第二課長と名指しする。（半藤一利・保阪正康『昭和の名将と愚将』文春新書）

この二人が「海軍国防政策委員会第一委員会」というものを作って、軍令部と海軍省から対米強硬派を集め戦争指導方針を作った。第一委員会の押しは強く、陸軍とは関係なく、資源を求めて軍を南方へシフトさせようとした。

よく日米戦争は陸軍のごり押しで起こったといわれるが、海軍も陰に隠れてなかなかのものである。木戸幸一内大臣の思惑のように、「毒を以て毒を制する」というような単純なものではない。

十一月二十六日のハルノートをアメリカの最後通牒と理解した日本は、十二月一日の御前会議で対米英戦を決定した。

大東亜戦争下の石原の活躍

昭和十六年十二月八日、日本海軍は真珠湾を奇襲攻撃し大東亜戦争が始まった。

南方ではマレー半島に上陸。翌十七年一月マニラ占領。二月、シンガポール占領。三月、ラングーンとジャワ島占領。破竹のような快進撃で瞬く間に南方作戦は成功した。米英蘭の植民地軍が手薄だったこともあるが、日本は大勝利に沸き返った。大本営はこれで戦争遂行の戦略物質は確保できたと狂喜した。

真珠湾をラジオで知った里見岸雄は戦争の将来を心配し、石原のもとへやってきた。里見は石原の日蓮教の師、田中智学（国柱会創始者）の三男で、ドイツ留学時代より親しくしていた。石原は一言「この戦争は負ける」と開戦早々断言した。彼の明晰な頭脳の中には、どこを探しても勝利の方程式が見つからなかったのである。

昭和十七年八月二十八日、戦争に勝てると思っていない石原は、参謀本部の辻政信宛に書簡を送る。「戦争指導方針」と名付けた書簡には、和平の構想まで先取りして考えている。最終的に米との妥協の余地を作るために、

①占領地を速やかに独立させる。②南方の資源を独占する野心はないと宣伝する。③親日の汪兆銘政権の自由度を高めた後に、蔣介石政府と交渉する。④東亜におけるユダヤ人を公正に扱うこと。（米国内のユダヤ人を味方につける）国内的には、誠意をもって国民に時局の真相を告げ、言論の自由を守ること、大都市の防空に特に力を入れることを強調している。

ただ日本の外交力を以てドイツとソ連を和平させ、対英戦に協力させるという夢のようなことも言っている。石原といえども独ソ戦の現況、米国の強力な対ソ支援などが把握できていなかったので無理もない。（角田順編『石原莞爾資料国防論策篇』原書房）

石原の講演は戦争中とはいえいつも大好評で多くの聴衆が集まる。一般大衆に難しい内容

でも、ユーモアいやブラックジョークをかますものだから益々人気が上がる。

東條の故郷盛岡で開かれた東亜連盟主催のエピソードである。

演壇に上がった石原は開口一番
「盛岡の諸君!喜んでください」と大声で口火を切った。

「あの東條という男は盛岡の本当の市民ではない。あれは祖父の代に盛岡に流れ込んできた能役者の孫で、根っからの盛岡人ではない。あんな馬鹿者が盛岡市民でなかったことは、東北人としてお互い大いに喜びとする所である」

満場の聴衆は故郷出身の首相にヨイショするだろうと思っていたので、一瞬度肝を抜かれ静寂に包まれたが、すぐに大爆笑に包まれた。石原を監視していた警官が「弁士中止」と叫んだが、壇上の石原は「何を言うか!」と怒鳴りつけ演説を続けたそうである。（横山臣平『秘録石原莞爾』芙蓉書房）

何やら角栄の娘、田中真紀子の漫談毒舌調の人気ぶりだが、具体的政策を織り込み市民を啓蒙する目的であることは言うまでもない。

石原は中央から遠ざかり、何一つ権力はないとはいえ、政略家たる情熱は何一つ衰えてはいない。

戦争のターニングポイント、ミッドウェー海戦とガダルカナル島争奪戦

石原の予言は半年後に不幸にも的中しだした。

ミッドウェー海戦とガダルカナル島争奪戦である。前者は連合艦隊の慢心と稚拙な作戦で、我が方の虎の子の航空母艦四隻と重巡一隻が、敵艦上爆撃機の攻撃を受け海底に没してしまったのだ。米側がわが方の暗号を解読していたにせよ、空母や航空機の数、搭乗員の技量など日本側が圧倒的に有利で、負けるはずのない戦いだった。

後者は海軍が南洋諸島の最大の根拠地ラバウルの安全をさらに高めるためと、米豪分断のためソロモン諸島東端のガダルカナル島（ガ島）に飛行場を設営していたところを、昭和十七年八月七日、米海兵隊一万六〇〇〇が奇襲上陸し、設営隊中心の二〇〇〇にも満たない日本軍を蹴散らし、反攻の橋頭保とされてしまった戦いである。

大本営の基本戦略（対米英蘭蔣戦争終末促進に関する腹案）は決戦正面であるインド洋に全力を集中し、独伊と連携し、（1）英本国（2）ソ連（3）支那をインド洋経由の補給から遮断し屈服させる。（4）太平洋方面は昭和十八年（一九四三）以降開始されるであろう米軍の反攻に備えて、絶対国防線に強固な防壁を構築する、というものであった。（佐藤晃『帝国海軍が日本を破滅させた・下』光文社）

この基本戦略を海軍が勝手に変えて陸軍を巻き込み、日本本土から五〇〇〇キロも離れた、

何の戦略的価値もない島嶼戦に持ち込んだのが戦略上の大失敗なのである。

このような距離の離れたガ島にまともな輸送ができるはずがない。ガ島戦は中止、撤退となったが、この半年の戦いで、投入された陸兵、三万人、戦死者五〇〇〇人、餓死一万五〇〇〇人、撤退した一万人の兵は幽鬼のような姿であったという。

海軍航空隊も兵力逐次投入の犠牲になった。昭和海軍の戦下手は言語に絶する。

この期間、ラバウルよりガ島へ片道約一〇〇〇キロを、防御の弱い一式陸上攻撃機が、護衛のゼロ戦と共に向かったのであるが、距離から言っても消耗戦にすでに巻き込まれている。精鋭パイロットは次々に欠け、未熟なチームで乗り込んでいっても、待ち伏せする敵戦闘機に思いのまま撃墜される。馬鹿な作戦のために喪失した海軍機九三二機、搭乗員二三六二人、開戦時保有機数の実に四一％に当たるという。（同書）

石原の起死回生の策

ガ島戦が始まったころ、高松宮海軍大佐が石原をお召しになり、意見を求められた。

石原の奏上は簡潔明瞭であった。

一、戦争の勝敗は最初から分かっている。

二、わが軍の作戦はすべて攻勢終末点を超えていること。
三、戦力は根拠地と戦場の距離の二乗に反比例すること、ガ島は遠すぎること。（※註2）
四、持久戦争では、攻勢終末点をどこに設定すべきかが必要。支那事変も今次戦争も東條は考えずにやっている。決戦戦争と勘違いしている。
五、攻勢終末点を縮小し、ガ島、ソロモン、ビスマルク、ニューギニアの諸島を放棄、西はビルマ国境から、シンガポール、スマトラなどの戦略資源地帯を含み、中部はフィリピンまで引き、本土周辺のサイパン、テニアン、グアムなどの南洋諸島の要塞化を図ること。

要は馬鹿な海軍を無視し、一刻も早く開戦当初の基本戦略（前述）に戻れ、ということだ。しかし宮様海軍大佐といえども組織の歯車。大本営に攻勢終末点を超えた馬鹿な戦いに意見することはかなわなかった。

ガ島戦以後も、南洋の島々の日本軍は次々玉砕していった。後方の兵站基地から遠すぎるので十分な補給を受けられず、食料が尽き、敵に追われジャングルにこもった将兵たちは、蛇や昆虫を食べ木の根や草を齧りながら、バタバタと飢えと風土病で倒れていった。なけなしの補給船も敵潜水艦や飛行機にどんどん撃沈されるのだ。攻勢終末点を遥かに超えた悲劇である。

石原の予想通りシーレーンの壊滅が始まっていた。

ひょっとしたら日本が救われたかもしれなかった石原、東條の会見

東條は戦争指導に自信を失いつつあった。

昭和十七年十二月、鶴岡に満映理事長の甘粕正彦が突然訪ねてきた。東條の方からかねて懇意な甘粕に、「石原の意見を聞いてみたい」と面会の仲介を求めたのである。犬猿の仲どころか不倶戴天の敵の意見を求めたのである。

東條は、自分のことを公衆の面前で罵倒しまくる石原を心の底から憎んでいたが、本音では石原の天才的な政略立案能力を畏怖し、助けてもらおうとしていたのではないだろうか。

石原にしても、昔から陰険なやり方で自分の行動を妨害するのみならず、権力を使って自分の側近を逮捕したり弾圧する小心者を断固許す気にならない。（※註3）

「なにを今更」という気持ちであったが、国家危急の時、「決断力のない馬鹿の東條に国の運営を任せれば本当に亡国に至る」という気持ちがあったのだろう。二つ返事で上京を承諾した。

以下、親友横山中将の著書の要約である。（横山臣平『秘録石原莞爾』芙蓉書房）

石原と東條とは数年ぶりの面接である。

まず東條から

「大政翼賛会はどうすればよいか」と尋ねた。石原は

「それを自分に聞くのはおかしい。君が自信あって、翼賛会を動かしているではないか。自分はあんな官僚運動など考えたことすらない。国民運動は国民の自発的な自主的な運動でなくては、何の価値もない」といって自由闊達な東亜連盟運動を一くさり話した。

両者ともなかなか本論に入れない。長い長い沈黙が続く。やっと東條は聞いた。

「今後の戦争指導についての考え方はどうか」

次の言葉に仲介者の甘粕も凍り付いた。

「戦争の指導は君にはできないことは最初からわかり切ったことだ。このままで行ったら日本を亡ぼしてしまう。だから一日も早く総理大臣をやめるべきだ」

両者、しばし黙然。息詰まる時間が流れる。

やっと二人は閣内事情、陸海軍その他省部の内情などに話をにごし、予定の時間が過ぎて世紀の会見が終わった。

石原のこの抉《えぐ》るような忠告は、従来の敵意を捨てて石原に対面した東條に対して、大きな

ショックを与えたに違いない。しかし東條にはこれを受け入れるだけの度量と決断がなかった。二人が私情を一擲して臨んだこの会見も、再び憎しみだけが残った。

千載一遇の日本を救う手立てが失われたのである。

この両将の会見が横山本のとおりであれば（録音しているわけではないのでわからないが）、私は、東條が辞めろと言われたとき、色をなして反論せず、「しばし黙然として、その後は閣内事情、陸海軍その他省部の内情などに話をにごし」という箇所に注目する。

東條の胸に去来したものは己の無能さ加減ではなかったか。

この無能な自分を救ってくれるのは他ならぬ、眼前の宿敵だと期待したのではないか。両将軍は、過去の遺恨、怨念を一時預けて再会したはずだ。

東條を変心させるのはもう一歩ではなかったか。

いっぽう石原の説得の言葉に問題はなかったか。

天才の考え方はいつも演繹的だ。結論が先に出て、それを裏付けるロジックが後でついてくる。

誰もついていけない。天才的な政略を繰り出し、寸鉄人を刺す罵詈雑言を吐く変人である。ましてや東條がどう受け止めるか、そんな感覚は石原にあるはずがない。

東條は与えられたことはそつなくこなすが、カリスマ性がなく、統率力も創造力もない小心の官僚である。おまけに猜疑心が強く、必然下はイエスマンで固める。上に立つものとして平時は務まっても戦時は無理である。

実は明治時代、国運を賭けた人事問題があった。

日露戦争直前、常備艦隊司令長官の日高壮之丞は日清戦争でも活躍した勇将で、誰が見ても戦争になればそのまま連合艦隊司令長官になるであろうといわれた逸材であった。日本の艦隊は、二倍のロシア艦隊を撃滅しなければ国が亡びる。本人もやる気満々、日々訓練に励んでいた。

ところが同期(海軍兵学寮二期)の海軍大臣山本権兵衛は突然彼を更迭し、退役間際の舞鶴鎮守府司令長官の東郷平八郎を後任につけ世間を驚かせた。明治天皇まで心配され理由を尋ねられたが、「東郷は運の強い男ですから」が答えであった。

本当は、才気渙発な日高は自負心が強すぎ、軍令部の指示を逸脱することが懸念されたからであるが、収まらないのは日高である。当然であろう。これほどの屈辱はない。

しかも日高、山本、東郷は同じ薩摩藩士で年が近く、幼い頃から郷中教育(薩摩藩士の幼児教育)を受け育ってきた竹馬の友だ。更迭を告げられた日高は憤激のあまり顔を真っ赤にし、腰に下げた短剣を山本に差しだし、「これでおい(自分)を一突きにしてからやりもんせ!」と迫った。

薩摩隼人は皆激情家だ。戊辰の修羅場をくぐり抜けてきて、命より名誉を重んじる。

山本はどのように日高を説得し、悟らしめたのだろう。男と男の命がけの説得であったに違いない。

後の将官会議で日高はこの人事になんと賛成意見を述べたという。ギリギリの所で相手を飲み込んでしまう山本権兵衛の器量の大きさと、大義のために己を捨てる日高の勇気にも感銘する。薩摩隼人同士のラポール（親和関係）があるからこそ山本は成功したのだろう。

石原には到底望めないことであろうが、ことは日本が地獄に落ちるか否かの説得である。もう少し何とかならなかったのか。山本権兵衛海相のような器を持ってほしかったと思うのは無理な注文であろうか。

昭和十八（一九四三）年に入り連合軍の反攻はますます激しくなり、玉砕の悲報が相次いだ。山本五十六連合艦隊司令長官が前線部隊を視察中、敵機の待ち伏せに合い墜落死を遂げたのもこの年である。

東條、内閣改造を図るが……

昭和十九（一九四四）年、二月十八日、内大臣、木戸幸一のもとを東條が訪れ、次の決意を述べた。

「杉山元（参謀）総長の辞任を求め、東條首相陸軍大臣の資格に於て兼任せんとす……軍令部総長の問題には直には触れず、海軍大臣に其の意図を予め話すに止む。但し更迭は寧ろ歓迎するところなり」（木戸日記研究会『木戸幸一日記下』東京大学出版）

東條はいかにして劣勢を挽回するか、内閣の前代未聞の大改造を図った。それは陸海軍の軍政（予算、兵站、人事）と軍令（作戦指導）を統合することである。すなわち東條は総理大臣、陸軍大臣、参謀総長を兼任するのだ。

なるほど軍政と軍令を同一人物が兼ねれば能率よく事が進むであろう。しかし問題は、一国の首相で陸相、参謀総長を兼ねる者が、「この必敗の大戦争の落としどころをどう持っていくか」という政略、戦略が頭にないことだ。無能な人間が三職を兼ねた独裁者になったところで、難局を乗り切れるはずがない。

アメリカとの大喧嘩の治め方を知らない人間が独裁者になると地獄である。

昭和十九年（一九四四）

三月八日　インパール作戦開始。

四月十七日　大陸打通作戦開始。

六月十五日　米軍、サイパン島上陸。

インパール作戦は今更述べるまでもなく、戦争末期、陸軍が行った最大の愚行である。兵器、弾薬、糧食が不足したままで、ビルマ国境の山脈を超えて英領インドへ攻め込もうとする、およそ常軌を逸した作戦で、参加三個師団四万八九〇〇人のうち、約三万人が戦死、一万七〇〇〇人が行方不明または後送患者で、損耗率七四%にも及ぶ負け戦である。攻勢終末点もなにもあったものではない。なぜ三職を兼ねる権力者東條は止められなかったのか。大陸打通作戦とはシナ本土を華北から仏印まで進撃する作戦で、B29などの基地を覆滅するためであった。相手が米軍と違うので目的をある程度達成できたが、問題なのは約五〇万の兵力が大陸に釘付けされ、米軍の侵攻に増派したくてもできなかったことだ。対支和平をしなかったツケが回ってきたのだ。もっとも増派するにも輸送船がなかったが。

サイパンが陥落するともう見込みはない

やがて絶対國防圏の一角、サイパンを占領され、そこから日本本土への爆撃が始まると、もはや日本の生産能力は低下する一方で、継戦能力に赤信号がともった。実は石原がとっくの昔に強調した「サイパンなどの要塞化」には程遠い状態であった。

大局的な戦略観というものがない東條には、「国家も自分も現状維持する」ということだけが自己目的になっていた。

東條の憲兵政治については前述したが、戦況悪化につれ自分への反対意見を極度に恐れ、憲兵利用が多くなった。

中野正剛という代議士のマスコミ上の批判を根に持ち、憲兵隊に逮捕させた。のち代議士は割腹自殺。毎日新聞の新名丈夫記者は三十九才でもあり、強度の近視で徴兵免除の身であった。

「竹槍では間に合わぬ」という記事が逆鱗に触れ召集を受けた。

逓信省工務局長の松前正義（のち東海大学総長）は四十四才にもかかわらず、反東條運動にかかわったことで、二等兵として召集された。（岩井秀一郎『１９４４年の東條英機』祥伝社新書）

国民の義務の徴兵を「みせしめ」の懲罰として利用したわけであり、まさに職権乱用の極みである。裸の王様に諫言できる人がなく、すでに政権は末期状態であったが、サイパン陥落を契機に一気に重臣たちのなかから責任を問う声が高まり、入閣拒否者が相次いだ。

七月十八日、大東亜戦争を主導した東條内閣はついに総辞職した。が、何も解決していない。操舵室のクルーが死に絶えた帆船のように、日本という船はゆっくりと、業火に包まれる地獄の海へと彷徨いだしたのである。

稀代の天才とて奇跡をおこすことはできない

石原はガ島戦の頃、皇族の高松宮海軍大佐に起死回生の策を奏上したことは前述した。攻勢終末点を見極めた戦いを長く続けると、超大国アメリカといえど伸びきった兵站に手を焼き日本にも（勝機ではなく）講和のチャンスが訪れるのである。そしてアメリカとがっぷり四つに組む戦いを避け、サイパンを中心とするマリアナ諸島の要塞に籠り非対称の戦いを続けるのである。

ベトナム戦争でアメリカが撤退したのは、北ベトナムが非対称のゲリラ戦を続け米軍の人的被害のわりに成果が上がらない事実にアメリカ世論は嫌気がさしたからである。

つまりアメリカは北ベトナムにではなく世論に敗北したのである。大東亜戦争はベトナム戦争と違い日本の方から仕掛けたので、アメリカ世論もなかなか妥協はしないだろう。それでも大陸から手を引く大英断をすれば、講和の芽が出てくる可能性がないとは言えない。そして少なくとも南樺太と千島列島は手元に残る可能性が高い。なぜなら今次大戦と関係なく、明治時代にソ連の前身のロシアとの交渉で確定した領土だからである。

しかし石原が常々言っていたように、サイパンを失った時点で勝負あった。この時点で、石原莞爾が日本のトップリーダーであったとしてもお手上げなのである。

なぶり殺しにされる日本

東條内閣総辞職後、米軍はマリアナ諸島を日本本土攻略の橋頭堡として整備し始めた。次の目標はフィリピン、次いで沖縄で、日本爆撃の中間拠点として硫黄島も狙った。昭和十九年(一九四四)十一月二十四日、マリアナ諸島から超重爆撃機B29が東京初空襲に飛び立った。この日より日本は地獄の業火に焼き尽くされる。

翌二十年三月十日、東京大空襲、国際法違反の無差別爆撃で一夜にして一〇万人以上の市民が虐殺された。東京を手始めに名古屋、大阪、神戸などの大都市だけでなく、地方の中小都市に至るまで情け容赦なく焼夷弾が降り注ぎ、日本の各地は見渡す限りの焼野原と化した。一つ一つの作戦の内容や、戦術の巧拙、日本軍の装備の貧弱さは戦記本に任せるとして、日米の考え方の違いを戦略以上のレベルで考える。

まずアメリカは昔も今も人権の国だ。自国の兵士の損失をなにより嫌がる。よって兵士を殺さずに勝利する方法は何か。時間がかかるが兵糧攻めである。

資源がなく、輸入に頼ることしかできない日本のシーレーンの破壊に、潜水艦の大量使用を考え、さらに日本の周囲に機雷をばらまきロックダウンする。これで日本は干上がるが時間がかかる。

そこでB29で日本全土を無差別爆撃し焼野原にする。これによって経済活動を止め、国民を餓えさせ厭戦気分を惹起させる。当然兵器生産もできなくなるので、間接的な武装解除だ。戦争に科学を積極的に導入しよう。

日本の都市を焼き払うには、木でできた日本家屋がどう燃えるか、砂漠の中に日本のモデルタウンまで作って焼夷弾攻撃の実験をした。（鈴木冬悠人『日本大空襲（実行犯）の告白』新潮新書）

そして日本人に恐怖感を覚えさせるため、ジェノサイドも効率的にやろう。都市爆撃はまず都市を取り囲むように周辺から焼夷弾を落とし、炎の輪を作り、住民が逃げられないようにしてから中心部を焼き払えば皆殺しできる。

東京大空襲

四月一日、米軍は沖縄本島に上陸。特攻作戦が本格化するが米軍に有効な打撃を与えることができず、戦艦大和を中心とする海上特攻艦隊も壊滅した。

六月二十三日、沖縄戦終結時には、日本に航空機、艦船はほとんど残っておらず、本土の装備劣悪な陸軍部隊が国民義勇兵と、玉砕前提の本土決戦にそなえるまで追い込まれていた。

七月二十六日、連合国は日本に対しポツダム宣言を出し降伏を迫った。しかし鈴木貫太郎内閣（※註４）がぐずぐずしている間に、広島、長崎に原爆を落とされ、さらに卑怯にもソ連が日ソ中立条約を破り、火事場泥棒的に満洲、南樺太、千島に侵攻してきた。とくに満洲では日本人居留民に暴行、強奪、強姦、虐殺の非道の限りを働いた。無敵関東軍と謳われたのも今は昔、南方前線へ兵力が引き抜かれ弱体化した軍では邦人を守るどころではなかった。

万事休す。八月九日、御前会議で、天皇の英断によりやっと敗戦を受け入れることになったのである。

鶴岡の田舎でも石原には各地の惨状が刻々と入ってくる。

さすがに石原といえども東亜連盟の講演会で一般人相手に対米降伏をほのめかすようなことは言えないが、本音では一刻も早く和平を考えていたに違いない。

「英雄『ヒットラー』ヲ弔フ」という敗戦直前の講演録メモに、口惜しさでいっぱいの言葉を残している。

……「大東亜戦争ハ日本ニ尤モ不利ナル時ニ勃発……天命ナリ」

この言葉は短いが、対米戦争を勝ち抜く準備もせずに博打を打った馬鹿者への怨嗟と諦念に満ちている。（角田順編『石原莞爾資料国防論策篇』原書房）

昭和二十年八月十五日、日本降伏。

都市は焼野原になり、海外利権は失われ、軍民あわせて三一〇万の犠牲を出した惨めな負け戦だった。

註

1　モンロー主義
国同士の相互不干渉を基本とするアメリカの外交政策

2　戦力は距離の二乗に反比例する。もともと海軍の対米作戦もこの理論に基づいていた。すなわちハワイやアメリカ本土から遠路はるばる来襲する米艦隊を、まず潜水艦で攻撃し力を弱めておいてから、サイパン付近で艦隊決戦を行うという受け身のものであった。真珠湾で成功してから、攻勢終末点をあまり考慮しない遠距離空母作戦が行われるようになった。

3　陸軍次官時代、憲兵を使って東京協和連盟事務所にガサ入れを行い、石原の腹心、浅原健三を逮捕したこともある。浅原は「アカ」であり軍に潜入して軍の赤化を画策しているとの疑いであった。本音は石原一派の粛清であることは言うまでもない。浅原は憲兵の熾烈な追及を断固否認し、不起訴の代わりに上海へ追放された。（板垣陸相の存在があり、これ以上追及できなかったのであるが）

4

鈴木貫太郎内閣はアメリカとの和平の斡旋をソ連にすがろうとして貴重な時間を費やした。当時の軍人、官僚、政治家には意外なことに中立国の大国・ソ連に親和性を持つ人物が散見する。かの国は領土拡張に貪欲で（現在のウクライナ戦争で明らかであるが）幕末、海軍力のない幕府を恫喝したり対馬の一部を占領したこともある。そもそも正義より力の信奉者なのだ。

昭和二十年二月、ソ連のヤルタでスターリンは米英と密約を交わした。日ソ中立条約を破り参戦する見返りに日本の領土の南樺太と千島列島をものすると……。溺れる犬は打てである。

このソ連の背信を、情報を専門とするスウェーデン駐在武官の小野寺信少将はいち早くつかみ、参謀本部に「ソ連信ずるに足らず」と何度も打電するが届いた形跡がない。小野寺自身は中立国スウェーデンのような、まっとうな国を仲介にたてる工作をしていたのだがソ連を信じる者に握りつぶされてしまった。（杉原誠四郎・波多野澄雄『吉田茂という病』自由社）

ソ連という国を知らず頼った終戦工作の愚策が、いきなりのソ連参戦に腰を抜かし、北方領土を盗られ、約六〇万の日本軍将兵がシベリアで強制労働させられ、約一割の六万人が命を奪われたことについても日本人は忘れるべきではない。

第十章　敗戦後――快男児と変節漢の狭間で

一枚の新聞写真の衝撃

八月十五日の玉音放送二週間後、マッカーサー元帥は、意気揚々と厚木飛行場に降り立った。日本憎しの彼は徹底的に日本弱体化政策を進めた。国の基本である憲法をアメリカ製に変えることだけではない。日本人の精神のよりどころである天皇制まで利用しようとした。

九月二十七日、マッカーサーは連合国軍最高司令官として、アメリカ大使館で昭和天皇と面会した。翌日、新聞は一面で大きくスクープしたが、この写真にすべての日本人は衝撃を受けた。天皇はモーニングの正装で、ハイカラーに縞のネクタイをきっちり結び、威儀を正してお立ちになっているが、なんとマッカーサーはノーネクタイのシャツ姿（略装ユニフォーム）で腰に手を当ててリラックスして立っているのである。

私が小学生の頃、明治生まれの両親は、「あれほど情けないことはなかった」と思い出すたびに言っていた。敗戦国民の惨めさを一枚の写真からいやというほど噛みしめたのだろう。……マッカーサーは天皇より偉いと……。

もっと後で中学社会の時間に、担当教師は、「あの写真は、アメリカ軍は日本と違い、将軍も兵隊も同じ簡素なシャツ姿で、これこそ民主主義を表しているんだよ。アメリカは素晴らしい。封建的な日本が戦争に負けたのも仕方がない」と説明していた。今から考えると、日本人の自己嫌悪感、自信喪失感は、長きにわたってマッカーサーによって植え付けられたものだと分かる。

十月二日にはＧＨＱ（連合軍総司令部）が皇居の対面の日比谷第一生命館ビルに置かれた。これ以降アメリカは日本の体制を、憲法も含め自国に都合のいいように変えていく。ＧＨＱ一般命令第四号で民間情報教育局というものが創設された。日本人に「敗北と戦争に関する罪・責任を周知、徹底せしめることを勧告」するための部局である。ここで考案されたさまざまの政策がＷＧＩＰ（ウォー・ギルト・インフォメーション・プログラム）として日本人を洗脳していくことになるのであるが、後述する。

当時の日本人は信じていた天皇制国家というものをひっくり返され、自信喪失になっていたのである。

昭和天皇とマッカーサーの記念写真

極東国際軍事裁判

さらにマッカーサーは、帝国日本の指導者を断罪することが自らの権威を高めると考えた。昭和二十一年一月十九日、ポツダム宣言第十項にもとづいて、極東国際軍事裁判所を設けることを宣言した。

「吾等は、日本人を民族として奴隷化せんとし又は国民として滅亡せしめんとするの意図を有するものに非ざるも吾等の俘虜を虐待せる者を含む一切の戦争犯罪人に対しては厳重なる処罰加へらるべし」

「敗戦国民であるあなた方日本人を、連合国は決して奴隷や亡き者にしようと思っていませんよ」と安心させ（むしろ少し恩を売り）、俘虜を虐待したものは許さない、と巧妙に言っている。ここまでは理解できる。

戦争犯罪は普通、戦争の法規違反の「通例の戦争犯罪」と虐殺、殲滅、奴隷的虐待、政治的迫害、人種的迫害などの「人道に対する罪」とがあるが、これに「平和に対する罪」を加えたのだ。これは全くの「事後法」であり、当時なかったものに対し、今新しい法律を作って罰することである。そもそも「平和に対する罪」など、今も昔もありはしない。クラウゼヴィッツが言うように戦争は究極の外交の一手段であり、戦争を決心したものが罪に問われるならば、歴史上すべての戦争指導者が当てはまる。ベトナム戦争、湾岸戦争、イラク戦争をひきおこした歴代のアメリカ大統領は皆、戦争犯罪人であろう。

裁判所設立前にGHQは戦犯リストを作り、まず東條英機や嶋田繁太郎元海相を逮捕、その後も大物の政治家、軍人、右翼など、官民問わずどしどし巣鴨刑務所にぶち込んだ。庶民は今まで雲の上の人と思っていた自分たちの指導者が、どんどん戦犯指名になるのを見て何を信じてよいかわからなくなっていた。

石原、マッカーサーに反撃する

いっぽう石原は鶴岡で敗戦の玉音放送を聞いてから、今まで以上に積極的に講演会を開いた。敗戦から一カ月、新庄市において東亜連盟山形県大会が開かれたが、会場の講演には三万人の聴衆が集まったという。（横山臣平『秘録石原莞爾』芙蓉書房）

東北地方を手始めに、京都、九州まで全国を回った。敗戦で呆然自失の日本人は、石原の奮起を促す演説を聞いて力づけられた。講演先では、アメリカの非人道的な無差別爆撃や広島、長崎の原爆を弾劾し、トルーマン大統領こそ一級の戦争犯罪人だと非難した。例によって歯に衣を着せない劇薬のような話なので、会場は沸きに沸いた。この胸のすく大演説に、多くの日本人はアメリカに一矢を報いた気になった。当然内務省を通じて石原の言動はGHQへ報告された。ために東亜連盟も右翼思想団体とされやがて解散対象となる。

講演旅行の間に持病の膀胱癌が悪化してきた。昭和二十一年一月、東京逓信病院に入院したが、三月になり、戦犯選定執行委員会は石原をターゲットに定めた。

米軍法務官が三月十二日、逓信病院にやってきた。以後七月二十四日まで計一七回の尋問を受けた。当時の石原の症状は膀胱癌の出血よりも、尿路感染症による発熱のほうがつらかった。当時は今のように良い抗生剤がない。ベッドサイドにいろいろな法務官が通訳官とマスコミを連れてやってくる。石原は礼儀をわきまえていて賢そうな法務官には丁寧に答え、レベルが低そうな奴にはぞんざいに答える。相手が外人であろうと日本人であろうと、頭が悪い奴は昔から嫌いなのだ。見下した態度の法務官には、大声で怒鳴る。「オレは戦犯だ。なぜ逮捕しないのだ。裁判の場で全世界にトルーマンの罪を訴えてやる。奴こそ非戦闘員を無差別に殺戮した超一級の犯人だ。奴こそ平和に対する罪で裁きを受けるべきだ」と居直る。ジェントルマンの法務官には時々軽口を叩く。「もし俺が参謀総長だったら、日本はアメリカに負けていない。その時は君たちは俺の前で膝まづいているはずだ」と言い相手をニヤリとさせる。「東京裁判にしても、莫大な経費をかけて国際的にやる必要があるのか。東條をはじめとして皆、権力に媚びる犬のような小者ばかりだ。国際裁判にかける値打ちがある奴なんぞいないぞ」といって相手の同意を求める。相手がニヤッとすると、「いまや世界一の大国が、犬相手に裁判すれば物笑いだ。裁判をやめて帰った方が賢いぞ」とおちょくっていう。毒舌は若い頃から変わっていない。（高木清寿『東亜の父　石原莞爾』たまいらぼ）

敗軍の将といっても全く卑屈なところがない。むしろアメリカ人はジョークいっぱいのフランクさに好感を持ったほどである。

石原はさっさと戦犯にされることを望んでいた。法廷でとことんアメリカの戦争犯罪を逆に追及しようと企んでいた。

しかし四月八日の戦犯選定執行委員会で石原は戦犯から除外されている。理由はわからない。石原は残念でならなかった。おそらく石原が、満洲事変を起こした直接の証拠がないこと、日支戦争の不拡大派であったこと、戦争指導者のトップ東條と対立し、開戦時軍を追われていたこと、病状が重いこと、などがあげられる。しかしカリスマ性のある石原の言動を注視していたGHQが、「石原を法廷に出すとやっかいである」、「トルーマン大統領が第一級の戦犯だと発言されると全世界に波紋を及ぼす」と危惧したことは想像に難くない。

戦犯指名はマッカーサーが最終的にチェックするので、彼が「証拠不十分」の名目で、石原を戦犯から除外したとの意見もある。（早瀬利之『石原莞爾　マッカーサーが一番恐れた日本人』双葉新書）

石原の戦争裁判第二ラウンド・酒田臨時法廷

昭和二十一年八月八日、逓信病院を退院し石原は鶴岡に帰ってきた。GHQは石原の盟友、板垣征四郎をどうしても戦犯に指名したいので証拠集めに必死であった。石原を再び市谷の東京裁判法廷に証人喚問することを考えたが、一月に膀胱癌の開腹手術を受けた後の経過が思わしくなく、酒田で出張法廷を開くことが決定された。

酒田商工会議所で五月一日から二日間、法廷は非公開で行われた。前日の朝、GHQは特別列車をしたてて酒田駅に到着した。一等寝台車、食堂車まである皇室御用列車だ。敗戦直後の惨めな空気の中で、この豪壮列車はさぞかし人目を引いたことであろう。

いっぽう石原も前日、酒田ホテルという、名前だけが立派な商人宿へ入った。リヤカーに乗って西山農場の自宅を出る写真が残っている。着物の上にドテラを羽織り、戦闘帽を被った横顔には白く伸びた無精ひげが目立ち、右肘を薬や医療器具を入れた大きな牛皮のトランクに置いている。頬はこけているが鋭い視線で前を見上げている。薄ら笑いさえ浮かべているようだ。膝には冷えないように毛布が掛けてあるが、その下に尿瓶も置いてある。十五分に一度排尿しなければならないので看護婦が付き添っている。

世が世ならば、と東亜連盟の同志たちは心の中で泣いたかもしれない。しかし翌日、そんな惨めな感慨も石原に裏切られることになる。

五月一日九時三十分、酒田臨時法廷が始まった。型のごとく裁判長は車椅子の石原に「英語は話せるか」と英語で尋ねた。「日本語ならチョピリ話せるが」とわざと山形弁で答えた。この先制パンチに失笑が起こる。どんな時でも石原は、煮ても焼いても食えない。

冒頭、裁判長は石原に、「尋問に入る前に何か言うことはないか」と問いかけた。すかさず、「満洲事変を起こすたのはオラだが、なぜ戦犯にならねえだ」との意味合いのことを言ったらしい。通訳官が意味合いを伝えた時、全員ひどく狼狽した。「本法廷は将軍を戦犯として取り調べるのではありません。証人として調べます。よけいな発言は慎むように」と注意されてしまった。後に石原は秘書の高木清寿に、「……東京裁判は戦犯の抗弁もなく、だいたいアメリカの思う壺にはまって進行し、ホッとして胸をなでおろした時に、石原を東京に引っ張り出したら何を発言するかわからない。……いかにも石原を裁判したかのように見せかけて、東京裁判を有利な方に導きたい。それには酒田市あたりの田舎の方が目につかなくてよい。とにかく石原に発言を与えない方がよい、という方針で（酒田に）やって来たものだろう」と笑ったそうである。（高木清寿『東亜の父　石原莞爾』たまいらぼ）

法廷の合間の記者会見のほうが面白い

リヤカーに乗った石原莞爾
酒田市商工会議所に設けられた極東軍事裁判臨時法廷に証人として出廷するため、東亜連盟の同志の引くリヤカーに乗って西山の寓居を出る石原。（昭和 22 年 4 月 30 日）

第一日目、石原は口を滑らした。張学良軍の二〇分の一の関東軍が、なぜ勝ったかという質問に対してである。

「訓練良く団結良く、作戦よろしければ、必ずしも兵数の劣弱を恐れるものではありません。

例えば今次太平洋戦争において、日本の戦力はアメリカに対して非常に劣弱でありましたけれども、作戦よろしきを得れば、必ずしも敗北するものではなかった、と私は信じております」

この発言を記者は見逃さなかった。一日目が終わった後、石原の宿に二人のアメリカ人記者が通訳を伴って訪問した。彼らは法廷での「必ずしも敗北するものではなかった」との石原の発言は、「負け犬の遠吠え」か、はたまたこの変わった将軍の妄想か、確認したかったのである。記者は「もし将軍だったらどんな戦争をされるでしょうか」と尋ねた。石原は答えた。

「先ほどは必ず勝つといったが、少々言葉が強すぎた。五分五分の持久戦になって、断じて敗戦ではない。（戦争をやったら）補給線を確保するために、ソロモン、ビスマーク、ニューギニアの諸島を早急に放棄し、資源地帯防衛に転じ、西はビルマの国境から、シンガポール、スマトラ中心の防衛線を構築、中部は比島の線に後退、他方本土周辺、およびサイパン、テニヤン、ガムの内南洋諸島を一切難攻不落の要塞化し、何年でも頑張り得る態勢をとると共に、外交的には支那事変解決に努力傾注する。

特にサイパンの防備には万全を期し、この拠点は断じて確保する。日本が真にサイパンの防衛に万全を期していたなら、米軍の侵入は防ぐことはできた。

豊田司令官（連合艦隊司令長官）はこれを怠り、彼は昼寝をしていた。米軍はサイパンを奪取できなければ、日本本土空襲は困難であった。それ故サイパンを守り得たら、ボロボロなガタガタ飛行機でも、なんとか利用できて、レイテを守り当然五分五分の持久戦で、断じて敗けてはいない。蔣介石氏がその態度を明確にしたのはサイパンが陥落してからである。サイパンさえ守り得たなら、日本は東亜一丸となることができたであろう」（早瀬利之『マッカーサーが一番恐れた日本人』双葉新書）

最後の「東亜一丸……」はともかく、攻勢終末点を明示したうえで戦い、支那と和平に持ち込めば、アメリカも手を焼き、和平のチャンスが生まれるとしている。根拠は支那では日本軍は強く、国民党軍相手に連戦連勝。国民党もいずれ共産党との内戦があることは必然なので、日本との和平もあり得ないわけではないということだ。ただサイパンが陥落してしまってからではすべて遅いのだ。

石原節、外人記者を圧倒する……毅然たる姿勢、さすがは莞爾さん！

法廷では裁判官に脱線を止められるが、記者の取材では言いたい放題だ。マッカーサー軍政もとことん攻撃する。

「日本は石炭不足で国民は寒さに凍えているのに、進駐軍のストーブだけは赤々と燃えている。しかも今回の酒田法廷はなんだ。君ら進駐軍は、ぜいたくな特別列車でやって来た。これがマッカーサーが強要する民主主義かね。日本軍が占領地で取った態度もこれほどひどくなかった。君たちが日本に勝ったのは武力がすこしばかり日本より強かったからだ。精神が劣っているから負けたのではない。（略）日本人の精神まで侮辱している」

アメリカ人たちは返す言葉がなかった。と同時に、占領軍という新しい支配者に、卑屈におもねる日本人が散見される中、マッカーサーという絶対権力者の前で、いささかも怯むことなく毒を吐き続ける、この煮ても焼いても食えぬ将軍に好意を持ち始めた。ヤンキー魂は勇者を好むのである。

この会見にたまたま同席した日本人は次のように述べている。

……将軍は、あの澄んだ目と独特の笑顔で、冗談と皮肉を連発し、外人たちに深い感銘を与えた。英米人はジョークやウィットが大好きだ。石原がわざとイントネーションが難しい山形弁を織り交ぜて大声でしゃべりまくったかどうかは分からないが、通訳が下手でも雰囲気は確実に伝わる。別れ際には記者たちは、感極まって将軍に抱きつかんばかりにサンキューを繰り返した……。（同書）

このエピソードも、酒田臨時法廷のやり取りも、やがて敗戦に打ちひしがれていた国民に知れ渡る。天皇に代わる帝王マッカーサーに立ち向かった男としてレジェンドになる。勝者に媚びない毅然とした態度。現在のわれわれが見ても誠にかっこよい。

二日目の臨時法廷も、何ら板垣の新しい戦犯証拠も得られず閉廷となった。

敗戦直後から現れた自虐史観……それはないよ、莞爾さん！

敗戦の日、石原は鶴岡市の郊外の村で講演中玉音放送を聞いた。講話の筆記録が残っている。「敗戦の日に東亜連盟会員に訴う」という題で機関紙「東亜連盟」に発表された。戦後の第一声である。（石原莞爾平和思想研究会編『人類後史への出発』）

石原もよほど混乱していたのであろう。

「八紘一宇の大精神に基き、ユダヤ民族をいたずらに排斥するの愚をやめ……」と訳のわからないことを言いだした。なにも日本はユダヤ民族を排撃していない。逆に石原の同期の樋口季一郎中将など、ナチスに追われて満洲に逃げてきたユダヤ人を保護しているほどである。

つぎに石原は八月二十二日、山形県湯ノ浜温泉で「敗戦は神意なり」という有名な演説を行う。呆然自失の日本人に、「復興への勇気を与える」ためである。（『石原莞爾全集七巻』石原莞爾全集刊行会）

「栄枯盛衰は世の常であります。皆さん！人間の知恵や知識ではどうもならないものです。……トルーマンやスターリンによって破壊させることのない天皇は、神であり、神様がなくなることはない。余計な心配はいらない。日本の国体を信じないものが、知識によって国体が破壊されるものと思っているようです。」と力強く励ましてくれる。そしてソ連の卑劣な攻撃にも、「日本はヒトラーのお妾さんになっておりましたが、（ヒトラーの葬式が終わる頃）スターリンと手を握り、（彼の）お妾さんになろうと思ってスターリンを誉め出した。鈴木の貫ちゃん（鈴木貫太郎首相）が、ヒトラーが敗けてからスターリンのお妾さんになろうと思ったが、臂鉄砲をくらわされる様な状態である」と、田中真紀子ばりの毒舌を吐くものだから、モヤモヤしている国民は大喝采である（しかし石原だって戦争中、独ソを和解させ、ソ連を日本に引き寄せようとしたのであるが）。

また一般人向けに、敗戦の分析も理論的に説明する。「この大東亜戦争も、東洋作戦を按配してからやるべきであったがそれもやらず二面作戦をやり、長期抗戦となり……日本は、満洲事変当初の条件であったら無敵でありましたが、我が国の予想もつかぬ電波兵器（レーダーのこと）出現によって潜水艦の活躍ができなくなり、飛行機の斬込隊（特攻隊のこと）から全滅へと行ったのであります。……若しも日本が確乎たる方針のもとで重慶政権と和平を実現し、攻勢の終末点を適当に選定して有利な戦略体制を巧みに活用しましたならば、米国に比して著しく劣悪の戦力をもってしても、相当の条件で終結する可能性も十分にあったにも拘らず、敗けたのは神の意志によるものであります」。大戦に関与していない石原は言いたい放題である。今まで軍の報道管制に置かれていた聴衆は目からウロコが落ちる思いであった。ここまでは良いのである。

しかし「敗けたのは神の意志」というくだりに首をひねる人もいた。

東亜連盟を通じて石原は、敗戦に打ちひしがれた人々を励ます旅に出た。しかし「敗戦は神意」という石原の呪文がしつこすぎるのだ。日本人は御国のために死に物狂いで戦ってきたのに、なにか悪いことをしたために神さんに罰を与えられたような気にさせられるのだ。なにかやるせない、救いようがない気持ちになってしまう人も出てくる。

石原はもともと農本主義者（※註1）で、大都市一極集中は嫌っていた。

「……神様がB29の空襲で日本の都市をきれいに掃除してくださった。……近代の生産の発達はこの都市の大規模な工業によって行われたのでありますが、何事も一利一害は免れ難く、文明に最大の貢献をした都市も淋病・梅毒などのあらゆる病菌の温床と化しているばかりでなく、道徳も極度に退廃し、健康の維持は不可能となっております。その腐敗堕落した都市に教えるように、突如として空襲されました事は、とりも直さず神様の『都市解体せよ』という非常宣言であることを見逃してはならない」（『石原莞爾全集七巻』石原莞爾全集刊行会）

東亜連盟新庄大会［© 新庄市］

アメリカによる無差別爆撃と原爆はジェノサイドであり、石原が知らないはずがない。大都市の焼野原の惨状と累々たる黒焦げ焼死体を前に、持論の「都市解体」とをリンクさせ、それを「神の意志」と発言したのだ。都市が焼かれてよかったともとれる発言だ。熱心な石原信者は別として、一般市民はどう受け止めたのであろうか。

……「確かに戦時中、石原さんはアンチ東條の論陣を張っていたけど、目的は西洋の覇道に勝つために王道の日本が勝利することが必要であると言っていたよな。われわれ庶民も、石原さんも東條首相も同じ帝国臣民として、頑張って来たではないか。なぜ日本だけに天罰が下るのだ！」……

「石原莞爾の気持ちはわからない」という人が出てきてもおかしくはない。

聴衆は知らない。石原莞爾は稀代の変節漢であることを。

「石原は良くわからない」と昭和天皇が言われた変節癖

石原は今回を含め大きな変節を三回している。変節とは「節義を変えること」（広辞苑）であるからあまり良いイメージはない。（1）満洲事変（2）二・二六事件（3）敗戦直後の三回である。満洲事変と二・二六事件時の変節はそれぞれ第三、四章で述べた。二・二六事件では昭和天皇は石原に対し、疑問の念を持たれている。

石原にとって、皇道派将校の二・二六事件は迷惑千万であった。ライフワークの満洲国の育成が遅れるからだ。そこで妥協案として青年将校が納得できる暫定内閣を作り、維新断行させることを工作、努力した。しかし天皇の反乱軍討伐の固い決意を知らされるや、即、強硬鎮圧派に変身。石原は潮目が変わると、それまでの考えを即、別世界にワープできる特技がある。

昭和天皇は、

「事をなすには必ず輔弼の者の進言に俟《ま》ち又その進言に逆はぬ事にしたが、この時（二・二六事件）と終戦の時との二回丈は積極的に自分の考を実行させた。参謀本部の石原莞爾からも町尻武官を通じ討伐命令を出して戴き度いと云つて来た。一体石原といふ人間はどんな人間なのか、よく判らない、満洲事件の張本人であり乍らこの時の態度は正当なものであつた」（寺崎英成『昭和天皇独白録』文芸春秋）

『昭和天皇独白録』を読むとよくわかるが、昭和天皇の人物評価は極めて的確かつ鋭い。この天皇がお手上げなのが石原である。

私は本書の「はじめに」で、国策を誤らず、上手な戦争をし、惨めな敗戦国になるのを防ぐことができたリーダーは石原莞爾しかいないと書いた。確かに敗戦までの流れを俯瞰するとますますその感を強くする。しかし敗戦直後から始まった石原の変節ほど、度肝を抜かれるものはない。あたかも別の人間に生まれ変わったようなことを言いだしたのだ。個人的には今までの石原莞爾に対する憧れが一挙に崩れ去った思いであるが、精神病理学的にはこれほど興味深い変節はない。

そこで敗戦後の石原の変節に特に十分紙幅を取りたいと思う。

講演録「都市の解体と東北」に、今でいう「親中派、媚中派」の石原が現れる

一番驚かされるのは蔣介石に対する必要以上のおもねりだ。石原が満洲国を支那と切り離し、五族協和、王道楽土の真の合衆国を作ろうとしたのも、もとは蔣介石も含む支那人の統治能力を疑っていたからだ。それが敗戦を境に次のように変節する。

「台湾は支那に返ることになる。また支那は満洲をうまくやってくれるものと思います」(同書)

この場合支那とは蔣介石のことである。以後ますます蔣介石に阿諛追従《あゆついしょう》するような気持悪さが強くなっていく。蔣介石は確かに日本の敗戦後、支那大陸の日本軍人、在留邦人を速やかに帰還させてくれた(再開するであろう国共内戦に、日本を味方につけておく深慮遠謀があるにせよ)。石原は恩義に感じて、昭和二十年十月の講演録「都市の解体と東北」に次のように記している。

「……我々は蔣介石にさへ武力戦のみならず道徳戦に負けてしまつた。……尊いものに頭を下げる事は恥ではない、私は心から蔣介石の靴の紐を解くに吝《やぶさ》かではない。道楽に道楽の限りを盡した日本人は今度こそ綺麗に懺悔して立派に起ち上がる秋が来たのだ、この堕落の

遠因は都市近代生活にあつたのだ」（同書）

石原莞爾とあろうものが何を言っているのか。まず支那大陸では日本陸軍は蔣介石軍を圧倒していた。武力戦で負けてはいない。道楽の限りを尽した日本人は、石原の嫌った満洲利得者の一部だけで大多数の日本人は道楽などしていない。都市生活をすればなぜ堕落するかよくわからないが、それよりも蔣介石に対する過剰なおもねりが気持ち悪い。おまけに共産党の毛沢東までヨイショする。

「世界はその世界性と地方性との協調によって進まねばならぬ。東亜の文化の進み方には、世界の他の地方と異る一つの型がある。……しかるに三民主義の中国は、蔣介石氏の独裁と非難されるが断じてしからず、蔣氏は常に反省的であり、衰えたる国民党の一角に依然見事なる統制への歩みが見られる。毛沢東氏の新民主主義（共産主義のことか）も、恐らくソ連のごとき専制には堕せず、東洋的風格をもつ優秀なる思想を完成するに相違ない」（石原莞爾平和思想研究会編『人類後史への出発』展転社）

しかし石原が絶賛するように蔣介石、毛沢東を含め、支那の徳義は本当に高かったのか。

盧溝橋事件をきっかけに挑発を繰り返し、停戦協定を何度も破り、全面戦争に導いたのは支那側ではなかったか。無辜の日本居留民が大虐殺された前述の通州事件、済南事件を石原はどう考えているのか。まさか見て見ぬふりをしているとは思わないが、とにかく敗戦を契機に石原は変節する。すべて日本が悪かったのだと言いだした。

日本人は総懺悔をしなければならないほど悪いことしたのか？

前述の講演録「都市の解体と東北」に

「……（軍人は）満洲事変以来、世間からチヤホヤされて自惚れてしまひ、……益々思ひ上つて政治から行政、更に産業にまでのさばり出して来た」（『石原莞爾全集七巻』石原莞爾全集刊行会）

というくだりは誰を指すのか。満洲五か年計画の頃の自分のことか。自分も含め軍人全般の自省の言葉としても、「……我々は全世界に向つて凡ての罪悪を謝すべきである。誰でもい丶、會ふ人毎に心から懺悔すべきである。否、山川草木に對してもこの非道徳、非日本人であつた事を懺悔すべきである」と述べるに至っては、自虐を通り越して、カルト的である。（同書）

「新日本の建設」という講演では、

「国民は常に自己に相応しき指導者を与えられるものである。国の興亡は匹夫も責あり。殊に立憲治下の国民として、我等七千万すべてが懺悔して深き病根を払拭せねばならぬ」と馬鹿な戦争指導者を出した国民も懺悔せよと言いつのる。（石原莞爾平和思想研究会編『人類後史への出発』展転社）

はたして東亜連盟関係者は、石原の変節ぶりに違和感を感じないのか。「敗戦前の石原将軍と全然違う……それはないよ！　莞爾さん」と。

もちろん日本の敗戦に対し筋を通した知識人もいた。安易に平和、民主と手のひらを返したように転向する風潮に対し、文芸評論家の小林秀雄は痛切な一文を遺している。

「この大戦争は一部の人達の無知と野心とから起ったか、それさえなければ起らなかったか。どうも僕にはそんなお目出たい歴史観は持てないよ。僕は歴史の必然性というものをもっと恐ろしいものと考えている。僕は無智だから反省なぞしない。利巧な奴はたんと反省してみるがいいじゃないか」（小林秀雄他「小林秀雄を囲んで」近代文学創刊2号、近代文学社）

小林秀雄の「歴史の必然」とは重い言葉である。戦争とは相手がいる。自国の都合だけでなく、相手の都合でも起こることを、にわか平和主義者たちはわからない。

開戦を経験した人の記憶を聞いてみると、真珠湾攻撃の報が流れると、その瞬間、なにかスカッとしたという人が多い。私の父も当時上海に進駐していた海軍の軍医だったが、なにかそれまでの「心の中の暗雲」がいっぺんに晴れたと言っていた。溜まりに溜まった祖国の鬱屈がこの戦争開始で晴れたのである。しかしこの「心の中の暗雲」が晴れた感じは、日本人と同じようにアメリカ人も支那人も同時に持ったのである。この重層性こそまさに歴史の必然性である。

アメリカは、日露戦争後、急に勃興した日本を「どんな手段を使っても打倒せねば」との脅迫観念を持ち続けた。これも「恐ろしい歴史の必然性」であり、支那が目の上のタンコブの日本を「夷（米国）を以て夷（日本）を制する」伝統的戦略で追い込んだのも、これも「恐ろしい歴史の必然性」なのである。個人的な主観で美醜を述べてはいけないが、私は敗軍の将の多弁ほど見苦しいものはないと思うのである。

国民の「一億総懺悔」はWGIP（戦犯裁判広報計画）に利用される可能性あるぞ！

敗戦処理内閣の東久邇宮稔彦総理は、一億総懺悔による天皇への敗戦の謝罪を訴えた。ここに付け込んだのが連合軍総司令部（GHQ）である。

GHQは日本人洗脳教育計画を作っていた。占領政策を円滑に遂行するためには、なにより反米感情を持たせないようにすることが大切だ。日本のアジア侵略を止めるために大都市無差別爆撃、原爆はしかたがなかったという論法である。また自分たちの残虐行為のうしろめたさを中和する目的でこの論法を使った。そして最終目標は精神的、道義的に弱みのある日本を将来にわたりアメリカに服属させることである。（関野通夫『日本人を狂わせた洗脳工作』自由社）

GHQはマスコミを完全にコントロールした。新聞は偏向記事一色になり、NHKは「真相はかうだ」というラジオ番組を毎日流し、いかに日本軍国主義は国民と隣国人を苦しめたかを強調した。日本人の深層心理にゆっくり染み込んだWGIPは、戦後八十年になろうとする今も政界やマスコミに、自虐史観として生き続けている。

未来永劫にチャイナと韓国に謝罪し続けようとうたった何とか談話。日本の子供が使う歴史教科書を、チャイナと韓国のために自主修正する情けない政府。捏造だとすでに証明されて久しい従軍慰安婦問題で、慰安婦像が世界各国に拡散するのを止められない政府。なにより問題なのは、毎年八月十五日、日本の総理大臣は内外の反撥を恐れて靖国神社に参拝できないことだ。チャイナと韓国は絶えず日本の動きを注視しており、閣僚の参拝の動きがあるとすぐに抗議する。これにWGIPに染められたマスコミと反日日本人が同調する売国行為。参拝は日本人の心の問題であるのに、これにくちばしを突っ込んでくるのは、日本に優位に立とうとする両国の政治カードそのものだ。内政干渉だと反撃する首相は誰一人いない。

もちろん反米感情の強い石原のこと、かれの「国民総懺悔」はWGIPの影響を受けたものではない。しかし結果的にWGIPの罠にはまることを石原は予想できなかったのである。

石原の「非武装論」はかつての左翼の「非武装中立」と同じ

今でこそ自衛隊は幅広く国民の信頼を受けているが、かつては左翼陣営から目の敵にされていた。存在自身が戦争を呼ぶという馬鹿な論理だ。「非武装中立」はかつての社会党のスローガンであった。

ところが敗戦直後から石原も同じことを言いだした。満洲事変をひきおこし、統帥の中枢である陸軍参謀本部作戦部長まで経験した陸軍中将がである。「世界最終戦」のために強力な大軍事国家を目指した男がである。

「戦争放棄の真意義」（昭和二十年十月）という講演で核ミサイル時代の到来を予期しながら、「我等は心の底から戦争放棄の深甚微妙な真意義に目覚め、身に寸鉄を帯びずしてただ正義に基づき国を立て、全世界に対してその進むべき新しき道を示そうとする大覚悟と大抱負に生きねばならぬ」とぶちだした。これなどまだまだ大人しい。（石原莞爾平和思想研究会編『人類後史への出発』展転社）

「われらの世界観」という論文（昭和二十二年十二月「新日本建設大綱」）では、核ミサイル戦争は何の前触れもなく始まり、三十六時間で決着がつき国民が破滅する。よってこれを保持する一か所が世界を政治的に統一する。そのうちに原子力の平和利用でエネルギー争奪戦は解決するので世界平和になる、という近未来を物語る。

そして、「日本は自衛権すらも放棄して、ただ世界の正義と良心に訴えるという……今や世界統一の前夜に入り、戦争の絶滅してしまう次の新時代が来るのである。もはや中途半端な軍備は物の役にも立たないし、国際正義感もまた近時大躍進を見ている」と述べている。つまり戦勝国アメリカによって核が独占されると、核兵器は使えない兵器なので皮肉なことに「核の平和」が訪れたことになる。よって軍備など不要と言っているのだ。石原は、自分

の「世界最終戦論」が敵国アメリカによって完成されたと思っているようだ。（同書）

石原は最晩年「戦争放棄に徹しよう」という対談を行った（昭和二十三年十一月二十四日）。（国家間に）利害がある間は戦争が必ずあるとしながらも、

「ところが今日、私どもは完全に戦争を放棄しちまったんです。放棄したんです。……アイケルバーガー（※註3）などが、かつて日本をアメリカの軍事同盟国にするといったが、そんなことを、われわれは絶対に許さん……。日本は蹂躙されても、かまわないから、われわれは絶対に戦争放棄に徹して生きて行くべきです。ちょうど聖日蓮が龍ノ口に向って行くあの態度、キリストが十字架を負って刑場に行くときの態度を、われわれは国家としてとる」（同書）

なんとも石原莞爾は「平和原理主義的マゾヒスト」になってしまった。宗教者が権力に弾圧されても信仰を捨てず殉教者になることと同一視している。なにがなんでも憲法九条を守るぞと、憲法記念日にアジる人と同じになってしまった。

敗戦後、人々は手のひらを返したように軍人に冷たい視線を向けるようになった。軍神と崇められた特攻隊員の家族にも「犬死に」など心無い言葉を浴びせる者もいた。このように、道義が廃れ、心がすさんだ日本で、「敗戦は神意」などと低俗な群集心理を煽る石原を、変節漢と言わずして何と言おう。しかも石原自身、かつては世界最終戦争を目指し、強力な軍事国家を目指してきた張本人ではないか。

自然体のまま、自分を一八〇度転換させることができる、いや別次元へワープさせることができる才能。この才能こそが、石原のわかりにくさであり、魅力なのかもしれない。いったい石原の精神病理はどうなっているのか、次章で検討したい。

もし石原が現在によみがえったら日本の国防をどう考えるか

現在、尖閣周辺ではチャイナの公船が領海侵犯を繰り返している。なにかあれば直ちに占領する機会を窺っている。それを思いとどまらせているのは、海上保安庁や自衛隊の軍事力であり、日米同盟である。自衛権まで放棄し石原の言うように「身に寸鉄を帯びず」であればどうなるのであろうか。

安倍政権下における「安保法制」反対で有名になった学生市民活動家シールズの、やけに明るいお兄ちゃんたちのコメントを覚えておられる方もいるだろう（※註4）。

マスコミ：「安保法制がなければ、もし尖閣にチャイナの兵隊が上陸したらどうするのですか」

シールズ：「はい、酒の瓶を持って行って車座になって、彼らと飲み交わしたら分かり合えると思います」

まさか石原は、シールズのようなナイーブな極楽トンボでないと信じるのであるが。

石原莞爾のような、軍人、戦略家、宗教家、政治指導者などのマルチな顔を持つ天才でなくとも、物事に筋は通すが凡人にすぎない人の発言の方が、究極の選択をしなければならない時にストンと腑に落ちることがある。その人を石原慎太郎氏の著書で知った。堅気の人ではない。

安藤組組長・安藤昇。後に足を洗い俳優になり、任侠映画に何本も出演している。何も慎太郎氏は反社会の人を称揚するためにこの本を書いたのではなく、彼自身も、

「晩節の私が今さらこんな本を書いたことに世間は顰蹙するかもしれないが、……人生の過程にはさまざまな戦いが待ち受けるが、それを克服するためには時には理不尽な力を行使しなくてはならない。……その行為によってしか達成されぬ事柄が、この世には横溢している」

とことわっている。

単なるノンフィクションであるが、慎太郎氏の言いたいことが凝集している。彼は若い頃安藤昇が自分の「核武装論」に賛同しているのを知り、安藤にインタビューしたのである。（石原慎太郎『あるヤクザの生涯』幻冬舎）

安藤「あんたは、この国は核兵器を持つべきだと言っているんでしょ。それは今時珍しいことだが、俺も同感だね」

慎太郎「それは何故です」
安藤「相手が拳銃を持っているのに、こちらがドスだけじゃ喧嘩にならないからね。そんな当たり前の道理が何故通らないのかねえ。私みたいな渡世をしてきた人間にはわかりきった話だが、平和惚けしたこの世では通らない話なのかね。しかしあんただけはよく言ってくれたよな」

慎太郎氏は以前、NORAD（北アメリカ航空宇宙防衛司令部）を見学した際、アメリカの核の傘に日本が入っていないことを司令官に質したところ、逆に「なぜ日本は自前の核を開発保有しないのか」と指摘されたことにショックを受けて帰国早々「非核の神話は消えた」という論文を発表していたのである。

敗戦後の一般庶民の非武装中立への憧れは、「羹（あつもの・熱い吸い物）に懲りて膾《なます》を吹く」（※註5）という軍備に対する忌避感であるが、安藤の武器に対する感覚は、自分の存在が消されるか存続するかの、もっとプリミティブな本能に基づくものである。

国家と個人との違いがあっても、究極の決断を迫られる時に、取るべき道は二つ、忍従服属か自尊独立しかない。後者を決断した場合、どのような手段をとるか、答えは一つである。この動物古来の原始的生存本能に頼らなければならない時があるのである（※註6）。

軍備の非対称

北朝鮮が頻繁に日本海にミサイルを発射するが、そのつど日本の朝野が大騒ぎするのは誠に滑稽である。我が国のＥＥＺ（排他的経済水域）を超えた、超えないだの、迎撃ミサイルで撃破困難な新型だの、マスコミは不安に不安をあおる。対して政府要人の答えは二つ、「誠に遺憾」「アメリカと連携して」だけである。国民は政府の「遺憾砲」の連発と「他力本願」に辟易している。

日本も相手と同じ兵器を持てばすむだけの話ではないか。相手と全く同じ武装をしていれば、いちいちスピッツのようにキャンキャン吠えずともよかろうに。抑止力とは極めて簡潔明瞭な公理なのである。

日本を取り巻く隣国で、核武装国はチャイナ、ロシア、北朝鮮の三か国。日本を完全（一部）射程におく中距離弾道弾（ＭＲＢＭ）、巡航ミサイル保有国は、これら三か国に韓国、台湾を加え五か国。潜水艦発射弾道弾（ＳＲＢＭ）保有国は、チャイナとロシアだけだったが最近開発に成功した韓国を加え三か国になっている。極秘裏にいくつかの国は照準を我が国に合わせているはずだ。これだけの国に囲まれて、日本だけがお花畑で太平の世をむさぼっているのである。バカの一つ覚えで、「非核三原則」「専守防衛」「攻撃兵器は持たない」と呪文を唱えながら……。

「専守防衛」とは盾（防衛兵器）を持つが矛（攻撃兵器）を持たないということである。では矛盾という故事に即して考えてみよう。

古典の「韓非子」に、矛《ほこ》と盾《たて》を売るものがあって、自分の矛はどんな盾でも破ることができ、自分の盾はどんな矛でも防ぐことができると誇っていたが、人に、ではその矛でその盾を破ったらどうだ、と言われ答えられなかったという故事である（広辞苑）。ではもし矛を持った兵士と盾を持った兵士が決闘したらどうか。

「韓非子」に出てくる魔法の矛と盾なら、それこそ矛盾で話が成り立たないので、普通の消耗品の矛と盾の勝負とする。引き分けはなし、永遠に戦うものとする。

答えは言うまでもなく矛を持った兵士が勝ち、盾を持った兵士は殺される。なぜなら矛は殺傷兵器だが盾は防御兵器だからだ。つまり矛が壊れた場合のみ盾は生き残れる。しかし盾では相手を殺せない。逆に盾が壊れると、瞬時に矛は相手を刺し殺すだろう。「攻撃」は「防御」にいつも優位である。

もし北朝鮮やチャイナが、雨あられと弾道弾を日本に撃ってきたらどうなるか。日本はイージス艦や陸上配備の迎撃ミサイルで必死に反撃するだろう。しかし飽和攻撃を一発でも打ち漏らし、もし弾道弾に核弾頭が搭載されていれば日本は一巻の終わりであるが、相手は攻撃されないので涼しい顔である。

ウクライナの国難を見てもわかるように、軍備の非対称ほど恐ろしいものはない。逆に相手は非対称の利点を知り尽くしているからこそ、いくらでもひ弱な国をなめて恫喝し放題なのである。国際関係は道徳で成り立ってはいない。

日本人自らが、憲法九条、専守防衛、非核三原則などと自らの手を縛れば縛るほど、相手にとってこれほど美味しい話はない。サッカーのオウンゴールである。さぞかし日本人の馬鹿さ加減に笑いが止まらないことだろう。

国防は最大の福祉

現在の日本の国是の一つと言われている「非核三原則」はもちろん石原莞爾の戦後思想とは異なる流れでできたものである。日本が率先して核のない世界を目指す一里塚らしい。保守の論客、田久保忠衛氏は
「米国やロシアは途方もない数の核を所有し、削減交渉のカードとして使用できるからこそ理想を語れる。丸裸の日本に何ができるのか。アメリカの核の傘に入りながら核廃絶を口にするのはおかしい。日本が学ぶべきは一九七〇年代にソ連が展開した中距離ミサイルＳＳ20に対抗して自国に米国のパーシングⅡを配備し、結果的にＳＳ20をゼロに持って行った西ドイツのシュミット首相の研ぎ澄まされた知性である」
と述べられている。現在の日本を取り巻く国際情勢の非常に鋭い指摘である。（田久保忠衛

『「人格者」だけで乗り切れぬ世界』産経新聞朝刊正論、２０２１年10月6日）

相互確証破壊（ＭＡＤ・mutual assured destruction）とは、敵の核攻撃を受けても相手方に壊滅的な報復をすることで得られる核戦争の抑止システムである。悲しいことだがこれが現実であり、このＭＡＤは、英語の「気の狂った」という意味があるが、なんたるアイロニーであろうか。

かつて「国防は最大の福祉」と堂々と正論を述べた保守政治家がいたが、「日本も将来、核抑止を検討しなければ」と言っただけで防衛政務次官を引きずり降ろされるような国会である。よくも宦官議員ばかりを集めた国会であることよ、と嘆かざるを得ない（※註7）。

今われわれは、永遠に保護者のアメリカの核の傘に入るという精神的属国の生き方か、イスラエルのように周囲を敵に囲まれても核抑止でしたたかに生きるかの選択に迫られている。

石原莞爾の戦後の変節は彼が天才であるゆえに、何か高邁な哲学的理念に基づいたように美化する意見もあるが、何十年もの日本の未来を見据えたものとはとうてい思えない。稀有の天才といえども敗戦に直面して錯乱をきたしたのか。もっともっと彼の精神病理まで掘り下げて考えなければわかるものではない。次章でゆっくり検討することにしよう。

註

1　農本主義
農業をもって立国の基本とし、従って農村をもって社会組織の基礎としようとする立場。（広辞苑）

2　産業の地方分散で、そこで中小都市が中核となり農業と工業を共存させるという意味である。
そういえばドイツには今も昔も日本やアメリカのような巨大都市がない。地方都市に大企業が分散しているが、石原はこれをモデルにしているのか、ひとつのポリシーであろう。

3　ロバート・ローレンス：アイケルバーガー陸軍大将
日本占領の第8軍司令官、日本の再軍備を応援した。

4　安保法制：安倍内閣により平成二十八年より施行され、集団的自衛権容認など、普通の国の国防体制に一歩近づいた。

5
羹《あつもの》に懲《こ》りて膾《はます》を吹く：羹の熱いのに懲りて、冷たい膾をも吹いて食う。熱い食べものに懲りて無益な用心をすること。（広辞苑）

6　辰巳栄一の進言

旧軍人は敗戦に贖罪意識を持っても、再軍備は必要だと考えていた人は多い。石原が特殊なのだ。石原晩年の時の総理は吉田茂で大の軍人嫌いであり、石原と面識はなかったが軽武装、経済第一主義を貫いた。吉田は駐英武官歴が長い辰巳栄一元陸軍中将を秘密軍事顧問に採用した。辰巳は石原と違い、「敗軍の将」として世間に出ることを自ら戒めていたが、吉田に憲法改正と再軍備をたびたび進言し、よく衝突を起こした。

非軍事にこだわる吉田は「戦力不保持」をうたったアメリカ製憲法を盾に、本来国軍と位置づけるべき自衛隊を日陰のまま放置し続け現在に至る。

後年（昭和三十九年十一月）、引退後の吉田茂は辰巳元中将に、助言に耳を貸さなかったことを「深く反省している」と頭を下げた。日本が独立を回復し、国際社会の一員として歩むためには米国の妾では成りゆかないとやっと悟ったからである。しかし吉田の反省は今も生かされていない。（湯浅博『辰巳栄一』産経新聞出版）

7

西村眞悟元衆議院議員：日本の防衛政策の第一人者。戦後民主主義の欺瞞を鋭く突き、正論で日本人の国防意識の啓蒙に努めていたが、核抑止の検討を口にしただけで防衛政務次官を罷免された。

第十一章　石原莞爾の深層心理研究

石原莞爾の病蹟学の第一歩・人格特性のエピソードを蒐集しよう

敗戦を機に一気に石原は変わってしまった。戦前、あれほど颯爽と東條軍閥と戦い、日本を滅亡から救おうとした快男児が自己否定しだした。石原ファンは狐につままれたような、何とも言えない後味の悪さに苛まれる。なぜだろうか。そこでこの謎に満ちた変節を病蹟学の手法を導入し考えてみることにした。病蹟学とは、天才と呼ばれるような傑出した人物の精神活動を、精神医学的に研究する分野である。

今まで石原の変人ぶりを縷々述べてきた。この変わったキャラクターこそ石原人気の大きな要因であり、彼の伝記に盛り込めば花を添えること請け合いである。これらは面白いだけでなく病蹟学にかける絶好のネタでもある。そういうわけで幼少期からもう一度整理してみよう。

少年時代・柿木伐採事件

習字、行状点以外はすべて満点、神童の名を欲しいままにした年少時代。石原家と隣家の境界に柿木があり、子供が勝手に獲ることから隣家とのトラブルになり、石原莞爾が大人に相談もせず、さっさと伐採してしまい後で大騒動になった。（『石原莞爾選集四　昭和維新編』たまいらぼ）

幼くしてすでに早くも独断専行癖がみられる。ただし否定する意見もある。（武田邦太郎・菅原一彪『永久平和の使徒　石原莞爾』冬青社）

仙台陸軍幼年学校時代

教室でシラミを紙の上に並べて競争させたエピソード。図画の時間、うっとうしい図画教師を困らせるため、自分の陰部をスケッチして「わが宝を写す」と題し提出し、懲罰騒ぎを起こしたこと。（横山臣平『秘録石原莞爾』芙蓉書房）

勉強はトップだが、何をしでかすかわからない子供……現代でも周りにいるような気がする。石原は首席で陸幼を卒業。東京の中央幼年学校へ入学する。

東京陸軍中央幼年学校時代

ここでもあまり学校の勉強をしないが、成績だけはトップクラス。学校の講義より、戦史、政治、経済、思想、哲学、宗教などの幅広い人文系の勉強に、自学自習で打ち込んだ。このことが後に他の軍人と違い、幅広い国際的な政略、戦略を思索できる宝となる。それにしても知的好奇心の旺盛さには舌を巻く。

せっかく東京に来たのだからと、有名人の訪問癖が始まった。たとえば日曜日に早稲田の大隈重信や、日露戦争の凱旋将軍乃木大将の私邸を訪問し、人生訓を聞きまくるのである。

一面識もないまだ二十歳前の若造がである。いかに物怖じしない人間かということより、どんな偉人の前でも平常心、言い換えれば、どんな状況の変化があっても緊張しない、クールに目的を貫徹できるという片鱗がうかがわれる。この特異な資質は充分紙幅をさいて後述する。

陸軍士官学校時代

中央陸幼時代と同じく、学校の勉強はあまりせず、軍事以外の勉強に力を入れた。名士の訪問癖も中央陸幼時代と同じであった。陸士卒業時、成績は三五〇名中六番、恩賜の銀時計は拝受できなかった。理由は奇抜な放言、毒舌、品行、ハッタリなど、教官の反感を買うことが多かったためである。

卒後は東京第一師団勤務を希望したが叶わず、山形三二連隊となったが、半年で会津若松連隊へ回される。理由は、ふてぶてしい態度とやる気のなさが上司の不興を買ったという説と、自ら新設連隊で腕を振るいたいと希望したという説がある。（星亮一『鬼才　石原莞爾』光人社NF文庫、木村武雄『石原莞爾』土屋書店）

石原剣道

石原剣道という言葉がある。剣道を命のやり取りをする真剣試合と考えているのだ。

木村武雄氏によれば、「彼は試合に臨むと、まず大声で官姓名を名乗り上げ、相手の度肝を抜いて、無二無三に斬り込んで行く。打つところは胴、面、小手とは限らない。剣の当たり次第で脛も打てば腹も突く。まさに実戦さながらの太刀打ちである。そして疲労するとあっさり引き下がって降参する。この石原剣法は隊内の話題を呼んで、それが師団から全国にまで喧伝された」。

しかし実戦では、疲れたからと言って、あっさり引き下がって降参だけで済むものであろうか。石原の頭の中では、相手を散々打ちのめし、もし実戦なら相手は死んでいるので自分の方から降参と言っても目的を果たしているのである。彼なりのまことに勝手な自己完結である。

陸軍大学校時代

会津若松連隊時代、石原は連隊長室に呼ばれた。この連隊は新設なので陸大出身者がいない。陸大出身者がいることは連隊の誇りである。

「石原中尉、連隊の名誉のため、ぜひ陸大を受験してくれ」へそ曲がりの石原は初めは断り退室したが、結局嫌々ながら入学試験に臨んだ。七〇〇余人の受験者が、一次試験の筆記テストで一二〇人に絞られ、二次の面接で六〇名が合格となる予定である。筆記試験は五日間で、科目は、初級・応用戦術、陣中要務、軍制、兵器、地形、交通、築城、外国語、数学。

陸士同期の横山は、石原が参考書一つ持たずに手ぶらで来たのに驚いた。「奴には少なくとも暗記が必要な教科はすべて頭に入っているのだろうか」。一次試験はなんなく突破したが、うれしいことに親友の横山も合格した。二人はなかよく東京青山で行われる面接試験に臨んだ。ところが例によって石原は試験日までのんびり東京見物をしている。親切心で横山が忠告してもどこ吹く風、「俺には陸大は性にあわん」とからから笑った。

二次試験は面接試験といえども九科目、九日間にわたって行う大変なものだ。数人の試験官が受験者を取り囲み、ネチネチと意地悪な質問の集中攻撃をする。単に知識の豊富さ、正確さだけではなく、意表を突く奇襲的な質問に対する即応性も求められる。参謀としての頭の柔らかさ、将としての不動の精神を試験するのである。

石原の試験問題の一つに新しい兵器として登場したばかりの飛行機の問題が出た。試験官は黒板に図示して説明することを求めた。実は石原は飛行機がそれほど詳しくはなかった。試験官は武器をどこに積むのだと聞いてきた。これには石原も一瞬参ったが、「飛行機に軽い櫓を立て、そこに回転式の機関銃砲塔をのせて敵を撃ちます」とハッタリをかました。さらに「ドイツの軍事雑誌にも出ております」とハッタリに追い打ちをかけた。でまかせがばれたらという恐怖心がないのだ。試験官はいたく感銘し石原の合格が確定したという話がある。（横山臣平『秘録石原莞爾』芙蓉書房）

大正四年十一月より三年間、東京青山で陸大三〇期生としての新生活がスタートした。軍事面の学課でも、陸幼、陸士からの積み重ねがあり、教官との研究討論でも負けることはなかった。陸幼時代の虱《シラミ》競争などの稚気は収まってきたが、負けん気は変わるものではない。

陸大二年生（大正六年）の頃である。実地研修旅行（一般校では修学旅行）として、教官八名に引率され同期六〇名は満洲の古戦場めぐりをした。帰国後、「視察レポート」を教官に求められたが、石原は形式的な陸大の習慣に反撥、同級生が四苦八苦する中、なんと紙に「所見無」と書いて提出し、皆を唖然とさせた。所見がないなどと提出することが、教官をどれほど「おちょくる」（コケにする）か、十分わかっている確信犯である。

卒業席次と卒業後の進路

大正七年の卒業試験は二番だった。本当は一番であったが、「性粗野にして無頓着」の教官評のため首席をのがしたといわれる。ほんとうの理由は、石原が陸大卒業の御前講演を条件付きで教官から命じられた時、「条件を付けるなら教官殿がやったらよいでしょう」とやってしまったからだ。可愛くないといえばその通りであるが、条件を付けられた理由は、この札付きが天皇陛下の前で何を言いだすかわからないという恐怖心が学校側にあったからである。そのため次席の卒業生に御前講演をさせ、石原を次席にしたのである。それでも恩賜の軍刀組である。

恩賜の軍刀の拝受祝いに級友が駆け付け、「よくお前が軍刀をもらえたなあ」と称えると、

陸軍大学校卒業時

品行点がないからもらえた恩賜の軍刀。軍服右下部に陸大卒業徽章（天保銭メダル）が輝く。大正８年４月大尉任官記念撮影

「優等になれたのは、陸大には品行点がないからな。」とニヤッとした。

陸大卒業後、原隊の会津若松に帰り大尉に昇進し中隊長に補せられたが、わずか三カ月で教育総監部（東京）に出されるのである。しかしここでも赴任早々、意見書を上層部に提出した。なんと内部批判であった。

（木村武雄『石原莞爾』土屋書店）

「教育総監部は最早無用の長物である。このままでは廃止するのが賢明である」……ここでの勤務は、印刷された典範令の誤字脱字チェックという退屈な仕事で、天才には耐えがたかったのである。またふてくされた勤務態度になってきた。結局、教育総監部も難物を使いこなせない。本人の希望もあり、漢口の中支那派遣隊司令部付きに転出。ここで後に満洲事変でコンビを組む板垣征四郎少佐と出会い肝胆相照らす仲となる。やがて石原は東京に呼び戻され大正十年七月、陸大兵学教官になった。

陸大教官時代

石原を日本に帰す前、陸軍上層部は頭を抱えていた。この暴れ馬をどこで使うかである。能力から言えば、エリートのメッカ参謀本部が当然であるが見送られた。陸大教官は学校の先生だ。組織との協調性に欠ける石原は、教育畑が合っており、研究さえやってくれればよい、との意見が出てきたとも考えられる。

つまり石原の強烈な個性が参謀本部から敬遠されたのだ。では陸大での石原は幸せだったのか。どうもそうではない。

まず石原教官と学生の格差が開きすぎている。できの悪い学生を懇切丁寧に指導するなんて、彼の性に合ってない。「自分の講義を理解できない奴は馬鹿だからしょうがない」と思っているものだから、学生に雰囲気が伝わる。石原の方も、学生と心躍るディスカッションができないものだからストレスがたまる。

読者の皆さんはこのような経験をされたことがあるだろうか。昔、私がいた予備校は東大からきているエリート講師が多かった。ある数学の授業の時、いかにも秀才然とした若い講師が黒板にスラスラ答えの数式を書き出し、二、三行書いたところで、「さあ皆さん、後はピンときたでしょう。ここまで見て閃かなければ、もう駄目なんですよ。これ以上考えるのは時間の無駄ですよ。わからない人は、もっとやさしい三流大学に変えたらどうです。私の労力もなくなりますし、親も授業料を払わなくて済みますよ」と真顔で言った。秀才連中は腹を抱えてげらげら笑い転げた。ブラックジョークかもしれないが、私のような凡才は、心えぐられる思いであった。

歴史学者、福井雄三氏も「おそらく石原の講義も一方通行であり、天上天下唯我独尊の講義は評判が悪かったに違いない」と述べている。（福井雄三『板垣征四郎と石原莞爾』PHP研究所）

以上がドイツへ留学するまでの、大まかな奇行伝である。高級軍人になってからの奇行歴は縷々述べてきたので省略する。これらの奇行を総覧していえることは、仕事は天才肌だが、破天荒、天衣無縫、茶目っ気、型破り、傍若無人。そして、友達や下の者には優しいが、少し偉そうな先輩や上司にはとことん抗うという傾向である。

われわれの会社や組織にも稀にいそうである。下の者にとっては頼もしいが、上司にとってはたまったものではない。これを官僚社会のなかで最も硬直した秩序を重んじる日本陸軍の中でやらかしたのである。

石原の行動力、突破力、権力に立ち向かう攻撃性を考えると、躁的な要素もあるのであろう。幼少期から石原の性格は「マニー親和型性格」と言われるものである。これは躁病（マニー）の一歩手前だ。秩序に安定を求めず、事に対して臨機応変に対処する。自己肯定感が強く、行為心迫（思ったことを即実行）する性格である。性格だから病気ではない。

「妄想」からみた石原莞爾

精神科の野村総一郎先生は、石原の性格論に加えて彼の妄想的側面を強調する。（野村総一郎『満洲事変と関東軍参謀石原莞爾の精神病理』精神科十二（五））「釈迦が死んで二五〇〇年でハルマゲドンが起こるが、それに勝ち抜く準備をせよ」とオウム真理教顔負けの説法をしたり、最終戦争の後には、天皇が宇宙の中心の聖天子金輪大王《せいてんしこんりんだいおう》になると言ったり、とにかく論理の飛躍が著しい（これが「世界最終論」の根拠になっている）。「聖天子金輪大王とはいったい何なんだ」、「石原は本気で信じているのか?」、「石原のオツムの方は大丈夫なのか?」とわれわれは問いたくなる。「宗教的信念と妄想はどう違うのか」という問題に収束してきそうである。ただし後述するが、この妄想的説法は本職の軍の中の作戦会議で開陳したことは一度もない。ここが大切である。

妄想の定義は「思考内容の強固な確信」なので石原の思想は妄想の定義に合致する。しかし妄想と対極をなす現実社会で、常に軍のリーダーとして指導性を発揮しているので、統合失調症という病気による妄想ではない。統合失調症は人格の荒廃、すなわち妄想から始まるゆがんだ自分がすべてであるので、石原のように組織の中でバリバリ仕事はできない。

もう一つパラノイア（妄想性障害）という病気がある。この患者は妄想が整理統合され、自分にとって矛盾のない論理体系となっており、妄想以外は思考や知性は正常で人格変化は目立たない。仕事もバリバリできる。したがって石原のようにトップリーダーがパラノイアである可能性もありうる。しかし真正のパラノイアは「自分が……になる」、「周囲から自分が……される」、「自分が使命を持つ」などの「自己中心性」があるが、石原は自己中心性が全く見られない。一〇〇％「公」のためにという世界に生きているのだ。よって典型的パラノイアでもない。

もちろん、石原の精神状態は精神科医が診断によく用いるＤＳＭ―Ｖのような臨床診断基準に当てはまるものではない。このように石原の診断は精神科でもお手上げなのである。野村先生は結論として、「石原は軽度の統合失調症型人格プラス高度の熱狂的性格」だと分析されている。（同書）

ちなみに熱狂者（狂信者）とは「ある特定の観念のために自分の生涯をかけて戦う人々」、「そのために自分の地位や財産をいくらでも費やす人」のことである。ドイツの精神学者クルト・シュナイダーの精神病質者一〇類型の一つである。

秦郁彦氏による石原人気の分析

石原の性格分析は何とかできたとしても、なぜ一般大衆は石原に惹きつけられるのかよくわからない。今でも大きい本屋の、近代史、戦史、満洲事変コーナーには石原本が一杯である。石原莞爾研究の第一人者、秦郁彦氏は石原人気の原因は次の二つと分析する。

（１）「最大の理由は、一九四五年以降の日本はすっかりちんまりした国になっちゃってる。

活躍する舞台の幅や広さが非常に狭められています。そういう精神的な閉塞状況がある。しかし昔の日本はこんなにちんまりしていたんじゃなくて、その時代に（石原莞爾が）縦横無尽に活動した、それが日本国を滅ぼすことになったかどうかということは別として、それに対する憧れみたいなものはあると思うんです。だからああした自由奔放な人生を送った人間に対して、若い人から人気が出るのは分かりますね」

（2）もう一つは石原の性格が複雑すぎてミステリーに包まれているところだ。前述したが昭和天皇が『一体石原という人間はどんな人間なのか、よく判らない』と、二・二六事件の時の石原の態度を指摘されたことを指して秦氏は振り返る。

「昭和天皇というのは眼識が凄い人なんですよ。『昭和天皇独白録』でも（政治家、軍人たちに）非常に厳しい評価をしている。歴史の専門家から見ても、いいところを見ているな、というぐらい的確なんです。」「人物を明快にパッと切り捨てる昭和天皇が、石原莞爾だけは『分からない』と言っている。この分からない部分、謎を秘めた部分も魅力の源泉になるんでしょうね。何もかも分かって単純明解な人だったら、それだけで終わりです」と述べている。（秦郁彦インタビュー『軍人シリーズ別冊宝島・石原莞爾』宝島社）

（2）の「石原だけは分からない」を精神医学的に解明しようとしても、病気ではないのだから専門家ももう一歩のところで立ち止まってしまう。なにか別のアプローチはないものであろうか。

石原はサイコパス（精神病質者）のカテゴリーに当てはまらないか

医学教科書には載っていないが、脳科学の方面でサイコパスの概念が提唱されて久しい。サイコパスを広辞苑でみると、「精神病質者の俗称」とあるだけで極めてそっけない。精神科では反社会性人格障害とよばれるものに一番近く、「行動や感情に著しい偏りがあり、日常生活に支障が生じるもの」と定義される。

平成十三年、大阪教育大学付属池田小学校で起きた、児童の大量殺人事件が日本中を震撼させた。犯人の動機は「恵まれた子がけったいなオッサンに殺される不条理を世の中に分からせたかった」というまさに狂気そのものである。この大量殺人犯は精神科医によって反社会性人格障害と診断された。サイコパスは反社会性人格障害の類縁ゆえに、背後から忍び寄る殺人鬼や、何食わぬ顔をして毒物を注入したり、ガソリンに火をつけたりする犯人などを連想してしまう。

しかし怖いサイコパスはごく一部だけで、社会に貢献するサイコパスも多くいるのだ。サイコパスは精神科の病名でないのでイメージしにくいが、心理学のなかの一つのカテゴリーと考えたらどうだろうか。

サイコパスは幅が広い……良いサイコパスだってある！

わたしがこの節でサイコパスを持ってきたのは、石原もサイコパスのスペクトラム（連続的に程度が変化する広がり）のどこかに位置するのではないかと思うからだ。

イギリスの心理学者でサイコパス研究の第一人者、ケヴィン・ダットンは、「サイコパスは悪くないだけではなく、じつはいい場合だってある」と述べている。（ケヴィン・ダットン『サイコパス　秘められた能力』ＮＨＫ出版）

彼は一例としてある脳神経外科医の言葉を引き合いに出す。

「執刀する患者に思いやりなんていだかない。そんな余裕はない。手術室では別人になる。冷酷無慈悲な機械になって、手にしたメスやドリルやノコギリと完全に一体化するんだ。脳という雪山で死を相手に闘っているときは、感情の出る幕はない。感情は混沌をもたらし、仕事に差し支える。わたしは長年、感情を探し出してはことごとく抹殺してきた」

ケヴィン・ダットンは良いサイコパスを次のように総括している。

「サイコパスは怖いもの知らずで、自信にあふれ、カリスマ性があり、非情で一点に集中する。

彼らは、世間一般の思い込みとは裏腹に、必ずしも暴力的でない。それにサイコパスであることは朗報でさえある。というか先ほど触れたとおり、自分の人格の隠された要素次第では朗報になりうる。サイコパスかそうでないかふたつにひとつというのではなく、サイコパスの周辺には内側にも外側にもグレーゾーンがある」(同書)

さらに彼はアメリカの有人宇宙船アポロ11号の乗組員ニール・アームストロングがサイコパスであったと類推している。アポロが月の岩場にあわや激突という絶体絶命下、ただ一人極めて冷静沈着に着陸地点を見極め、見事、人類初の月面着陸を成功させたからである。

リスクに直面しても恐怖や不安を感じない人間、危険物の処理、スパイ、手に汗を握る敵国との外交交渉などをポーカーフェイスでやってのける人間はまことにかっこいい。

普通の神経ではとても務まらない仕事をやってのけるからこそ、映画のヒーローとなれるのだ(恐怖や不安を感じないということは、この感情を司る扁桃体という領域の働きが低下している。サルの実験で扁桃体を破壊すると、普通蛇を怖れるサルが、平気で蛇をつかむことができるようになる)。

そういえば二・二六事件で、石原が抜刀した青年将校にあわや斬られるというところでも、顔色一つ変えず「引かなければ断固討伐する」と言ったことは、彼の頭の、恐怖を感じる「扁桃体」という部分の異常な働き(鈍い?)のせいかもしれない。

サイコパスの診断

この本は精神医学の本ではないので、深入りするつもりはない(読者に嫌がられるので)。

開放性	誠実性	外向性	協調性	神経症的傾向
空想 …3.1	有能さ …4.2	温かさ …1.7	信頼 …1.7	不安 …1.5
審美的 …2.3	秩序 …2.6	社交性 …3.7	率直さ …1.1	激しい敵意 …3.9
感情の豊かさ …1.8	義理堅さ …1.2	自己主張の強さ …4.5	利他主義 …1.3	意気消沈 …1.4
行動 …4.3	目標達成に努力する …3.1	活発さ …3.7	従順 …1.3	自意識 …1.1
アイディア …3.5	自制 …1.9	刺激を求める …4.7	謙遜 …1.0	衝動性 …4.5
価値観 …2.9	慎重さ …1.6	前向きな感情 …2.5	優しさ …1.3	傷つきやすさ …1.5

サイコパス的人格プロファイル採点
（『サイコパス・秘められた能力』NHK 出版 P74 より）

しかしサイコパス達を点数化し、世界の政治指導者はどうか、石原莞爾はどうかを調べ、アナロジー（類似性）を探っていくことは興味深い。

人格は五つの構成要素に分解される（ビッグファイブ）。①経験に対する開放性（知性）、②誠実性、③外向性、④協調性、⑤神経症的傾向の五つである。この五つは心理学的にそれ以上分割できないので、物質に対する素粒子の考え方のようなものである。

二〇〇一年、ケンタッキー大学のドナルド・ライナムは、サイコパスを使って大規模な実験を行った。ビッグファイブの下位特性（サブグループ）三〇項目にサイコパスの人がどの程度当てはまるかを、1点（非常に低い）から5点（非常に高い）まで五段階に採点した（その分野で実績のある心理学者に依頼）。コントロール（サイコパスではない人）がないのは残念だ

が。（同書）

図表を見て頂きたい。結果は、

④「協調性」について、各サブグループは当然のことながら低い。石原の言動を見てもわかることだ。

②「誠実性」に関しては「有能さ」と「目的達成に努力する」が点数が高い。有能さはサイコパスの特質だからだ。しかし「秩序」、「自制」などは低く石原もそうだろう。

⑤「神経症的傾向」に関しては、「衝動性」と「激しい敵意」が断トツである。不安は低い。

③「外向性」の「自己主張の強さ」の高得点　石原そのものである。

①「開放性」（知性）の「行動」の高得点　これまた石原そのものである。

これらのサブグループの高得点群と低得点群の組み合わせこそサイコパスの本質を表している。つまりサイコパスは魅力的でひたむきな反面、冷酷で何をしでかすか分からないということである。石原をライナムの検査に当てはめた研究者はいないが、ほぼ同様の結果が得られそうである。

歴代の米大統領の非常に興味深いサイコパス研究が二〇一〇年実施された。ＮＩＨ（米国立衛生研究所）がつくった標準化人格テスト（ＮＥＯ人格目録）を、アメリカ大統領の伝記執筆者達に送付したのである。

「他人に利用される前に他人を利用すべきだ」「人を傷つけてもやましさを感じたことはな

い」などの設問が全部で二四〇項目。伝記執筆者達は大統領（故人も含む）のかわりに設問に答えるので、実質テストされているのは、間接的であるとはいえ伝記の主人公の大統領である。

結果は興味あることに、セオドア・ルーズベルト、フランクリン・ルーズベルト、ジョン・F・ケネディ、ビル・クリントンなど何人もの大統領がサイコパス的特性を示した。

世界の強大国のトップが、連続殺人犯に通じる特性を持っていることは、由々しきことかもしれないが、大統領向き人格がサイコパスである事実を検証する必要があると、ダットンは述べている。（同書）

ハーバード大学の「トロッコ実験」

もしサイコパスが潮目によってすぐ変節する傾向があれば、今まで我々が悩んできた、すぐワープする石原のわかりにくさが明らかになる。なにか適切な心理実験がないものか。近い実験はある。

ハーバード大学の心理学教室のヴァーチャル実験である。原文には方法が具体的には書いていないが、おそらく被験者にヴァーチャル画像を見せて、押しボタンで回答を求めるのであろう。（Joshua D・Greene　et al. 2001, 2105～8P）

実験系1

鉄道の上をトロッコが猛スピードで走っているモデルで、トロッコのはるか先に五人の人間が線路に括り付けられている。その手前に支線があり、スイッチ一つでトロッコを支線に誘導できるが、支線にも一人の人間が括り付けられている。

「さあ、あなたはどちらのスイッチを押す? 本線か支線か」この選択を普通の人（サイコパスではない人）とサイコパスにやらせるのである。もちろん両者の脳の働きをｆＭＲＩ（機能的磁気共鳴映像法）でモニターするのだ（ｆＭＲＩは脳の働きが活性化しているところが信号を発する＝輝く）。結果は両者とも短い時間に支線スイッチを押す。一人を殺して多数を救うという「冷たい共感」が生じ、両者のｆＭＲＩも同じ所見で、合理的思考の中枢の前頭前皮質と後頭頂皮質が輝く。

実験系2

今度は一直線の線路にやはり五人が括り付けられているが、支線はない。五人の手前に橋が架かっている。橋の上に見知らぬ大柄の男が立っている。五人を救うためには、トロッコの前にその男を突き落としてトロッコを止めるしかない。

「さあ、あなたはこの男を橋から突き落としますか、しませんか」

二つの実験系とも、一人を犠牲にして五人を救うのだ。どう違うのだ。実験系1では、被験者は（自分がトロッコを支線に誘導したにせよ）、偶然に運の悪い一人が犠牲になったと錯覚させてもらえる。しかし2では冷静な信念をもって被験者は大男を突き落とすことを迫られる。同じ試験をコロンビア大とコーネル大で行ったが、約九〇%の人は突き落とすのを拒否した。

グリーンは、普通の人が男を突き落とす選択を迫られた時、fMRIで脳を見ると感情・情動・恐怖の中枢の扁桃体が光り輝いたと言っている。これを「熱い共感」と言っている。つまり感情的なモラルジレンマが生じ、扁桃体が「突き落とすなんで嫌だ」と叫んでいるの

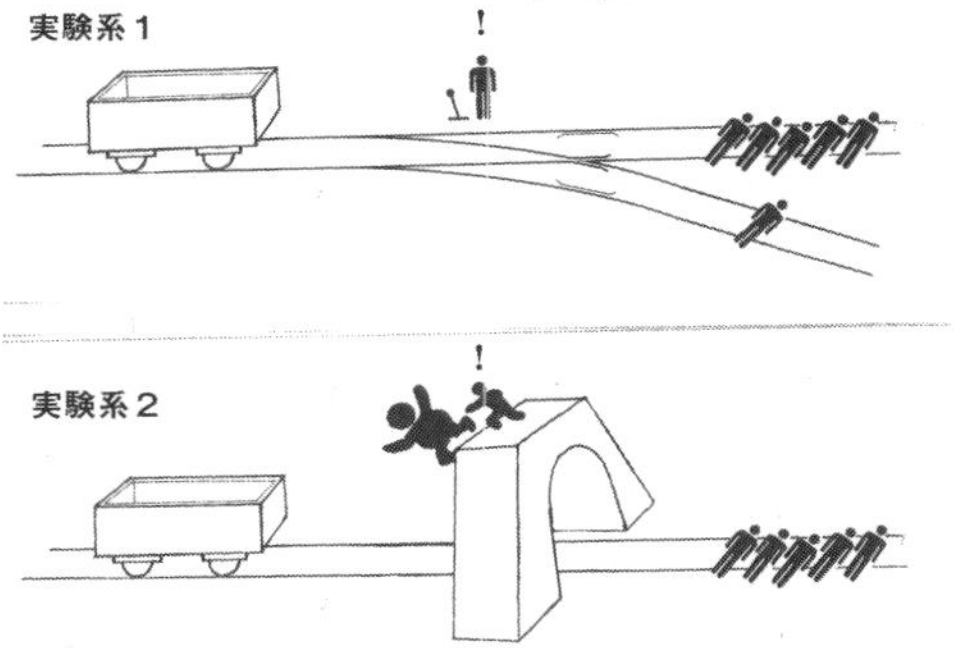

ハーバード大学の「トロッコ実験」

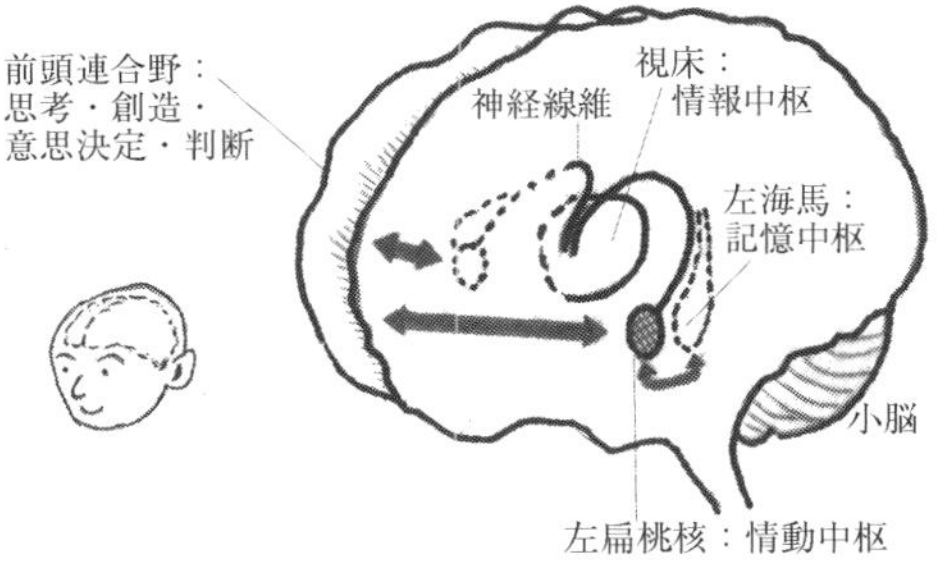

扁桃核と前頭連合野との関係

情動中枢である扁桃核は大脳の側方（側頭葉）の奥深くに左右１対ある。扁桃核と理性の中枢、前頭連合野は相互に働きかけている。もし、扁桃核が機能不全であれば人間の情動は低下し、前頭連合野の「思考」「創造」「意思決定」「判断」「怖さ知らず」が目立ち、合理的行動のみに価値観を見い出すようになる。

である。

いっぽうサイコパスはかなり短い時間で結論を出す。まったく平然と男を突き落とすのである。

サイコパスの人が突き落としを迫られた時、扁桃体は真っ暗のまま、神経系はしんとしていたそうである。この恐怖心の欠如、感情の鈍麻こそがサイコパスの特徴である。神経生理学者の中には、扁桃体の機能不全こそサイコパシーの本体であると推測する人もいる。(Gleen. A.L.[2009]5〜6p)

もちろんこの実験は、普通の人が心情的に躊躇する局面でも、サイコパスは「なんら感情を交えず瞬時に決断を下す」、といった実験にしか過ぎない。石原の変節癖をストレートに証明するものではない。しかし、普通の人間は、運命を左右するような局面で、以前の信念を翻し変節することは、心情的に躊躇するものであり、多少口をつむぐものである。アッケらかんとできるものではない。

石原は二・二六事件の時、前日まで反乱軍を何とか助けようとしていたのに、潮目が変わると手のひらを返したように、叛乱軍討伐を躊躇する上層部を叱りつけ、断固殲滅と叫ぶなど実験系2のサイコパスモデルに見えて仕方がない。「割り切り」の早さが尋常ではない。敗戦直後にも、

・戦前、「世界最終戦」のため強力な軍事国家を目指した石原が、敗戦とともに突如、非武装中立を叫ぶ。

・「世界最終戦」の石原理論が破綻すると、「敗戦は神意」と「神」のせいにする。

・持論の自給自足の農本主義を確立するためには、却ってアメリカ軍の空爆が都市解体をやってくれたのは僥倖である。などと、さらりと聴衆の前で言ってのけるのである（空襲による何十万という犠牲者を知りながら、焼け野原の祖国を尻目にしながらである）。

局面が変わると、何のためらいもなく変節し、新しい思考にワープできる柔軟性と決断力。強固な自説を何のためらいもなく撤回するスピードの速さ。自説撤回後の心苦しさや自己嫌悪の欠如など、これらは「なんら感情を交えず瞬時に決断をくだす」というサイコパスの特質ではないだろうか。

敗戦後、多くの高級軍人が敗戦の責任を感じ、自決するか石のように沈黙を守ったが、彼らの扁桃体は正常だ。「自らの責任で多くの部下を殺し、国を破滅させた」という苦渋感、懺悔感、恐怖感で一杯なのであるから。しかし石原はどうであろうか。もちろん私は石原をサイコパスの片鱗ではないかと勝手に推測しただけで、彼の本当の心のメカニズムをわかっているわけではない。しかし、石原の特殊な精神病理、すなわち自然体のまま自分を一八〇度転換させることができる、いや、別次元へワープさせることができる才能のわかりにくさに、やっと少しずつ明かりが見えてきたような気がする。

ちなみにケヴィン・ダットンはサイコパスの中核原理を次の七つと定義している。（同書）

1，非情さ
2，魅力
3，一点集中力
4，精神の強靭さ
5，恐怖心の欠如
6，マインドフルネス（余計な情報を遮断し、今この瞬間に集中力を高める心の持ち方）
7，行動力

これらの要素をそろえている人間は、それこそ007のジェームス・ボンドのようなヒーローだろう。現実の石原莞爾がどれほど当てはまっているかは別として、魅力あふれる男の要素には違いない。ただケヴィン・ダットンは次の言葉で締めくくる。「サイコパスという車そのものはじつに魅力的だ。ただ、飛ばしすぎで公道は走れない」。（同書）

終　章　毀誉褒貶

石原莞爾を総括する

前章で、日本の命運を左右しかねない行動をやらかした、複雑怪奇なキャラクターをもつ男・石原莞爾を私なりに解剖したつもりである。しかしこれ以上の考察はわたしの能力を超えているし、そろそろ総括しなければならない時が来たようである。

そこで終章として、

（1）他の研究者は石原莞爾をどう評価しているか。多くの評伝の相互比較

（2）彼の軍略と宗教との関係

（3）宗教人としての西山農場時代

（4）国民の指導者としての毀誉褒貶

の四つに分けて総括したいと思う。

二種類の評伝・石原鑽仰本と石原譴責本

石原莞爾ほど多くの作家の執筆欲をそそる人物はそうそういない。今までどれほど多くの石原本が刊行されたことか。石原莞爾の評伝は大きく二つに分かれる。鑽仰本と譴責本だ。本屋で圧倒的に多く見られるのは石原をカリスマ化する鑽仰本である。

石原鑽仰本は、「快男児石原莞爾」としてイデオロギーなしで評価するものが多い。これはこれで、反逆児石原莞爾、弱い立場の人間を思いやる人間石原莞爾、として読めば、まことにスカッとする。さらにｉｆ本の類であるが、「石原が参謀総長になって対米戦争を指揮していたら」などや「石原が東條に代わって首相になっていたら」などという、あたかも悲運の英雄を偲ぶような声もある。そのベースになるものは、なによりも狭い日本に住み飽きた戦前の日本人が、緑豊かな満洲という未開の大地に飛躍するロマンであり、石原はその先鞭をつけた英雄というイメージにもとづいている。

歴史家秦郁彦氏は実に味わい深い感想を述べる。

「好き嫌いで歴史を見てはいかんと自戒している立場ではあるんですが、『嫌いじゃない』ですね。じゃあ東條はどうかという話になるけど、東條は『好きじゃない』（笑）。東條じゃなく、石原にやらせてみたらどうだったろうか、そう思わせてしまうのも石原の人気の理由かもしれませんね」（秦郁彦インタビュー『軍人シリーズ別冊宝島・石原莞爾』宝島社）

これに対して　石原譴責本はどうか。これは数が少ないが、キーフレーズもまことに面白い。

「陸軍内の下剋上の先鞭をつけた男」（佐野量幸『梅津美治郎大将』元就出版社）

「放火犯（満洲事変）の消火作業（日支戦争和平）」（佐高信『石原莞爾　その虚飾』講談社文庫）

「平和主義者という虚飾」（持丸文雄『平和主義者に転向したエリート陸軍軍人』文芸社）

など、石原を鋭く突いている。いずれも帝国主義者、侵略主義者、軍閥の黒幕などのイメージである。石原が（私利私欲ではなく）いかに国益のためとはいえ、権謀術数の限りを尽くして事を成したか、現代の倫理面で考えれば肯定できないのも一理ある。石原は策士であっても、決して聖人君子ではない。

しかし鑽仰本も譴責本も表裏一体、どちらも石原の本質を突いており、これこそ石原の複雑性を示す証左であろう。

評伝に宗教性を持ち込むと正しい評価が得られない

石原は若い頃から日蓮教に深く帰依していたことはよく知られている。しかし一部の鑽仰本、譴責本が宗教性を持ち込んでいることが、ただでさえ分かりにくい石原研究を難しくしている。

鑽仰本のなかで問題なのは東亜連盟関係、特に国柱会青年部の精華会関係の同志たちの本だ。これらの本のサブタイトルには、「永久平和の使徒」とか「永久平和の先駆者」などと書いてある（※註1）。紙幅の関係ですべてを引用できないが、熱烈な石原教の著者が、史実に牽強付会することが問題である。

たとえば、満洲事変は、石原莞爾、板垣征四郎が首謀者と歴史上確定しているが、鑽仰本ではこれを否定するのだ。理由は、関東軍は張学良軍の攻撃に、いつでも即応、粉砕できる準備ができており、あえて線路を爆破する謀略が必要ないということらしい。（武田邦太郎・菅原一彪『永久平和の使徒　石原莞爾』冬青社）

さらに「つねに日蓮聖人の大霊の御前にある石原先生がするはずがない」とまで断定する。（入江辰雄『石原莞爾』たまいらぼ）

この著者は石原に傾倒するあまり、根拠を示さず類推でものを言っている。

北支事変初期、局地戦（小競り合い）にもかかわらず石原が増派決定したのは単なる判断ミスであるが、鑽仰本では「石原の頭の判断だけでは決定していないと思う。必ず大聖霊にお祈りし、使者日蓮聖人からお示しを受けて……」という。あたかも霊能者の扱いだ。（同書）

大東亜戦争末期、ソ連が火事場泥棒的に千島に侵入してきた時のこと、進撃が停止したことは「神風」としか思えないとし、「石原があれだけ生涯、東亜に和平を実現しようと願い、ソ連が侵入しないよう祈りを捧げていたからではないか」という節には、何をか言わんや。宗教を狂信する人の言としかいいようがない。（同書）

占守島で侵略ソ連軍を打ち破った我が将兵の奮闘は、退役している石原の祈りより軽いというのか。

最後に新憲法に対しても鑽仰本は次の様に述べる（もうこりごりだと言わずにもう少し！）。

「日本は敗戦の教訓により、憲法をもって世界に向かい、永久に戦争の放棄を誓ったが、またも大聖霊の御心に反して、今や世界第八位といわれる軍備を持ち（自衛隊のこと）、米ソ対立の片棒を担っている。……世間では日本国憲法は敗戦でマッカーサーに押しつけられたのだからという声があり、いつ国会に改正案を出さんともかぎらない。だがこれは大聖霊から石原を通じていただいた「国民総懺悔」のおことばと同じく、「戦争放棄」の教えも「日本国憲法」によせて、大聖霊がお力をもって全人類に下さった教えであった。石原は、人類がこのお示しをただ仰いで信受すべきであると高唱していたのである」（同書）

いかがであろうか。石原の思想と行動をすべて見事に日蓮教に収束させている。軍備放棄、マッカーサー憲法死守とは、今の左翼政党以上ではないか。ちなみに著者の入江氏は戦前より東亜連盟運動に挺身され、西山開拓農業協同組合理事をされた、石原の古くからの同志である。決して共産主義者ではない。満洲事変および満洲建国は、日蓮聖人の「諫暁《かんぎょう》八幡抄」（※註2）の実践であり、日支戦争、大東亜戦争は石原がとめるのも聞かず行った侵略戦争だ、と断定される。つまり満洲事変および満洲建国は日蓮教に従ったので成功し、後の戦争は教えに背いたので敗北したということだ。

これに対し、石原讃責本はどうか。なかでもリベラルの評論家、佐高信氏は石原莞爾と同郷で、郷里の英雄伝説を必死で剥ぐ作業を続けているという。さらに石原の行動に宗教がからんでいることを非難する。

「石原のロマンチシズムは、法華教に胚胎するものだった。信仰は勝手である。しかし、矛盾が出てくると、南無妙法蓮華経と言われては、苦笑するしかない。ただ、石原の場合は、それが石原個人の空想にとどまらず、その実現を信じて、多くの人間が動いてしまった。そこに法華経の罪深さもあろう」（佐高信『石原莞爾　その虚飾』講談社文庫）

これまた過激な表現である。精華会本と同じく、石原の行動原理がすべて法華経に基づいているような意見である。しかし譴責本の中で一番口を極めて石原を罵っている佐高本でも、奇妙なことに一点だけ彼を絶賛するところがある。

「石原の場合は、むしろ、軍人としての『仕事』と『人間』を切り離せば、人間としては賞讃される側面があるかもしれない」との一節だ。

氏が屈指のリベラルだけあって、戦前の日本の国策をすべて否定し、逆に石原が戦後すぐ発表した「われらの世界観」所収の「戦争放棄論」を強く支持していることは容易にうなずける。

「日本は蹂躙されてもかまわないから、われわれは絶対、戦争放棄に徹して生きて行くべきです」というあの有名な変節フレーズを、氏が有難がるのは自由である。しかし少なくとも第十章「それはないよ！　莞爾さん」で述べたように、現在の日本では考えられない妄想であることはすでに指摘した。

宗教者石原莞爾と政略・軍略家石原莞爾を区別しないと混乱する

石原莞爾の名誉のためにいうと、彼は戦争で困った時に、南無妙法蓮華経と祈ったわけではない。また戦時、平時を問わず、参謀本部や司令部の会議で、法華経に基づいた意見を述べた記録はない。少なくとも職業軍人石原は、現実には仕事と宗教とを分けていた。石原は傍若無人であっても計算づくであって、周囲の空気を読めないような発達障害はない。したがってこの宗教が、一般人には理解困難であるとわかっているので、本職の軍そのものに持ち込むことはなかった。石原が日蓮を持ち出すのは、一般民衆相手の講演か、論文ぐらいであり、本職と宗教とは分別していた。

石原莞爾全集の発行委員の一人で、東亜連盟の同志の白土菊枝氏は、「……その将軍の思想の根底には日蓮聖人の信仰があったことはよく知られております。しかし信仰は元来、実践し体験し自証するものである上、将軍はその分野について語ることは意識的に遠慮されましたので、信仰者石原莞爾に関しては『世界最終戦論』の一部、「日蓮教入門」等、少数のものをのぞいては、その面を知る人が気をつけてとった記録の発表に待つしかありませんでした。」と述べている。(『石原莞爾全集七巻』石原莞爾全集刊行会)

石原鑽仰本も石原譴責本も、過剰に軍事と宗教を結びつけるべきではない。石原がいくらマルチ人間とはいえ、政略家、軍略家としての才能と、宗教家としての存在を峻別しなければ、単に稀代の変人の、ミステリーが一杯のオモシロ評伝に堕してしまうだろう。

政略・軍略家としての石原莞爾の凄さを再認識しよう

私は前述の佐高氏がボロクソにいう軍人としての『仕事』を、石原が、それこそ蛟龍雲を得るように完遂できていれば、戦後の日本は……との思いがある。もし石原が国政を動かしていたら、というのは大いなる幻想であるが、南進論もなく日本が惨めな敗戦国になることもなかったに違いない。確かに彼は「世界最終戦争」というとんでもない戦争哲学を持っていたが、その集大成の対米戦争には極めて現実的であった。「韜光養晦《とうこうようかい》」という言葉はまさにこの時の石原の心理だ。「韜光養晦」とは爪を隠して力を蓄えることであるが、今や世界第二の強大国になったチャイナの国造りを指導した鄧小平の言葉である。しかし日本が国力をさらに蓄えたところで仮想敵国アメリカも成長する。元々の圧倒的な国力差は埋めがたいことを賢明な石原が分からないはずがない。それゆえ「世界最終戦争」を唱えたからと言って、必ずしも開戦を決意しているわけではない。

石原は負ける戦争はしないのだ。いや戦争になる前に損をしないように巧みな駆け引きをするに違いない。

しかし政府や軍は石原莞爾の忠告を無視し続けた。日本の興亡を左右する肝腎な局面で、この天才の頭脳を活用できなかった。日本は愚かにも対支戦争と同時進行で南進論という地獄の片道切符を手にし、亡国への道を邁進したのである。不幸にして対米戦争が開始されたが、昭和の戦争指導者たちには戦略・政略がない。日露戦争時のような落としどころを知らないのだ（※註3）。賢いリーダーであれば戦争に負けるにしても、もう少しましな負け方をするだろう。石原とて対米戦の勝利の方程式はなかったが、サイパン戦までは、少なくとも、「敗けない方程式」は持っていたのである。

それゆえ完全無欠ではないものの、昭和二十年八月十五日までの石原莞爾の大局的な戦略眼ほど秀逸なものはなかったとわたしは信じ、称賛したいのである。

石原の陸大時代の教官で、石原の作戦課長時代に参謀次長であった西尾寿造少将の石原評を記す。その言葉は同じ軍人として、彼の図星を指して実に的確である。

「石原莞爾という人は深く交わらないとなかなかそのほんとうの人柄がわからない人だ。書くことはいつでも極めて簡単であったし、いうことはいつも結論ばかりというわけで、理由なり説明なりはさらにない。だからなかなかわかりかねるのだが、わからない者をすぐ馬鹿にして相手にしないという欠点があった。

だが実に偉い男で、まず国力ということを常に考えていた。国力に見合った国策――戦争という固い信念であった。だから大東亜戦争などには真向うから反対であったわけだ。今となっては、一々全く彼の言ったとおりの世の中になっている。

結局彼の言うとおりやっていさえすれば、よかったのだ。彼を退けたということは、国家の莫大な利益を害したもので、全く惜しい限りであった」（藤本治毅『石原莞爾』時事通信社）

石原莞爾は、平和の使徒でも、好戦軍人でもない。日蓮聖人の教え通り戦争をやったのではもちろんない。西洋戦史を研究し、我が国の軍隊に応用し、日本の国益を第一に考えるリアリストであった。ただ一点、戦後の変節がリベラルと一致しすぎたのだ。

西山農場での活動

軍人の匂いがすっかりおちてしまった石原は戦後どのように過ごしたのだろうか。石原莞爾の活動拠点は酒田の北二〇キロほどにある遊佐に移った。

昭和二十一年五月、東京逓信病院で膀胱癌の開腹手術を受け、八月鶴岡に帰って静養していたが、たまたま東亜連盟の同志から、鳥海山麓の海岸の砂丘地で、防風林沿いの原野を開拓するのでぜひ指導に来て欲しいとの依頼があったのだ。今の遊佐町の西北の地で西山と呼ばれていた。膀胱癌はすでに進行しており病状も思わしくなかったが、石原の心は躍った。ここ西山で、新日本の目指すべき国民生活のパイロットスタディをやってみようと考えた。満洲に及ぶべくもないが、理想の共同体作りこそ日本再生の第一歩と信じたのである。目指すべき国民生活の方策として、実践すべき三原則を定めた。

（1）都市解体
（2）農工一体
（3）簡素生活

西山入植は東亜連盟の二八人の同志で始まった。その後多くが入れ替わり立ち替わりしたが、共同生活が基本である。「都市解体」としての西山は申し分のない田舎だ（戦争が終結し人口の地方分散は必要なくなったのに……）。「農工一体」の農は、入植者が全員基本的に農業に従事する（国民皆農）。荒地で水田ができないので薩摩芋、馬鈴薯、小麦、トウモロコシ、落花生をつくり、村の農協で米と交換する。小麦、菜種は製粉製油して自家消費する。その他、ヤギ、鶏、ウサギを飼って蛋白源にしたり、アンゴラウサギからは採毛し現金収入とした。収入は平等に分配され、上下隔てのない民主的な共同運営である。飲料水は大きな井戸。燃料は薪、木枝、松葉など。家畜の餌やり、草取りなどは子供も協力した。食事は集団でとり、主婦たちが総出で汗を流した。「農工一体」の工のほうは、製塩工場やミシン工場、後には自転車工場な

西山農場での石原莞爾ら

どを作り、男が従事したが上手くいかなかったようである。「簡素生活」のほうは、当時日本全体が質素だったのでここだけでない。

なにやら旧ソ連のコルホーズやイスラエルのキブツ（共同組合式集団農場）か、はたまた原始共産制のようなものを連想させる。石原が満洲で国籍を問わず、開拓民に望んだ生活だったのであろうか。東亜連盟解散から三年たって石原は「新日本の進路」のなかで次のように述べている。

「今日私は、東亜運動の主張がすべて正しかったとはもちろん思わない。最終戦争が東亜と欧米との両国家群の間に行われるだろうと予想した見解は、甚だしい自惚れであり、事実上明かに誤りであったことを認める。また人類の一員として、既に世界が最終戦争時代に入っていることを信じつつも、できればこれが回避されることを、心から祈っている」（石原莞爾平和思想研究会編『人類後史への出発』展転社）

亡くなる一年前のことである。最後の最後に石原はやっと本音を述べたのだ。ただ、「世界最終戦争の東亜代表が日本であるべきだ」との考えは誤りだったと反省しているのであって、彼が命を懸けた東亜連盟を否定はしていない。

宗教に生きる

西山農場時代、石原の宗教的感性は病魔と闘いながら、ますます研ぎ澄まされていく。同志たちは石原夫妻のために松林の中に、八畳の畳部屋と六畳の板の間のバラックのような平屋を立てた。すぐ隣には、八角形の屋根の木造二階建ての集会所を組み立てた。日輪兵舎（八角堂）と呼ばれた（後に日輪講堂）。ここは東亜連盟全国同志の修練道場であり、全国津々浦々から石原の教えを受けようとする人々のメッカになった。

石原はよほどのことがない限り、来客には必ず会い、耳を傾け自説も述べた。

このころ往診した宮本忠孝医師は、「パピローム（乳嘴腫）の癌化による悪液質の全身症状は、既に末期的で、その悪化は加速度的であった」と述べている。（宮本忠孝『石原莞爾の病蹟』山形県医師会会報第三九八号）

宮本は仙台第四連隊の新任軍医だったころ、石原の血尿をはじめて診断した人である。パピロームが膀胱の壁から剥離し、尿道に詰まるようになった時の苦痛は想像を絶するものであり、同志の話によると、「そんなことが起こると、しばらくの間、顔を真っ赤にして臥され、黙ってしまわれる。剥離した固まりが尿瓶に放出されるとホッとされ、『失礼致しました』と言って話を続けられた」そうである。（武田邦太郎・菅原一彪『永久平和の使徒　石原莞爾』冬青社）

もはや対症的・姑息的延命療法しか残されておらず、貧血は進行性で同志の輸血が繰り返

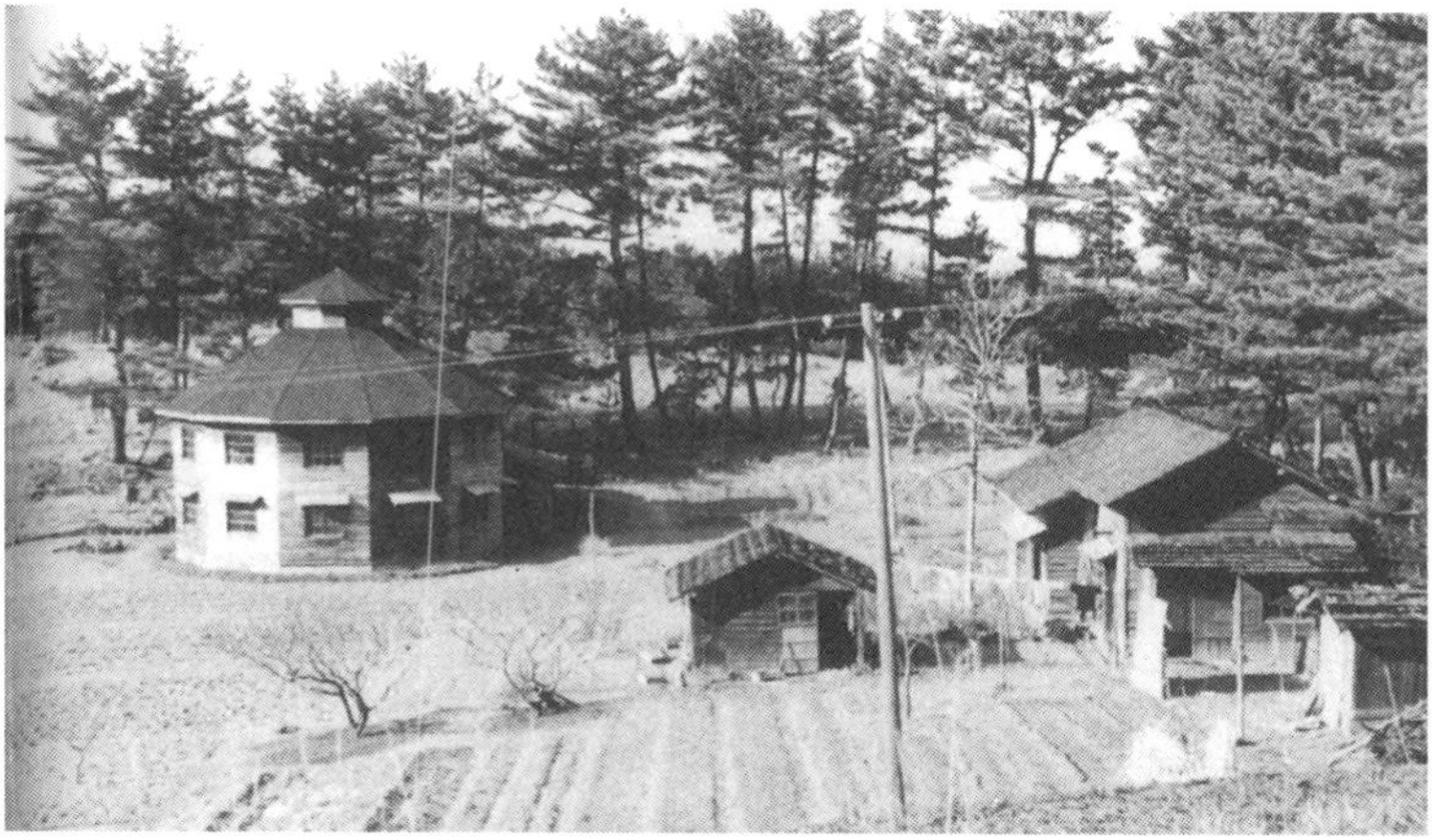

西山農場の石原の家（右）と日輪講堂

された。膀胱疾患につきものの尿路感染による高熱にも苦しんだが、こちらの方は、当時日本では手に入らなかったペニシリンで小康を得た。西山には石原の話を聞きにアメリカ軍将校も訪れており、なんと石原ファンの将校が提供してくれたのである。

それにしても石原の精神力は驚嘆すべきものがある。もはや宗教者、求道者そのものである。石原は一般人でもわかる日蓮教の教科書を書くことを望み、「精華会」会員に相談した。昭和二十四年四月ごろから三人の同志が病床で口述筆記に取りかかった。

六月二十日、最後の往診に行った宮本医師の記録である。

「十五分と間を置かぬ血尿、血塊の連続排出、反復する膀胱と尿道の激痛の来襲、極度の貧血で全身に血の気がなく、癌の悪液質による極限の衰弱状態であった。彼は、半臥位で、尿瓶を股間にしたまま。半睡半覚、幽明の境を往来しているかの如く……それでいて、来訪者に対しては、活眼を見開いて、必ず二、三のことを問い訊したり話しかけ、……ただ気力だけで、間をおきながらの精一杯の応対であった」（宮本忠孝『石原莞爾の病蹟』山形県医師会会報第三九八号）

三人の弟子たちも不眠不休で聞き取りを続け、七月末に出来上がったのが、「日蓮教入門」である。前述の「新日本の進路」が政治上の遺言とすれば、「日蓮教入門」は宗教人石原の遺言である。

第二の遺言「日蓮教入門」は宗教人石原莞爾の法華経への絶対的帰依を表す

「一般人にもわかりやすく親しみやすい日蓮教教科書がぜひ欲しい」との石原の願いがかなったのが、この最後の遺言ともいえる「日蓮教入門」だ。（『石原莞爾全集七巻』石原莞爾全集刊行会）

しかし、宗教心がなく興味がない私にはこれほど難解な論文はない。「わかりやすく親しみやすい日蓮教教科書」というが、やはり石原の文章らしく「言語明瞭、意味不明瞭」の論文だ。おそらく石原ファンであってもこの部分はノー・サンキューとなるのではないか。

日蓮教と日蓮宗の違いは、在家宗教団体と寺との違いである。ちょうど創価学会と日蓮正宗の関係で、両者は仲が良くないのと似ている。しかし日蓮教も日蓮の教え（法華経）に基づいているので、次のポイントだけは同じだ。

以下、石原論文を現代語風に略記した。

（1）「仏教によれば宇宙は一大生命体であり、その中心は宇宙永遠の支配者たる久遠實成の本佛である」（同七巻　四九五頁）

久遠實成の本佛（以下本佛）は我々には難しすぎてさっぱり分からないが、宇宙の最も尊い絶対的なものとしておこう。

（2）宇宙には無数の世界があり、それぞれの世界には本佛が変身した佛が精神的支配者として存在している。しかし佛にも命があり、佛が死んでからが問題だ（「死ぬ」という表現はおかしいが、佛が霊界に還ることであり、シロウトは「死ぬ」方がわかりやすい）。

（3）佛が死んで一千年までを正法、一千年～二千年までを像法、二千年～一万年までを末法というらしい。末法が終わると、今の人類と違う生物？が現れ、佛の後継者の弥勒菩薩が新しい生物を支配する？

（4）これを地球に当てはめると、今は末法の初めらしい。末法は最も長く、最も混乱する時代である。したがって本佛は自分の全権大使として、本化上行菩薩を地球に送り、法華経の教えで人類を救済するらしい。

（5）この救世主の本化上行菩薩こそ日蓮聖人であり、別名、賢王とも呼んでいる。まことに壮大な教えであるが、私も含め仏教徒の多い日本人でもどれだけの人が理解しているだろうか。

敗戦を機に機会主義者（オポチュニスト）石原は、「日蓮教」まで改良した

「日蓮教入門」で石原は敗戦と宗教との関連について触れている。「今次の敗戦の深刻なる現證は、われわれをして賢王に関する更に新たなる信感をもたらしめた。従来のわれわれの常識では、本門戒壇建立時の賢王は無敵大空軍をひきい原子力を把握されて必要に応じて世界の邪悪を破砕されるりりしき武装のおすがたと予想していたのである。しかし、今次の惨敗の結果、日本は世界に先がけて完全に武装せざる国家をつくるべき天命を受けたのである。」と、ここでも「敗戦は神意なり」と「非武装論」がまたでてきた。つまり、かつて鎌倉時代、蒙古襲来時、賢王である日蓮が神風を呼び蒙古水軍を全滅させた。しかし今次大戦、神風が吹かなかったのは賢王の意志だ、と言っているのである。……敗因まで宗教に求めるのか、と言ってしまいそうである。しかし「日蓮教入門」で述べていることは、軍人を退役した石原が、完全な宗教人として言っていることであって、かれの現役時代の軍人としての

燦然たる輝きを貶めるものではない。

次に、(多分に国柱会の師、田中智学の影響のためか)国家宗教としての日蓮教と天皇の関係を述べている。(伊勢弘志『石原莞爾の変節と満洲事変の錯誤』芙蓉書房出版)

あの昭和二十年八月十五日の天皇を、「女々しいとまで思われるやさしさのなかに凛然たる覚悟をしめされた平和の女神の如き敗戦日本の天皇のおすがたの中に賢王のおすがたの潜在を拝する」とまで言っている。……上行菩薩と天皇は同一か。

さらに上行菩薩が天皇家から出たのであり、本門戒壇(受戒の場)の願主となる天皇は世界人であって、日本の天皇ではない。そして本門戒壇を建立した天皇が、南無妙法蓮華経の精神的威力によつて絶対平和を指導するとき、一天四海皆帰妙法(法華経のパラダイス)は完成する……まことに彼にとって都合の良い論理だ。いや宗教的妄想だ。今なら天皇の宗教利用と非難されるだろう。当時も今も、とてもこの教えが日本人に広がるとは思えない。

石原の頭の中では、敗戦を機に、「日蓮教」を天皇に絡ませ都合よく軌道修正してしまった。軍略、政略だけでなく、宗教においても考え方を突然別のものにワープさせることなど、今までの歩みから見ると不思議なことではないのである。

毀誉褒貶……大いなるロマンチストは精神的に支那に呑み込まれてしまった

とうとう石原莞爾の毀誉褒貶を総括しなければならない時が来た。ただしあくまで当時の日本の国益から見た観点であるので、現在のグローバリズムに基づく価値観、倫理観、国際正義感ではないことをお断りしておく。

まず光の部分である。日露戦争勝利で得た満洲の利権は、その地の統治者・清朝が消失した後も日本が引き継いだ。支那本土で国民党と共産党が覇権を争っているが、どちらも満洲の地を一度たりとも統治したことがない。唯一、満洲の利権を声高に主張する現地軍閥は、無法の匪賊集団であり満洲を統治している政府ではない。すなわち日本は統治者のいない土地の利権をすでに手にしているのである。

明治維新後、欧米の後を遅れて帝国主義国家となった日本にとって、これほど美味しい話はない。棚からぼた餅。満洲を植民地にしたい誘惑に駆られるのも無理はない。現在ロシアが主権国家のウクライナを暴力にまかせて侵略しているのとはわけが違うのである。

そして満洲の利権が、現地軍閥に侵食されたことを口実に日本は国権を発動する。謀略で日本は傀儡国家を樹立するが、そこから石原は並の日本人と異なってくる。石原は時と共に、日本人は一歩引き、現地の満族、蒙族、漢族を中心に完全に独立した新国家を持たせることを夢見た。ただし日本の国益は手離さない。世界大恐慌を乗り切るブロック経済のパートナー、潜在敵国ソ連への協同防衛、そして万が一、世界最終戦争に巻き込まれた時の兵站基地、いや同盟国足りうるように、満洲国を育成し、一人前の大人となるよう、石原は心の底から期待したのだ。民衆は暴虐な軍閥政治より法治主義の満洲国を頼ったはずだ。建国以来、支那本土より多くの民衆が移住し、人口が増えたのがなによりの証拠である。

しかし石原の高邁な理想は、今度は日本軍閥と無能な政治家によって無残に打ち砕かれることは縷々述べたので繰り返さない。石原が日本の絶対的リーダーであれば、無益な支那との消耗戦争に引き込まれず、絶望的な大東亜戦争も起こらなかった。よって今の日本も国際社会で堂々とした国になっていただろう。

石原の影の部分も第十章で散々述べた。戦後、異常ともいえる対支那贖罪意識は、彼の影響力を考えると国民に道義的コンプレックスを植え付けた大きな罪となった。

不思議に思うのは通州事件・済南事件の惨劇（第五章１３８～１４２頁）や蔣介石軍の撤退時に繰り返された「焦土作戦」や「氾濫作戦」（第六章１７０頁）を統帥部主脳の石原は本当に知らなかったのだろうか。

およそ日本人なら想像もできない悪魔の所業であるが、もし石原がこれらを知ったうえで敗戦後の日本国民に「道義上でも支那に負けた」と揚言したとしたら、これほど国民をバカにした言葉はないであろう。

評論家石平氏は、「穏やかな自然環境と社会風土の中で生きてきた日本民族は、『残虐性』

とは最も遠い持ち主」と言っている。（石平他『日本被害史』オークラNEXT新書）
悪く言えば世慣れていない、ナイーブすぎる優しい日本民族が、生き馬の目を抜く歴史の興亡を繰り返してきた支那民族と手を取り合って、東洋の「徳義」や「王道」とやらの共同作業ができるはずがない。日支共同で対米戦争（世界最終戦）にあたるなど、大いなる妄想に過ぎなかったのだ。
石原の支那への過剰な贖罪意識は、相手を知らず勝手に美化しすぎた喜劇いや悲劇に基づいている。

大往生

昭和二十四年八月十四日夜九時すぎ、石原莞爾全集刊行委員の一人である白土菊枝は、石原家から呼び出された。以下、白土の記憶である。（『石原莞爾全集七巻』石原莞爾全集刊行会）
「八畳の間に足を前に出し座っておられました。……やがて全員召集のベルにかけつけてくる農場の人々すべてに別れの握手をされ、およそ農場の人々に別れをつげ終わった十一時ごろでもありましたろうか。やや疳高い声で、しかし謡曲のうたい出しのように朗々と『南無妙法蓮華経、南無妙法蓮華経』
と唱えだされ、あわてて一同が唱和したのでした。これはかねてから

『いまわのきわになって断末魔の苦しみに惑乱してお題目が唱えだせないことがあるかもしれない。そんなときには必ずご唱題をたのみます』といわれていたことを、私どもの方がうろたえて忘れ、将軍が平常心を乱すことなく実行されたのです」

うすれゆく意識の中で緑の地平線が見えてきた。

遥か昔、満洲の大草原に点在する村々の貧しい人々が、軍閥や匪賊にいじめられ、北の方ではロシアの圧力に怯える人々がいた。すべての民族が楽しく、平等に過ごせる合衆国をつくらなければ……薄れゆく意識の中でも、あの新京の関東軍司令部で、「満洲国は満人の手に！」と叫んでいる自分の声が聞こえてきた。子供に恵まれなかった莞爾には、満洲国こそ血を分けた子供であったに違いない。

息を引き取る数時間のあいだ、しきりに「今、何時だ」と繰り返し尋ねたそうである。

昭和二十四年八月十五日、午前五時寂滅、敗戦の日からちょうど四年後の同じ日であった。

註

1　永久平和の……という表現の違和感

庄内地方の石原を顕彰する展示物や碑文にはやはり『永久平和を求めた人』との表現が多い。しかし歴史学を史実の集積として考えた場合、わたしはこの表現にもう一つ納得がいかないのだ。このいかにもりベラル好みの表現は、変節した戦後の石原だけをピックアップし、きらびやかなガラスのショーケースに入れて展示してあるようで居心地悪い。つまり全体像を見ていない。なにかいわゆる「戦後民主主義」に迎合しているような気持の悪さを感じるのである。

2　諫暁八幡抄

日蓮が身延で総括した考え。諫暁（かんぎょう）とは諫め諭すとの意味で、八幡様に注意をすることらしい。為政者にものを申す行為を指すこともある。

鎌倉幕府から邪教だと迫害されている日蓮を守るべき立場の八幡神が、日蓮を守らなかったために、日蓮が鶴岡八幡宮の鳥居の前で抗議したことに基づくらしい。

これを一般の人向きに書かれた解説書もあるが、学問的興味や宗教心のある人でなければとても読めるものではない。

3　日露戦争の落としどころ

ロシアとの戦いに日本は日英同盟を結び、戦争の止め男にセオドア・ルーズベルト米大統領を引き込んだ。超大国との戦いに上手に保険をかけたのである。

あとがき

昭和前史に名を残す石原莞爾という魅力あふれる「稀代のモンスター」を書くことが、私の夢だった。しかしちょっと待てよ、そんなに単純なものではないぞ、と書くうちにどんどんブラックホールに引き込まれてしまったのが現状である。

石原の毀誉褒貶は前章で書き尽くしてしまった。もはやこれ以上、何を書いても蛇足になってしまう。

ただ彼の脳裏にこびりついているだろう雄大な満洲国の夢は、赤い夕陽が地平線に沈む大満洲の草原や、ロシアとの国境などを五感でもって追体験しなければ、そのスケールの大きさは書き切れないと感じている。コロナ騒ぎの昨今、とてもかなえられることではないが、いつの日か行ってみたいものだと思う。

かわりにと言ってはなんだが、私は彼の故郷の庄内地方を訪れてみた。過去の人になってしまって久しい石原に、少しでも触れ合うことはできないかと思ったからである。

庄内藩は戊辰戦争で、あの会津藩が降伏した後も最後まで頑強に官軍と戦った。外国と活発に交易し、当時最新鋭の武器を酒田港経由で輸入し、東北きっての軍事大国になっていた。作戦も巧妙で、しばしば侵攻してきた官軍を打ち破り勇名をはせた。庄内藩下級士族の石原莞爾にも、この負けじ魂のＤＮＡが伝わっているのかも知れない。

鶴岡市内には石原を偲ぶ跡はなにもない。石原最晩年の西山開拓地は酒田より北へ約二〇キロの遊佐よりさらに西北の海岸寄りにある。ＪＲ吹浦駅が近いが無人駅で、歩いて三〇分以上かかる。西山開拓地は住宅地と化している。「道の駅鳥海」があるところを中心とする広い地域だったらしいが、今では周辺の少しばかりの防風林が当時を物語るだけである。

石原莞爾の墓所

吹浦バイパスの大きなカーブの土手の上に、松林に囲まれて石原莞爾の墓がある。墓は礎石の上に墓碑を載せてある普通の形ではない。あたかも古代の円墳をそのままミニ化したような、堂々とした墓である。頂上に南無妙法蓮華経の墓碑が立ててある。なぜこの形にしたのか分からないが、草一つなく凛とした佇まいで、地元の人達がいかに大切にしているかよくわかった。墓の前で手を合わせ、ふと目を東にやると遠くに雪を頂いた鳥海山が遠望できた。石原と同志たちも、農作業に疲れたときはきっと眺めていただろう。

石原信奉者の濃い空間に、ほんの少しだけ入れたような気がした。

碑のそばに小さなプレハブの記帳所があった。中に入ると、石原莞爾関係の文献と記帳ノートがあり、日本全国から石原ファンが集まっていることがわかる。石原が実際使っていた簡素な木の椅子が置いてあった。その椅子に腰かけた私だけでなく、すべての人が石原莞爾と実際に接したような気にさせられる椅子であった。

バイパス道路の南側の丘に石原莞爾の本当の墓がある。こちらには妻の銻子も合葬されているが同じような円墳である。この丘が保安林に指定され墓が撤去予定となり、新しい墓を造成したが後に撤去する必要がなくなったため墓が二つあるのである。本来の墓は分かりにくいのでよほどのファン以外は来ないという。

墓の前で私は自問自答する。

……莞爾さんが国政を動かしていたら、日本は惨めな敗戦国にならなかったのでは？

……敗戦を契機に、あっという間に今風の『平和原理主義者』、『空想的平和主義者』に変身してしまったのは何故ですか？


つまり、私の中で常に二人の石原莞爾が存在する。

一人は、満洲の人々を愛し、満洲国をユートピアに育てていきたかった魅力あふれる英雄。

そして勝てる実力がつくまでは国力の涵養に邁進し、決して負ける戦争に挑まなかった男。もう一人は、戦後、リベラルの人々が好む「空想的平和主義」に転向し晩節を汚した変節漢。

本著には「石原莞爾の精神病理」という大それた題名をつけてしまったが、本当のところ面映ゆく感じている。石原の深層心理など理解できるはずがないのだ。戦後のとんでもない変節をなんとか精神医学的に分析しようとしたが、ある所まで近づくと石原莞爾はさらに遠ざかる。だからこそ石原莞爾だと納得せざるを得なかった。

わたしが訪れたのは十一月も終わりの頃、墓所の周りの松林からは弱弱しい冬の木漏れ日が差し込んでいる。松籟の音がやがて厳しい季節風の雄叫びに変わるのも、もうすぐだろう。私は今、石原莞爾に対するアンビバレントな感情をどうしても整理できないままでいる。けれども彼は明治以降の数多くの陸海軍将星のうち、最も謎に満ち、神秘的で壮大なロマンを持っていた軍人である。あと一歩で昭和前史を書き換えるぐらいのポテンシャルを持ったキーパーソンであった。それだけに昭和史ではもっと石原の思想と行動哲学に光を当てる必要があると思いながら、夕暮れの墓所を後にした。

＊　＊　＊

展転社の相澤行一氏には、ただでさえ複雑きわまる石原莞爾像の焦点がブレないよう色々アドバイスをいただきました。改めて感謝申し上げます。

参考文献

全集・資料集・日記

資料［一九九四］、角田順編・石原莞爾資料国防論策篇・戦争史論　原書房
選集［一九八六］、石原莞爾選集4昭和維新編　たまいらぼ
全集［一九七六〜七］、石原莞爾全集全七巻・別巻　石原莞爾全集刊行会
木戸幸一日記［一九九〇］　東大出版会
本庄日記［一九七六］　原書房

単行本

愛新覚羅溥儀［一九九二］、『わが半生上・下』　筑摩書房
阿羅健一［二〇〇八］、『日中戦争はドイツが仕組んだ』　小学館
石原莞爾［二〇一一］、『世界最終戦争』　毎日ワンズ
石原莞爾平和思想研究会編［一九九六］、『人類後史への出発』　展転社
石原慎太郎［二〇二一］、『あるヤクザの生涯』　幻冬舎

伊勢弘志［二〇一五］、『石原莞爾の変節と満洲事変の錯誤』 芙蓉書房出版
磯部浅一［二〇一六］、『獄中日記』 中公文庫
伊藤之雄［二〇二一］、『東久邇宮の太平洋戦争と戦後』 ミネルヴァ書房
猪瀬直樹［二〇二〇］、『昭和16年夏の敗戦』 中公文庫
今岡豊［一九八一］、『石原莞爾の悲劇』 芙蓉書房
今村均［一九九三］、『今村均回顧録』 芙蓉書房
入江辰雄［一九八五］、『石原莞爾』 たまいらぼ
岩井秀一郎［二〇二〇］、『１９４４年の東條英機』 祥伝社新書
大木毅［二〇二一］、『日独伊三国同盟』 角川新書
岩田清文他［二〇二一］、『令和の国防』 新潮新書
大隈重信・倉山満監修［二〇二一］、『大隈重信、中国人を大いに論ず』 祥伝社黄金文庫
川口マーン恵美［二〇一三］、『ドイツで、日本と東アジアはどう報じられているか』 祥伝社新書
川田稔［二〇一六］、『石原莞爾の世界戦略構想』 祥伝社新書
川田稔［二〇二一］、『昭和陸軍七つの転換点』 祥伝社新書
河辺虎四郎［一九六二］、『市ケ谷台から市ケ谷台へ』 時事通信社

神吉晴夫編［一九五七］、『三光』光文社カッパブックス
木村武雄［一九七九］、『石原莞爾』土屋書店
倉山満［二〇一八］、『学校では教えられない満洲事変』ＫＫベストセラーズ
ケヴィン・ダットン［二〇一三］、『サイコパス　秘められた能力』ＮＨＫ出版
小林一博［二〇〇〇］、『支那通一軍人の光と影』柏書房
小柳次一、石川保昌［一九九三］、『従軍カメラマンの戦争』新潮社
阪谷芳直［一九七九］、『三代の系譜』みすず書房
佐々木寛司他［二〇一五］、『高等学校日本史Ａ』清水書院
佐高信［二〇〇三］、『石原莞爾　その虚飾』講談社文庫
佐藤晃［二〇〇六］、『帝国海軍が日本を破滅させた・下』光文社
佐野量幸［二〇一五］、『梅津美治郎大将』元就出版社
杉原誠四郎・波多野澄雄［二〇二一］、『吉田茂という病』自由社
鈴木冬悠人［二〇二一］、『日本大空襲〈実行犯〉の告白』新潮新書
石平［二〇一二］、『なぜ中国人はこんなに残酷になれるのか』ビジネス社
石平他［二〇一三］、『日本被害史』オークラＮＥＸＴ新書
関野通夫［二〇一五］、『日本人を狂わせた洗脳工作』自由社

高木清寿［一九八五］、『東亜の父　石原莞爾』　たまいらぼ
高橋昌紀［二〇一七］、『データで見る太平洋戦争』　毎日新聞出版
武田邦太郎・菅原一彪、［一九九六］、『永久平和の使徒　石原莞爾』　冬青社
筒井清忠［二〇〇六］、『二・二六事件とその時代』　ちくま学芸文庫
寺崎英成［一九九一］、『昭和天皇独白録』　文芸春秋
戸部良一［二〇一六］、『日本陸軍と中国　支那通にみる夢と蹉跌』　ちくま学芸文庫

中沢啓治［一九九五］、『はだしのゲン』第一〇巻　汐文社
中野京子［二〇一二］、『プロイセン王家12の物語』　光文社
中村粲［一九九〇］、『大東亜戦争への道』　展転社
秦郁彦［一九七二］、『軍ファシズム運動史』　河出書房新社
波多野澄雄・戸部良一・松元崇・庄司潤一郎・川島真［二〇一八］、『決定版　日中戦争』　新潮新書

早瀬利之［二〇〇三］、『石原莞爾満洲合衆国』　光人社
早瀬利之［二〇一三］、『石原莞爾　マッカーサーが一番恐れた日本人』　双葉新書
早瀬利之［二〇一六］、『石原莞爾と二・二六事件』　潮書房光人社
早瀬利之［二〇二〇］、『敗戦、されど生きよ』　芙蓉書房

半藤一利・保阪正康［二〇〇八］、『昭和の名将と愚将』　文春新書
深堀道義［二〇〇四］、『特攻の総括』　原書房
福井雄三［二〇〇九］、『板垣征四郎と石原莞爾』　ＰＨＰ研究所
藤本治毅［一九九五］、『石原莞爾』　時事通信社
フレデリック・ヴィンセント・ウィリアムズ［二〇〇九］、『中国の戦争宣伝の内幕』
芙蓉書房出版、田中秀雄訳
保阪正康［一九九六］、『陸軍良識派の研究』　光人社
星亮一　［二〇一八］、『鬼才　石原莞爾』　光人社ＮＦ文庫
牧野邦昭［二〇一八］、『経済学者たちの日米開戦』　新潮選書
宮崎正弘他［二〇〇九］、『シナ人とは何か』　展転社
持丸文雄［二〇一八］、『平和主義者に転向したエリート陸軍軍人』　文芸社
湯浅博　［二〇一二］、『辰巳栄一』　産経新聞出版
横山臣平［二〇〇二］、『秘録石原莞爾』　芙蓉書房

論文・雑誌

儀我壮一郎［二〇〇八］、『張作霖爆殺事件の真相』　専修大学社会科学年報第四二号

小林英夫［二〇一四］、『関東軍の歴史』　アジア太平洋研究二三号　早稲田大学アジア太平洋研究センター出版

小林秀雄他［一九四六］、『小林秀雄を囲んで』　近代文学創刊2号　近代文学社

田久保忠衛［二〇一二］、『「人格者」だけで乗り切れぬ世界』　正論　産経新聞朝刊十月六日号

野村総一郎［二〇〇八］、『満洲事変と関東軍参謀石原莞爾の精神病理』　精神科一二（五）

宮本忠孝［一九八四］、『石原莞爾の病蹟』　山形県医師会会報第三九八号

岩見隆夫［一九九九］、『岸信介の満洲』　シリーズ二〇世紀の記憶満洲国の幻影　毎日新聞社

樋口隆晴［二〇〇六］、『関東軍』　歴史群像シリーズ84満洲帝国　学習研究社

藤岡信勝監修［二〇一七］、『通州事件』　ＥＩＷＡ　ＭＯＯＫ　英和出版社

秦郁彦インタビュー［二〇〇七］、『軍人シリーズ別冊宝島・石原莞爾』　宝島社

Joshua D.Greene et al.[2001],『An fMRI Investigation of Emotional Engagement in Moral Judgement』 Science 293

Gleen A.L. et al.[2009],『The neural correlates of moral decision-making in psychopathy』 Molecular Psychiatry 14

西村正（にしむら　ただし）

昭和 23 年生まれ。奈良医大卒業後、大阪大学大学院医学研究科修了。同大医学部第一外科入局。現在、医院を経営する傍ら文筆家としても活躍。
主な著書に、『司馬さんに嫌われた乃木・伊地知両将軍の無念を晴らす』（高木書房、2016 年）、『明治維新に殺された男―桐野利秋が見た西郷隆盛の正体』（毎日ワンズ、2018 年）、『闘ふ鷗外、最後の絶叫』（作品社、2021 年）がある。

石原莞爾の精神病理
満洲合衆国の夢と敗戦後の変節

令和四年十一月十一日　第一刷発行

著　者　西村　正
発行人　荒岩　宏奨
発　行　展　転　社

〒101-0051　東京都千代田区神田神保町 2-46-402
TEL　〇三（五三一四）九四七〇
FAX　〇三（五三一四）九四八〇
振替〇〇一四〇―六―七九九九二
印刷製本　中央精版印刷

定価［本体＋税］はカバーに表示してあります。

ISBN978-4-88656-548-8